史家讲史

王瑞来 ◎ 著

宋代的皇帝、文臣与武将

图书在版编目（CIP）数据

宋代的皇帝、文臣与武将 / 王瑞来著． -- 北京：华夏出版社有限公司，2024.1

（史家讲史）

ISBN 978-7-5222-0539-7

Ⅰ.①宋…　Ⅱ.①王…　Ⅲ.①中国历史 – 研究 – 宋代　Ⅳ.① K244.07

中国国家版本馆CIP数据核字（2023）第145349号

宋代的皇帝、文臣与武将

作　　者	王瑞来
责任编辑	王　敏
责任印制	周　然
出版发行	华夏出版社有限公司
经　　销	新华书店
印　　装	三河市万龙印装有限公司
版　　次	2024年1月北京第1版 2024年1月北京第1次印刷
开　　本	880×1230　1/32
印　　张	10.5
字　　数	230千字
定　　价	55.00元

华夏出版社有限公司　地址：北京市东直门外香河园北里4号　邮编：100028
网址：www.hxph.com.cn　电话：（010）64663331（转）
若发现本版图书有印装质量问题，请与我社营销中心联系调换。

弁　言

近些年，宋史比较热。有人说，如果可以穿越，很想生活在宋朝。这是一般人的朴素想法。对于绵亘10至13世纪的宋代的历史地位，陈寅恪先生早就有过很高的评价："华夏民族之文化，历数千载之演进，而造极于赵宋之世。"那么，宋代有什么样的时代特征？造极的评价需要有具体事实来佐证。

暂且抛开颇有争议的唐宋变革论或宋元变革论这样的历史分期问题，观察一下宋代最主要的时代特征。这是我们认识宋代的关键所在。在我看来，宋代最主要的时代特征就是士大夫政治。

作为一种社会身份，士大夫之称由来已久。在《周礼·考工记序》中，我们就可以看到这样的讲述："坐而论道，谓之王公；作而行之，谓之士大夫。"根据这个定义，士大夫就是在各级行政机构中"作而行之"的文人官僚。这样的文人官僚，历代不乏其人，那么，士大夫政治成为宋代的时代特征的原因是什么呢？

在时空中运行的历史，交错于偶然性与必然性之中。唐代中期以至五代十国时期，尽管藩镇割据，武人跋扈，但唐代承平时期伴随着"春风得意马蹄疾"的曲江游宴、雁塔题名，仍然深深存留于人们的记忆中。武人纵横驰骋,可以马上打天下,但马上不能治天下。从上到下的行政运营,还离不开书生。参与宋朝创立的宋初宰相赵普就曾长期在地方为吏。宋太祖面对受贿的宰相赵普,感慨地说了这样一句话:"受之无妨,彼谓国家事皆由汝书生尔。"可见武人治天下,最终还是需要以文人为主。传统的惯力、实际的需要化作崇文的潜流。这是后来宋朝实施重文抑武国策的必然因素。

经过太祖、太宗两代君臣的努力,完成疆域的基本统一。走出五代的宋朝,亟需各种行政管理人才来取代各个层级旧政权的留用者。于是,便轮到科举开始发挥重要作用了。肇始于隋代的人才选拔机制——科举,历经唐代,规模一直局促,如涓涓细流流淌了几百年,只给少数登科的文人带来无上荣耀,实际行政功能的发挥极为有限,国家管理人才的选用还是需要依赖于贵族世袭、乡举里选和胥吏升迁等各种传统的途径。这些传统的人才选拔途径存在许多弊病,汲取人才的渠道过于狭窄,且缺乏公平性,难以让优秀的人才脱颖而出。于是崇文的潜流、重文抑武的战略转变、笼络士人的政治策略,诸多因素形成合力,到着力于内政建设的第二代君主太宗朝,科举这一人才选拔机制,便开始全力启动。历来每次登科人数只有十几名,至多几十名的科举规模骤然扩大,一次取士多达几百人乃至上千人。这样的国策坚持不懈,几十年下来,科举出身的官僚便遍及中央与地方,成为政治的主宰,士大夫政治蔚成规模。

"取士不问家世",科举规模的扩大与相对公平的机制,打破了往日的贵族政治垄断,不仅为朝廷输送了大量的知识精英，还促进了社会流动，唤起了民众的向学热情，提升了普遍的文化水准。大量的平民入仕，不仅扩大了一个王朝的统治基础，让政治生态与以往迥异，也使政治观念产生了很大变化，更加契合儒学的仁者爱人，注重民本。

士大夫政治的意义并不仅仅体现在国家治理的层面。入仕的成功，极大地焕发了士大夫们的政治热情。宰相文彦博那句"为与士大夫治天下"，无疑等于是士大夫向皇帝宣示权力共享的政治自信与自豪。从孔子到孟子，时代从春秋演进至战国，"君臣以义和"的特定历史背景，放大了儒学中"君使臣以礼"的主张，声言"君之视臣如土芥，则臣视君如寇雠"，强调"民为贵，君为轻"。宋代士大夫汲取先秦经典中限制君权的思想资源，有意概念错位，将先秦诸侯国国君的"君"等同于秦汉以后的皇帝，使士大夫政治制衡皇权拥有了理论依据。这样的理论建构让宋代士大夫整体理直气壮，势压皇权。于是便有了赵普的"道理最大"，有了王安石的"南面为王，北面而问"。这样的理论建构更是唤醒了传统知识人的独立意识，成为中国传统知识人历代相承的一种宝贵精神遗传。尽管从宋代起没有了"坐而论道"，但知识人在精神上已不再跪下。有名的横渠四句"为天地立心，为生民立命，为往圣继绝学，为万世开太平"，完全超越了政治，体现出那一代知识人气势恢宏的使命感。在这个时代，儒学经典《大学》中的"格物、致知、诚意、正心、修身、齐家、治国、平天下"八条目被重新发掘出来加以强调，从个人到家庭，从国家到世界，实现了全覆盖。

诗书传家，科举新士族不是依赖权势、财产赓续家声，而是以知识延续血脉。崇尚知识，以文化蛮，不仅宋朝治下的社会文质彬彬，还浸润到周边地域，让契丹、党项、女真等社会大幅度同化。传统的中国，扩展了文化疆域。

宋代正是这样一个时代，陈寅恪先生讲华夏民族之文化"造极于赵宋之世"，良有以也。

向来的历史研究，大多对史事进行严密的逻辑演绎，从中归纳出历史演进的必然性。这样的研究高屋建瓴，无疑对历史发展的总体把握具有重要意义。然而，高度抽象后的历史，失去了血肉，只剩下骨骼，让人难以感受到像时下的生活那样鲜活。"载之空言，不如见之于行事之深切著明。"遵从孔夫子所言，把宏大叙事落在具体的人与事之上。本书择取十二篇文章，试图构成宋代士大夫政治文化的基本面相。

开篇《宋太祖传略》，讲述宋朝创立者赵匡胤崛起于乱世，南征北战，成功避免落入五代之后"第六代"的窠臼，打下宋朝三百年基业的艰难过程。其中也不乏"陈桥兵变，黄袍加身""杯酒释兵权"等戏剧性场面的讲述。

接下来《略论宋太宗》，讲述第二代君主完成基本疆域统一，将武功转向文治。在这样的政策取向之下，科举规模扩大的技术手段，意外在客观上造成士大夫政治，改变了中国历史的走向。南宋大儒朱熹认为，宋朝真正开始于太宗朝，那之前还是继五代十国之后的"第六代"。

围绕着宋太祖壮年急逝、宋太宗以弟袭位，"烛影斧声"遂成千古之谜，"金匮之盟"也疑云密布。第三篇《"烛影斧声"与宋太祖之死》，以新发掘的史料与逻辑推理，揭示"烛影斧声"是由太宗戏妃导致的一个突发事件，而太祖、太宗兄弟之间长期明争暗斗则是事件发生的内在深层因素。

历史舞台上的聚光灯大多打在帝王将相身上,其实小人物也往往可能成为历史的重要推手。宋朝第三代君主真宗在位期间与北方辽朝结束征战,签订"澶渊之盟",为宋辽两国带来百年以上的和平。难以想象和不可思议的是,和议的成功居然来自一个在辽朝为官的宋朝降将的从中斡旋。考察这样隐没的细节,足以提示我们对历史长河细波微澜的关注。第四篇《小人物的大历史》就是这样一篇文字。

以知识为身份的士大夫是由一个个具体的人构成的阶层。作为个人,士大夫中不乏无耻者,但这并不代表宋代士大夫的主流。那么,以儒学思想陶冶的士大夫主流精神是什么?第五篇《宋代士大夫的主流精神》以范仲淹的言行切入,从报恩思想、功名心、忧患意识、言事精神、皇权观念几个方面进行了归纳。根据我对宋代历史的观察,太祖、太宗朝尚属开国期,到真宗朝基本完成了政权制度建设,道德清理的精神建设,则是在第四代君主仁宗朝,由范仲淹、欧阳修等科举出身的士大夫开启的。因而,从范仲淹切入的考察,便具有一定的典型意义。

正如朱熹所言,范仲淹"励廉耻""作成宋朝忠义之风"。然而作为开启道德建设的精神圣人范仲淹,竟然也有风流韵事的传闻,如何看待?从这一公案的考察,投射到宋代士大夫的生活日常。放在特定的时代背景之下,不虚美,不隐恶,回到人性的原点,历史主义地客观分析,这是第六篇《从范仲淹风流韵事公案看宋代士大夫生活日常》。以同一个历史人物为例,主流精神与生活日常合观,或可构成宋代士大夫的一个完成影像。

一个出身贫困的士人，在仕途开放的科举时代，是如何金榜题名的？历来缺少具体的细密考察，第七篇用了与"范进中举"类似的题名《赵抃中举》，以范仲淹同时代稍后的赵抃为例，较为完整地复原了一个普通士人的科举之路。在此基础上，则是对欣逢时代之盛的宏观烘托。梦想穿越回到宋代的人，最想生活在仁宗时代，认为这是中国历史上最好的时代。仁宗"百事不会，只会做官家"，无为而治，客观上给了范仲淹、欧阳修乃至赵抃等士大夫在政治舞台上纵横驰骋的广阔空间。

通过科举走上仕途的赵抃，有着"铁面御史"之称，位至副宰相参知政事。在朝期间，直接或间接与仁宗、英宗、神宗三代君主都有交集。我以前曾以《论宋代相权》《论宋代皇权》为题，较为宏观地考察过宋代的君臣关系，还在《宰相故事：士大夫政治下的权力场》一书中，具体考察过宋真宗朝的君臣关系，第八篇《士大夫政治与宋代皇权》，作为既往研究的扩展，将视野投射至仁宗朝以后，以赵抃——一个士大夫的具体言行，对士大夫政治下的直接皇权和间接皇权进行了微观考察，相信可以窥一斑以见全豹。

宋代党争炽烈，彼此你死我活，十分残酷。这是不是宋代士大夫之间的正常关系呢？第九篇《宋代士大夫的政治关系》，围绕置身于党争旋涡中的赵抃与王安石之间的关系，进行了全面考察，认为除了个别心术不正之人以外，秉持儒学理念的多数士大夫在多数时期，还是保持着较为正常的政治关系，彼此间的争执多是从国家或民众利益出发，止于政治理念与施策方式等技术层面。这正如赵抃写下的一句诗所言，"当时大本从忠谏"。

对于抗金名将岳飞之死的原因，或指宋高宗为元凶，或指权相秦桧为元凶，历来争论不休。第十篇《文武之争：岳飞悲剧的另一层因素》则跳出这一窠臼，纳入士大夫政治的背景之下，从文武之争的视角，认为岳飞悲剧的发生，是南宋王朝在稍为安定之后，军队国家化的施策进程中的必然。杯酒释兵权与铁血销兵权，不过是一枚硬币的两面。

在紧张的宋金对峙中，南宋第二代孝宗朝拥有较久的和平。周必大的主要政治活动都在这一时期，并且延伸到第三代光宗、第四代宁宗时期，做到了位极人臣的宰相。不过，在权相辈出的南宋，周必大很像是个"循吏"，十分平常。然而，在我看来，无论人或事，平常才是历史呈现的常态，历史长河在多数时期是平静流淌。因此，考察这样一个平凡的历史人物，反而具有不平凡的典型意义。第十一篇《子充必大：一个承平时代的士大夫传记的政治解读》，集中利用《宋史·周必大传》进行了考察，具现士大夫政治在南宋中央层面的各种面相。《宋史·周必大传》源自宋朝国史，其入选的史事，都经过了当时史官的甄别取舍，较之私家的碑志更为可靠。

如果说以上各篇都是集中在士大夫政治语境下的论述，最后一篇《写意黄公望》则是有些脱逸。正如副题《由宋入元，一个人折射的大时代》所示，这一篇进入了我的另一个研究主题——宋元变革论的视域。怀有科举之梦，带着宋代士大夫政治的影响痕迹，少年时代由宋入元，为吏、教书、作画，生涯几乎与元朝相始终的黄公望，一生活动于社会的下层。宋元变革从经济、政治重心合一的南宋开启，贯穿元代，商品经济发达，地域社会强盛，士人流向多元化。明清时期主导地方的乡绅阶层，在这一时代开始成型。南宋历元入明清，传统中国由近世走向近代，走入今天。宋元变革社会转型的重要时期正是在元代。黄公望的经历，作为个案，便是一个绝好的例证。

从北宋开国到宋辽和战，从宋代士大夫的主流精神到生活日常，从金榜题名的宋代士大夫炼成到士大夫间的政治关系，乃至士大夫政治与宋代皇权，时代贯穿两宋，"烛影斧声"，"澶渊之盟"，岳飞之死，宋代历史上的不少重大事件都有论列。以士大夫政治论为主线，旁及宋元变革论。为了避免"载之空言"，全书十二篇，宏大叙事皆依托于具体历史人物，以人物论的形式展开。社会历史，由人的活动构成。抽去了人的活动，历史叙述则不完整。有了人的活动，历史才生动，其间的喜怒哀乐，才会唤起今人的共鸣。

基于这样的考量，全书如此架构。以上内容，有旧刊，有新作，尽量写得通俗可读的学术文章，期待获得更为广泛的受众。

王瑞来

癸卯盛夏识于日本千叶

目 录

001 | 宋太祖传略

027 | 略论宋太宗

043 | "烛影斧声"与宋太祖之死

059 | 小人物的大历史
　　——索隐历史尘埃中的细节

113 | 宋代士大夫的主流精神

149 | 从范仲淹风流韵事公案看宋代士大夫生活日常

181 | 赵抃中举
　　——一个宋代士人的金榜题名

203 | 士大夫政治与宋代皇权

231 | 宋代士大夫的政治关系

259 | 文武之争
　　——岳飞悲剧的另一层因素

271 | 子充必大
　　——一个承平时代的士大夫传记的政治解读

293 | 写意黄公望
　　——由宋入元,一个人折射的大时代

320 | 后 记

宋太祖传略

《宋太祖蹴鞠图》,元,胡廷晖绘。描绘了宋太祖赵匡胤与赵光义、赵普蹴鞠嬉戏的场面

在20世纪30年代一个大雪纷飞的早晨，一位诗人伫立在祖国北方的高山之巅，眺望着蜿蜒逶迤的万里长城和千里冰封的高山大川，吟咏出一首势吞山河的《沁园春》。在这雄伟壮丽的诗篇中，他历数了自秦始皇以来的古代杰出帝王。其中，就有我们所要叙述的主人公——宋太祖赵匡胤。

一、在动乱的年代里

后唐天成二年二月十六日，也就是公元927年3月21日，这一天在中州古都洛阳夹马营的一个军人家中，诞生了一个婴儿。这个婴儿也许同成千上万的婴儿一样，并没有什么特别之处。然而，由于他日后的地位，致使后来的史家们总是不甘心把他说成是一个凡人。这个婴儿就是赵匡胤。于是，在史家们笔下，伴随着这个婴儿的出生，就呈现一些异兆，"赤光绕室，异香经宿不散，体有金色，三日不变"云云。

赵匡胤出生时，威赫数百年的大唐帝国已经在世界上消失整整二十年了。一个平衡被打破，接踵而来的就是长久不息的动乱。天祐四年（907），在唐末农民大起义和藩镇割据的军阀混战中起家的朱温，废掉已是有名无实的唐哀帝，在开封建立了后梁王朝。以此为标志，统一的唐帝国，出现了支离破碎的分裂局面，开始了历史上的五代十国时期。建立了后梁王朝的朱温，并不满足于他眼下狭小的统治区域，顺利地篡唐，膨胀了他混一天下的野心。而在他四周割据的军阀，当然并不十分瞧得起这个实力并不强的暴发户，觊觎着朱温统治的中原地区。于是，各种势力一直进行着逐鹿中原的厮杀。"争地以战，杀人盈野；争城以战，杀人盈城。"中原大地上又出现了三国时期曹操所描述的那种悲惨情形："白骨露于野，千里无鸡鸣。"社会经济遭受了严重破坏，黎民百姓蒙受了极大的苦难。在龙德三年（923），后梁终于被沙陀人李存勖攻灭。在这片废墟上，李存勖建立起了后唐。五代乱世，不但各军阀势力之间进行着征伐攻战，各种势力的内部也不断上演篡杀夺位的闹剧。后唐庄宗李存勖的皇位还没坐上几年，就被他的养子李嗣源发动政变推翻。也许是接受了前朝的教训，新上台的后唐明宗李嗣源暂时停止了对外征战。他的这些做法，在几年内收到了一定的效果。史家记载这一时期是"年谷屡丰，兵革罕用，校于五代，粗为小康"。赵匡胤就是诞生在这样一个乱世中的暂时承平时期。

赵匡胤的家庭，是一个军人家庭。他父亲赵弘殷在后唐任飞捷指挥使，这是一个中级禁军头目。也许是因为处于承平时期，也许是因为篡位的明宗李嗣源把他视为庄宗的人，总之，赵弘殷的官运不佳，多年未得升迁。因此，赵匡胤的家庭，并没有为这位未来的天子安排锦绣前程，只是像一般的小康人家那样，送他去读了几年书。然而，由于军人家庭的耳濡目染，赵匡胤对舞刀弄枪很感兴趣，"子曰诗云"倒没记住几句。随着年龄的增长，赵匡胤练就了一身武艺。

一晃几年过去了，赵匡胤已满二十一岁。身为武将的父亲，只能给他娶个袍泽的女儿，却不能为他今后的进身发迹想出更好的办法。颇有些冒险精神的赵匡胤，决心自己闯荡江湖，碰碰运气。于是在二十一岁这年，赵匡胤毅然告别了父母妻子,开始浪迹天涯。

赵匡胤沿黄河西行,到关陇(今陕西、甘肃)一带这片大唐崛起之地漫游,寻找风云际会的机缘,但一无所遇。四处漂泊的赵匡胤,走到原州潘原县(今甘肃平凉东),大概已近于囊空如洗。他见一群赌徒在赌博,便也参加进来,希冀发一笔意外之财。果然,他赢了几注。但那群市井无赖欺负他是外乡人,竟群起围攻,寡不敌众,赵匡胤被打了个鼻青脸肿,钱也被抢走了。

在关陇无望,赵匡胤就南下到了复州(今湖北沔阳西),去投奔他父亲的故交防御使王彦超。但王彦超没有收留他,看在他父亲的面子上,给了十贯钱,就把赵匡胤打发走了。赵匡胤又来到随州(今湖北随州),找刺史董宗本,这也是他父亲的旧友。董宗本倒是把他收留了下来,赵匡胤满以为有了安定的生活,舒了口气。不料,与赵匡胤年纪相仿的董宗本的儿子董遵诲,却对穷困潦倒、寄人篱下的赵匡胤横加凌辱。赵匡胤感到在随州没什么出路,同时也咽不下这口气,就愤然辞别,又开始了漫游。

赵匡胤走到襄阳,投宿在一个寺庙里。也许是由于南来北往的香客及过路人很多的缘故,寺庙的老和尚对天下大势颇知一二,对茫然不知所向的赵匡胤说:"我给你一点盘缠,你一直往北走,也许会交上好运。"当时,后汉刘知远称帝刚刚一年就病死了,年幼的后汉隐帝刘承祐即位,后汉统治集团内部各种矛盾加剧。军校赵思绾在长安发动兵变,联合凤翔节度使王景崇反叛,护国节度使李守贞也密结辽朝,自称秦王,在潼关反叛。三镇连叛,汴京震动,急忙派枢密使郭威前去讨伐。在平定三镇连叛前后，郭威便招兵买马，扩充实力。襄阳寺庙老和尚指点赵匡胤北去，就是要他去投奔正在邺都（今河北大名东北）的郭威。

基于以前投奔王彦超和董宗本的坎坷遭遇，赵匡胤对这次投奔郭威也颇感前途未卜。一天，在路过归德（今河南商丘）的高辛庙时，他看到人们在占卜凶吉。穷困潦倒的人，更关心自己的命运。赵匡胤也走进庙中，拿过香案上占卜用的竹签，一边默默祷告，一边抛掷竹签。漫游了一两年也没交上好运的赵匡胤，并不指望这次投靠郭威能出现什么奇迹。他先问能否当个小校，不吉。而后连问几个，也不吉。当问到能否当节度使时，竹签所显示的还是不吉，再往上就是天子了。赵匡胤有些急了，难道是做天子不成？他这样问。果然，像是同他开玩笑似的，竹签呈现出吉兆。赵匡胤这种占卜结果，纯属一种偶然的巧合，而后来的史家却说成是上应天命，显然是荒唐的。不过，这对心怀大志的赵匡胤来说，无疑是一支兴奋剂。尽管在当时看来这种占卜结果还是可望而不可即，但它像是一粒种子，在赵匡胤的心中埋下。当后来他的势力强大时，这粒种子，就膨胀发芽了。

与天命无关，大凡胸怀大志之人，平素谈吐也必有异于常人之处。史载汉高祖刘邦卑微时，在人群中围观威仪凛凛出巡的秦始皇，喟然叹息曰："嗟乎！大丈夫当如此也。"项羽看到这一场面，说道："彼可取而代也！"赵匡胤在漫游时，一天，看到几个文人正对着初升的朝阳吟诗。听了听，感到这些人的诗尽管文辞华丽，但意味却很浅陋。于是，从来不喜欢吟风弄月的赵匡胤不禁随口诌了几句：

太阳初出光赫赫，
千山万山如火发。
一轮顷刻上天衢，
逐退群星与残月。

这几句果然气象不凡。看得出，只要有了条件与机会，赵匡胤是有扫平群雄、混一天下之志的。

到了邺都，郭威把这个身强力壮、精通武艺的青年收下了。

二、戎马生涯

平定三镇连叛，郭威坐拥重兵，足以左右朝廷。汉隐帝为了巩固统治，先后杀死了权臣杨邠、史弘肇、王章，随即把刀锋指向郭威，密遣使者赴澶州杀害郭威。郭威被逼起兵，以清君侧的名义，渡过黄河向汴京进军。汉隐帝无力抵抗被杀。郭威进入汴京，士兵大掠。郭威请太后临朝听政，准备迎立刘知远之侄武宁节度使刘赟继位。这时，边报辽兵南犯，郭威率禁军北上抵御。行军途中，将士们纷纷议论说："我们把京师攻陷了，每个人都有罪。如果刘氏复立，我们就没命了。"于是，军至澶州时，将士哗变，撕裂黄旗裹在郭威身上，拥立郭威为帝。郭威回师汴京，受禅即皇帝位，是为后周太祖。

赵匡胤作为军中的一员，由于命运所系，在拥立郭威这一事件中，表现得很突出，深得郭威赏识，被提升为东西班行首，成为禁军军官。这次事件，给赵匡胤留下了深刻的印象。

两年后，郭威任命赵匡胤为滑州（今河南滑县东）副指挥使。还没去赴任，皇子柴荣（郭威的侄子，被郭威收为养子）被封为晋王，担任开封府尹。由于柴荣曾与赵匡胤同在军中，很了解他的勇武与才能，就要求把赵匡胤留在身边，任命为开封府马直军使，赵匡胤成为柴荣的潜邸旧僚。这才是真正的风云际会，对赵匡胤一生的发展起到了决定性的作用。第二年，郭威病死，养子柴荣即位，是为后周世宗。

后周世宗即位不久，北汉联合契丹入侵。世宗率军亲征，赵匡胤与禁军另一将领张永德各领牙兵一千随行。两军在高平遭遇，后周骑兵将领樊爱能、何徽不战自溃，望风而逃，步兵也纷纷解甲投降。世宗只好率领亲兵督战。赵匡胤看到形势十分危急，振臂大呼："主上这样危险，我们还活着干什么！"并对张永德说："你手下的士兵长于射箭，尽快占领右翼制高点，我率兵从左翼包抄。国家安危，在此一举！"说罢，率兵从左翼冲入敌阵。北汉军队没有防备几乎败绩的后周军队的突然反扑，全军大溃。在这次战役中，赵匡胤表现出了出色的指挥才能与勇敢精神，改变了战场的形势，转危为安，转败为胜。

高平战役后，赵匡胤被提拔为殿前都虞候，领严州刺史。这次战役，使后周世宗痛感军纪不肃，兵力不振。骄兵悍将，临阵溃逃，使他几陷绝境。他决心彻底整顿军纪，首先他把樊爱能、何徽等七十多名临阵脱逃的将校斩首，继而又授权给他所欣赏的赵匡胤，对禁军裁汰老弱，精选强壮，大大整顿了一番，使后周禁军的战斗力大为增强。这次整军，为赵匡胤掌握禁军提供了机会，也为他以后整军积累了经验。

通过高平战役，使后周世宗感到赵匡胤不只是一介武夫，而是一个智勇双全、具有战略眼光的将才。这使赵匡胤深为后周世宗所倚重。显德二年（955），后周攻打蜀国秦、凤等州，但攻了很久也未攻下。后周世宗不甘心师出无功，就派赵匡胤前去观察一下，看能否打赢。赵匡胤到前线认真观察了战势，回来报告说可以获胜。果然不出一个月，就传回了捷报。

后周世宗在进行内部改革的同时，开始了统一天下的事业。赵匡胤在统一战争中建立了卓著的功勋。显德三年（956），后周进攻南唐，久攻寿州不下，而淮水下游涂山驻扎着的一万多唐军则随时有可能包抄后周军。后周世宗派赵匡胤去解除这一威胁。赵匡胤在涡口设下伏兵，然后派一百多个骑兵前去唐军营前挑战，佯败，且战且退，把唐军引入包围圈，大败唐军，杀死唐将何延锡，夺得战舰五十多艘。

虽然解除了后周军围困寿州的后顾之忧，但唐军还是随时有可能从滁州增援。在涡口破敌后，后周世宗又派赵匡胤远道奔袭滁州。唐军皇甫晖拒兵于清流关下，赵匡胤初战失利。他感到不能硬碰，必须智取，就密访当地人，问怎样能绕过清流关，直捣滁州。在当地人的指点下，赵匡胤率兵走山后小径，突然出现在滁州城下。皇甫晖大惊，慌忙退回州城，赵匡胤紧逼到城下。皇甫晖说："人各为其主，愿成列以决胜负。"赵匡胤应允。皇甫晖稍定惊魂，率兵复出，还未站稳，赵匡胤只身飞骑，突入敌阵，大吼一声："我要捉的是皇甫晖，其他人不是我的敌人！"皇甫晖一愣神，已被赵匡胤一剑砍在头上。一拥而上的后周军活捉了受伤的皇甫晖，一举攻克滁州。被俘后的皇甫晖对后周世宗叹息道："臣非不忠于所事，但士卒勇怯不同耳。臣向日屡与契丹战，未尝见兵精如此。"盛称赵匡胤的英勇。

在滁州,对于赵匡胤来说具有重要意义的是,他在这里结识了将来辅佐他创立北宋王朝的核心人物赵普。这意义无异于刘备结识了诸葛亮。史载赵普"少习吏事","以吏道闻",在认识赵匡胤之前,他已"托迹诸侯十五年"。他到平定后的滁州任军事判官,就是由于永兴军节度使刘词临死前的举荐和后周宰相范质的提名。赵匡胤与赵普虽未有"隆中对",但初次相见,赵普的一番谈话,已使赵匡胤感到他是一个重要谋臣。随后,赵普在滁州处理狱事,也使赵匡胤很钦佩。然而当时赵匡胤的地位还不可能将赵普罗致在身边。赵普却没有轻视这个地位还不是很高的武将,凭他多年的经验,认准了这颗正在升起的新星。因此,赵普对病倒在滁州的赵匡胤的父亲赵弘殷殷勤服侍,端茶送药,使赵弘殷深为感动,"待以宗分"。这使赵普与赵匡胤结下了很深的私交。所以当八个月后,赵匡胤一被任命为同州节度使兼殿前都指挥使,就立即上表把已经做了渭州军事判官的赵普调到身边做节度推官。赵匡胤集团开始初步形成。

此时,赵匡胤作为一个军人,已由一名小校迅速成长为一员出色的武将。这除了受到军人家庭的熏陶外,主要还得益于他亲冒矢石、身经百战的锻炼。而且从小校到殿前都指挥使,从将兵到御将,也使他在原本具有的匹夫之勇和战术计谋之外,逐步锻炼得具有战略眼光。

赵匡胤战功卓著,迅速升迁。在被任命为同州节度使后,不久又因攻克寿州战功,改领义成军节度使。一年后,因征淮南战功,又改领忠武军节度使。同时他一直担任殿前都指挥使,握有禁军大权。

三、他被历史推上去了

五代时期，烽火不熄，政局动荡不定。五十四年间，更八姓十四帝，平均每四年更换一个皇帝。这些皇帝的即位，多数是靠拥重兵夺得。如后梁太祖朱温、后唐庄宗李存勖的皇位是靠多年血战夺得；后晋高祖石敬瑭是借契丹的兵力自立；后汉高祖刘知远是以河东节度使乘乱称帝；而后唐明宗李嗣源、末帝李从珂，后周太祖郭威的皇位，都是靠禁军夺得。所以，在这些人头脑中，已经没有什么君权神授的观念。燕王刘守光公然说："我地方二千里，带甲三十万，直做河北天子，谁能禁我！"安重荣说得更直截了当："天子，兵强马壮者当为之，宁有种耶！"整个五代，都是一种实力的角逐。谁有实力，谁马壮兵强，谁就可以实现野心。生活在这样一个时代里，心怀异志的赵匡胤早已看透了这一点。

显德六年（959），后周世宗亲征契丹，军中出现了一个奇怪的木牌，上面写着"点检做"三个字。这使后周世宗疑心重重。不久，后周世宗在军中病倒，回到汴京。当时的殿前都点检是后周太祖郭威的女婿张永德，与后周世宗辈分相同。而病中的后周世宗想到皇位继承人皇长子柴宗训年仅七岁，自己死后，张永德辈分居上，手握重兵，很可能会跋扈难制，于是就解除了张永德的军职，而代之以他认为忠实可靠的赵匡胤。就这样，赵匡胤轻而易举地把禁军最高指挥权握在了手中。

这块蹊跷的木牌，显然是一个阴谋，而并非像后来史家所附会的是赵匡胤以后从殿前都点检做了天子的神符。此时已萌发野心的赵匡胤，为了夺取禁军最高指挥权、除掉张永德而耍了个把戏。即使是做这样的推测，恐怕也不为过。

不久，后周世宗病死，七岁的柴宗训继位。这时的赵匡胤从殿前都虞候到殿前都点检，掌军政大权已达六年，在军队中势力已很大，威信很高。他不仅手握军权，还把一些重要将领拉拢到身边，以盟誓结义的古老方式，与石守信、王审琦等人结成义社十兄弟。目前后周这种"主少国疑"的局面，自然为赵匡胤取代后周统治提供了极好的机会。对于赵匡胤的势力寖大，在后周世宗时，有一些人已经感到不安，右拾遗杨徽之曾对后周世宗说赵匡胤威望太高，不宜典禁兵。后周世宗死后，韩通同赵匡胤并掌禁兵，韩通的儿子也劝韩通寻机把赵匡胤除掉，韩通不听。于是，郭威代汉的一幕，不到十年又重演了。

在显德七年（960）元旦，镇、定二州报告契丹会合北汉入侵。宰相王溥、范质仓促派赵匡胤统帅禁军北征抵御。这种伎俩，与九年前郭威代汉如出一辙，拙劣的模仿，使赵匡胤的企图暴露无遗。京城中纷纷传说"出军之日，策点检为天子"，人们害怕因政局变动而遭受洗劫，争为逃匿之计。这件事只有内廷晏然不知。

大军行至开封东北四十里的陈桥驿，因天色已晚，就在那里驻扎下来。当晚，赵匡胤的亲信便在将士中制造舆论："现在周帝幼小，不能亲政，我辈冒死为国家抵御外敌，又有谁知道！不如先立点检为天子，然后再北征也不晚。"五代以来，牙兵悍将动辄拥立主帅，因此，这些话果真把一些将士的情绪煽动了起来，要求拥立赵匡胤。这时一直在幕后策划的赵普、赵匡义走到前台，他们表面上劝将士们不要这样做，名为劝阻，实为激将。果然，将士们群情汹汹。赵普、赵匡义看到时机成熟，就派人连夜回京通知赵匡胤的把兄弟殿前都指挥使石守信和殿前都虞候王审琦，让他们在京城策应。部署妥当，天已蒙蒙亮了。接着，一场兵变的把戏上演了。全副武装的将士们团团围在赵匡胤的住处，把佯作不知的赵匡胤喊了出来，给他裹上了象征皇权的黄袍，高呼万岁。这一场面，与郭威代汉、将士"裂黄旗以被帝体"何其相似！不过黄旗还像是仓促所为，而现成的黄袍则表明了事件的预谋。

赵匡胤假意推辞，将士不允。作为将士，拥立主帅，这对周朝来说是大逆不道的。如果赵匡胤拒绝了，以后这些将士的性命也难保。而如果拥立成功，他们就成了开国有功之臣。所以，只要赵匡胤同意拥立，这些将士对赵匡胤自然是言听计从。赵匡胤抓住将士们的这种心理，就说："你们贪图富贵，立我为天子，如果你们肯听我的命令，我就干，否则我不能干。"将士们异口同声说："我们听你的。"于是，赵匡胤说："周少帝及太后是我所侍奉的，朝中公卿大臣都与我平起平坐，你们不能伤害他们。以前改朝换代，初入京城，皆纵兵大掠，你们不能这样做。事成之后，我会重赏你们，不听命者诛灭九族。"与将士约法三章后，赵匡胤整军回师京城。除了韩通试图组织反抗被杀外，几乎是兵不血刃地成功进行了这次政变。

以和平方式进行朝代更替，可以说是赵匡胤集团的既定策略，因为这样有利于稳定局势，巩固统治，继续进行后周世宗所未竟的内政改革和统一事业。后周世宗死后，继承其事业之重任，不是七岁的后周少帝所能胜任的。各种实力与势力比较的结果，只能是赵匡胤，而不可能是别人，这是历史的选择。

极为温和的禅代顺利地进行着，看上去似乎是仓促事变，但禅代诏书竟也有人事先准备好了。因为赵匡胤所领归德军就在宋州（今河南商丘），所以定国号为"宋"。至此，大宋王朝在中国历史上诞生了。

当然，事情并不是一帆风顺，诏令传布天下，也并不是四方臣服。后周开国功臣、镇守在潞州（今山西长治）的昭义节度使李筠，素怀野心，首先起兵反抗。此后又有淮南节度使李重进反抗。然而，他们的实力都不足以同赵匡胤对抗。赵匡胤率兵亲征，各个击破，在不到半年的时间内就将反叛平定了。

赵匡胤和平代周，客观上说，是有进步意义的。否则，七岁的后周少帝当政，不可能完成后周世宗的未竟事业，如果周边政权乘后周"主少国疑"进犯，中原势必又会重新陷入混乱。而赵匡胤代周，则保证了后周世宗的各项改革措施与统一事业的继续进行和大步前进。

四、他在想怎样不成为第六个短命王朝

从开平元年（907）到显德六年（959），这短短的五十多年间，像走马灯似的，中原更换了五个朝代，更换了八姓十四君。这五个朝代中，除了最初建立的后梁是被长期与之对立的军事集团太原李克用、李存勖父子推翻的以外，其他各朝都是被统治集团内部的军人所篡夺的。作为一个军人，赵匡胤亲自参加过拥立后周太祖郭威的行动，在不到十年后，赵匡胤被人拥立，他是深深懂得立由武将、废由武将这一点的。赵匡胤基本上是以军事联盟的形式夺得政权的。登基之后，他原来结盟的义社十兄弟以及资望高于他而又久拥重兵的大将，都成了他

的潜在威胁。因此，如何消除这些威胁，使刚刚诞生的大宋王朝长治久安，不至于成为继五代之后的第六个短命王朝，自宋太祖赵匡胤登基之后，这个问题一直萦绕在他的头脑中，使他食不甘味，睡不安枕。节度使李筠与李重进的相继反叛，更使他感到解决这个问题的紧迫性。因此，在平定了李筠与李重进的反叛之后，赵匡胤就把赵普召来，问道："天下自唐末以来，几十年间，帝王凡易八姓，战火不熄，生民涂地，这是什么原因？我想要熄灭天下战火，为国家长久计，应当怎样做呢？"赵普回答说："以前的动乱，是由于方镇太重，君弱臣强。如果想改变这种局面，只有削夺其权，制其钱谷，收其精兵，这样天下自然就安定了。"话还没说完，赵匡胤就说："你不要说下去了，我全明白了。"

　　话虽这么说，但是要让宋太祖对多年来共同出生入死、情同手足的结义兄弟下手，颇重情义的宋太祖还是有些犹豫不定。当时他的十兄弟如石守信、王审琦等，分别掌握禁兵军权，赵普多次劝宋太祖换掉他们，宋太祖都未答应。他说："他们绝对不会背叛我，你过虑了。"赵普开导说："我并不是忧虑他们本人会背叛你，在我看来，他们都没有统御天下之才，但万一他们手下的人拥立，也由不得他们。"宋太祖联想到亲身经历的一次次兵士迫立的场面，顿觉不寒而栗，从而下定了决心。

　　一天，宋太祖专门把石守信等人召来聚饮。酒过三巡，宋太祖发话了："如果不是你们拥戴，我哪能有今天呢？可这天子也不是好当的呀，真不如当节度使轻松愉快，我到现在都没睡过一个安稳觉！"石守信他们忙问为什么。宋太祖说："这还不明白，我这个位置，有谁不想坐！"石守信等人大惊失色，忙说:"陛下怎么说起这样的话呢？现在天命已定，谁敢再有异心！"宋太祖说:"不对，你们虽然没有异心，但你们手下的人如果贪图富贵，有一天突然也给你们来个黄袍加身，那时你们就是不想做，办得到吗？"石守信等人听了宋太祖这番话，都顿首涕泣说:"我们实在愚蠢，没想到这一点，千万请陛下可怜我们，给我们指一条生路。"宋太祖看时机已到，就把底兜了出来，说:"唉！人生就像白驹过隙。所追求的不过是多积金钱，吃喝玩乐，使子孙也过上好日子。你们何不放弃兵权，出去当个地方官，买些好房好地，为子孙立业，多置些歌儿舞女，天天饮酒作乐，以终天年。我再与你们结成儿女亲家，君臣之间也无猜疑，上下相安，这样不是很好吗？"第二天，这些人纷纷称疾请罢兵权。宋太祖大喜，赏赐他们许多钱财，打发他们到外地去当个仅有虚名的节度使。这就是闻名于世的"杯酒释兵权"。

解除了身边掌握重兵的禁军将领的军权之后，分别担任过殿前都虞候、都指挥使、都点检各种禁军要职的宋太祖，感到目前这种军事制度是一块能够产生新的实力人物的土壤，必须加以改变，才能从根本上消除潜在威胁。因此，宋太祖在解除禁军将领军职的时候，将一些重要职务也撤销了。如在任命慕容延钊为节度使时，就乘机撤销了殿前都点检一职。在任命高怀德为节度使时，就撤销了副都点检一职。在解除石守信军职时，又撤销了侍卫马步军都指挥使一职。逐步形成了禁军由官职较低的殿前都指挥使、侍卫马军都指挥使、侍卫步军都指挥使分别统领的"三衙分立"制度。这与过去一人统领三军或兼领马、步军那种手握重兵的局面相比有了很大的改变。而且规定三衙只有带兵权，没有发兵权，发兵权归枢密院。而枢密院虽可发号施令，却不直接统兵。这样互相牵制的结果是，把军权都集中在皇帝手里。这是宋太祖对军事机构的最大改造，这样一来，基本消除了武人发动兵变的可能性。

但宋太祖并不满足，他对以此起家并用来保卫他的江山的军队，防范是很严的。首先，他加强禁军的力量。在宋代，禁军等于正规军，此外还有厢兵、乡兵、土兵等地方军队。宋太祖下令选择了一批"琵琶腿、车轴身"这种身体健壮的兵卒作为兵样，"令天下长吏择本道兵骁勇者，籍其名送都下，以补禁旅之阙"。这样一来，各地的强兵锐卒便统统转充三衙禁兵，剩下的老弱残兵成了专供杂役的厢兵，使地方部队无法同禁军抗衡。在禁军的驻防上，宋太祖采取了"强干弱枝"的策略，即在京师附近驻有强兵，使各地无以敌京师。同时，禁军还实行更戍法，经常戍边换防。这样既可以使士兵"习劳苦，均劳役"，又不至于使禁军久驻一地，与地方产生密切的关系。对于禁军的各级将领也经常调换，目的是使"兵不识将，将不专兵"，"兵无常帅，帅无常师"，使士兵与将帅之间不可能产生过于密切的关系，不至于形成五代时那种牙兵悍将。

军队兵员的来源，宋太祖采取募兵法，除了平时补充兵员外，遇有荒年灾岁，更是大量募兵，以便把破产脱离土地的农民招募到军队中来。宋太祖对这种做法有个很特别的解释，他对赵普说："吾家之事，唯养兵可为百代之利。盖凶年饥岁，有叛民而无叛兵；不幸乐岁变生，有叛兵而无叛民。"

宋太祖在军事制度方面的各种改革措施，使得宋王朝没有继五代之后成为第六个短命王朝。但是，他所制定的这些祖宗法、互相钳制的指挥系统、无限制地募兵、守内虚外的方针等等，又给宋王朝日后的积贫积弱埋下了种子。

五、"卧榻之侧，岂容他人鼾睡"

宋太祖初步巩固了内部，但他并不能安枕，他对赵普说："吾睡不能着，一榻之外，皆他人家也。"宋太祖懂得，对他这个新生政权的威胁，不仅来自内部，而且还来自外部。后梁被后唐几十年血战攻灭的历史不断提醒宋太祖，而后周世宗南征北伐开拓疆土带来的大好形势也在鼓舞着宋太祖。他决心扫灭群雄，改变分裂局面，统一天下。在当时，中原最有条件的、力能胜任统一全国的，只能是宋王朝。其他各国基本上都是已偏安多年，统治腐朽，内乱频仍。而宋朝建立之前，后周世宗内革弊政，外拓疆土，经济军事力量日益强盛，非他国可比。赵匡胤代周，也继承了这样一个大好局面。因此，自然要把后周世宗未竟的事业进行下去。

然而，在当时，北有北汉、契丹，西有后蜀，南有南汉、南唐、吴越、荆南等，这就好比面对满桌菜肴，从何下箸呢？这也是使宋太祖颇费心思的问题。他还记得素所钦佩的王朴昔日向后周世宗的献策："凡攻取之道，必先其易者。""得江南，则岭南巴蜀，可传檄而定；南方既定，则燕地必望风内附。"斯人已逝，这种先南后北的策略是否可行，宋太祖还举棋不定。

一天夜里，大雪纷飞，赵普的府邸响起了叩门声。赵普开门一看，宋太祖独立于风雪之中。赵普慌忙迎进。不久，赵匡义也应宋太祖之约来了。这三个赵匡胤集团的核心人物，坐在堂中，围着红红的炭火炉，吃着烤肉。赵普的妻子给他们斟酒，宋太祖也以大嫂相称，君臣亲密无间，仿佛又回到赵匡胤未即位前的岁月。宋太祖说明了来意，对赵普说，我睡不着，想同你商量攻打北汉之事。赵普说："北汉当西、北两面，太原如被攻下，那么这西、北两面，就要我们独当了。等削平各国之后，则北汉弹丸之地，还能逃到哪去！"宋太祖笑了："我也正是这样想的，不过想试探一下你的意思。"宋太祖曾与其弟赵匡义谈过他的设想："中国自五代以来，兵连祸结，帑藏空虚，必先取巴蜀，次及广南、江南，即国用富饶矣。河东与契丹接境，若取之，则契丹之患，我当之也。姑存之，以为我屏翰，俟我富实则平之。"王朴旧策的启示，赵普的见解，多日的深思熟虑，形成了"雪夜定策"，这就是先南后北。

战略方针确定后，宋太祖准备征伐的第一个目标就是高继冲盘踞的荆南。荆南的军事力量较弱，但战略位置却很重要。这里南通长沙，东拒建康，西迫巴蜀，是宋太祖西征南下的要冲。宋太祖派人出使荆南时，就对使者说："江陵人情去就，山川向背，我尽欲知之。"使者回来说，荆南兵力不强，民困于暴敛，很容易攻取。尽管如此，宋太祖还是想师出有名。恰巧，机会来了。割据湖南的武平节度使周行逢病死，十一岁的儿子周保权袭位，大将张文表不服而反叛。周保权一面派兵抵抗，一面向宋朝求援。于是，宋太祖就决定借道荆南，名为援助湖南周保权，其实是一箭双雕，乘机灭掉这两个割据政权。宋太祖派遣的慕容延钊、李处耘率领的大军几乎没有遇到什么大的抵抗，就先后灭掉了荆南、湖南两个割据政权。

接着宋太祖又以西蜀欲勾结北汉伐宋为由，分两路出兵西蜀，经过王全斌、曹彬等人的激战，用两个月灭掉了西蜀。随后越过五岭，灭掉了南汉。南汉灭亡，使南唐处于三面受敌的形势之下。南唐盘踞的地盘不小，但一直畏惧、讨好宋朝。而宋朝在征伐别国时，对南唐也一直是采取羁縻政策，使其处于中立立场。现在南方诸国有的被攻灭，有的臣服（如割据泉、漳的留从效），自然兵锋所指就是南唐了。这时，南唐已自行削去国号，君主改称江南国主。江南国主李煜只会吟风弄月，对宋朝的进攻不知所措。李煜派大臣徐铉去问宋太祖，为什么要讨伐江南，宋太祖厉声喝道："你不用多讲了，江南有什么罪，只不过天下一家，卧榻之侧，岂容他人鼾睡！"

灭掉南唐，南方还剩吴越一国，宋太祖没有急于出兵，而是采取了恩威并重的手段。宋太祖把胆战心惊的吴越王钱俶招到汴京，临走给了他一包宋朝臣僚要求扣留钱俶的章疏，吓得他彻底臣服了。吴越的灭亡只是时间问题。

宋朝南征，几乎没费什么气力。但宋太祖念念不忘的是恢复汉唐旧疆，平定北汉，收复燕云十六州。他在宋军攻灭西蜀后，两次出兵讨伐北汉，后一次还是他亲自出马，但都因契丹的增援而未成功。此志未酬，宋太祖把平定江南诸国所得金帛运回汴京，建立了封桩库，准备贮满五百万之后，向契丹赎回燕云十六州；如果契丹不肯，就用这笔钱作为军费，兵戎相见。终太祖之世，除北汉外，基本上结束了几十年的分裂局面，中原和南方广大地区实现了"天下一家"。扫平群雄，也应了宋太祖早年吟诵的"逐退群星与残月"的雄心壮志。宋朝统一事业的胜利，除了宋太祖个人的杰出作用之外，更重要的是统一是"分久必合"的大势所趋，人心所向。

六、从军人到政治家

赵匡胤是个军人，他一生的大部分时间是在戎马争战中度过的。黄袍加身之后，平定叛乱，征伐群雄，所进行的也都是些军事行动，包括"杯酒释兵权"这样的调整军事机构的做法，也是从军事角度来考虑如何巩固政权的。然而，从他登上皇位那天起，他就已经开始了从军人向政治家的转化。这一方面是他自己的主观所为，另一方面整个北宋统治集团也是这样来塑造他的。

最初，宋太祖同五代时期的许多军人一样，瞧不起文人儒生，崇尚的是武力。有一次，宋太祖与赵普路过朱雀门。宋太祖指着门上的牌匾问："为什么不直接叫'朱雀门'，中间加个'之'字有什么用？"赵普回答说"之"是语气助词。宋太祖轻蔑地笑了笑说："之乎者也，助得甚事！"

宋太祖从武将骤然当了皇帝，开始还保留着许多过去的习气。有一天，他在禁中后苑弹雀，正玩得起劲，有臣子称有事请求召见，他只好放下弹子去见，一问只是一般政务。宋太祖很生气，就责问那人为什么谎称有急事骗他。那人说："这事也比陛下弹雀要急。"宋太祖大怒，随手拿起身边的玉斧，用斧柄向那人打去，打落了那人的两颗门牙。那人慢慢地弯下腰，拾起牙齿放在口袋里。宋太祖问："你把打落的牙齿收起来，难道还想告我吗？"这话的确像个蛮不讲理的武夫所言，也许宋太祖此时在盛怒之下忘却了自己的身份。但那人却从容回答说："臣不能讼陛下，自有史官书之。"这句话等于警诫赵匡胤，你做了皇帝也不能为所欲为。宋太祖的自我反省精神还是很强的，那人的这句话，使他意识到自己的身份，他立刻堆下笑脸，赏赐了那人许多金帛。

还有一次，宋太祖到太庙中祭祖，看见里面摆设着许多礼器，武人出身的赵匡胤，不认识这是些什么东西，就问："那是什么东西？"侍臣说是礼器。宋太祖说："我祖宗哪认识这些东西！"就命令撤掉，换上日常碗碟和家常便饭。祭祀结束后，宋太祖省悟到，这已经不是普通老百姓在祭祖了，于是又令侍臣把那些撤掉的礼器重新摆上。

宋太祖赵匡胤时常反省自己的言行，这使他加速了从军人到政治家的转化过程，迅速适应了新的地位。有一天罢朝之后，宋太祖一直闷闷不乐，内侍问他为什么。他说："你以为天子那么好当么？早朝的时候，我由着自己的性子办了一件事。现在想起来做错了，所以难过。"

对宋太祖赵匡胤影响最大的，应当说还是辅佐他登上皇位的重要谋士赵普。赵普在赵匡胤登基之后的所为，虽然不像是唐太宗手下的魏徵，但也是经常犯颜直谏。有一次，赵普推荐某人可以为某官，宋太祖不同意。第二天赵普又提起那个人，宋太祖还不同意。第三天赵普还推荐那个人，宋太祖大怒，夺过赵普的奏折，撕碎扔到地上。赵普脸不变色，跪下拾了起来，第二天把撕碎的奏折贴起来，继续推荐那个人。宋太祖拗不过赵普，终于同意了。还有一次，赵普提出给一个宋太祖很反感的人升官。宋太祖不同意，赵普仍坚持请求。宋太祖大怒，说道："我就不给他迁官，你能怎么着我？"赵普严肃地说："刑赏，天下之刑赏，怎么能以陛下你一个人的喜怒来决定呢？"

当了皇帝的赵匡胤逐渐明白了，天下由马上得之，却不能以马上守之。在承平的岁月中，统治集团中的文人儒士显示出越来越大的作用，使得宋太祖不止一次感慨地说："宰相须用读书人！"赵匡胤从自身的体验出发，对臣子说："今之武臣，亦当使其读经书，欲其知为治之道也。"

宋太祖在赵普等大臣的协助下，制定了一系列重文轻武的政策和加强中央集权的措施。

宋太祖把改革军事机构的原则与经验，也应用到改革政治、经济制度上来。总的说就是内外相制，上下相维，最终集权于中央、集权于君主一人。

在中央，宋太祖实行政务、财务、军务分立的制度。以中书门下平章事为宰相，同时设参知政事为宰相之副，既协助宰相处理政务，又可以防止宰相专权。设三司使主持财政，号称计相。沿五代之制，由枢密使负责军政。在地方实行州、县二级制，州长官称知州，以朝官充任，并规定不得兼一州以上职务，还经常调整。以文臣知州事，是为了防止武将掌握政权的局面出现，把政权从武人手里收归中央。在知州之外又设通判，互相牵制。在州县之上，将全国分为十五路，等于监察区。每路设官也分权，设有帅司（安抚使）、漕司（转运使）、宪司（提点刑狱）、仓司（提举常平）。

宋太祖以和平方式禅代后周，后周的官员基本都留任了。这在一定时期内有助于稳定政局，但这并非长久之计，宋太祖在保留原有官名的基础上，"别为差遣，以治内外之事"，这实际上就逐渐削夺了原来留任官员的实际权力。把原来的官名作为官员品位禄秩的标志，差遣才是实职。如中书令、侍中等是官名，而只有带同中书门下平章事、参知政事等差遣，才是实际上的宰相、副宰相。用差遣任官，给人以一种临时性质的感觉，也同样有防止官员专权的意义。

在财政上，宋太祖削夺地方上的财权。五代以来，地方财权都掌握在节度使手中。宋太祖在乾德三年（965）开始设置转运使来管理地方财政，要求除诸州度支经费外，财政收入一律运送京师，不得擅留。这样，既保证了中央财政收入，又断绝了地方上藩镇兴起的经济基础。

为了保证新建立的各项制度的实行，赵匡胤建立了一套强有力的监察制度。御史谏官必须由皇帝亲自选拔，宰相大臣不得干预。台谏的职责，本来包括向皇帝进谏，但从宋代开始，却成了天子的法官，督察各级官员的工具。

为了扩大统治基础，宋太祖不但恢复了科举制度，还把殿试制度固定化。他亲自召试士子，禁止及第人对知举官称"恩门"，将自己称为"门生"，而使他们都成为"天子门生"。除了以科举选拔人才外，宋太祖平时也留意人才。司马光说，宋太祖"知人善任使，擢用英俊，不问资级，察内外官有一材一行可取者，密为记籍之。每一官缺，则披籍选用焉"。

在经济发展方面，宋太祖整顿了五代以来混乱的赋税制度，实行轻徭薄赋、奖励农桑、兴修水利、繁荣工商业等一系列政策，使刚刚结束统一战争的宋王朝，社会经济有了较快的恢复和发展。

宋太祖赵匡胤从个人品质上看，基本上是一个气度豁达的忠厚长者。他当了皇帝之后，赵普多次劝他报复那些过去对他不好的人。宋太祖说："不能那样做，那时候人们哪知道谁是天子宰相！"赵匡胤是这样说的，也是这样做的。宋太祖早年浪迹天涯的时候，在董宗本那里曾受过其子董遵海的欺侮。宋太祖即位后，董遵海十分惶恐，他的部下也乘机上诉其不法之事。宋太祖召见董遵海，他以为自己必死无疑，这时宋太祖却说："不要害怕，我怎么能念旧恶呢？"宋太祖对他委以重任，并且还把他陷于辽朝幽州的母亲用钱赎了回来。

史载宋太祖生活较为俭朴，常常穿着旧衣服，乘坐的车子及穿的衣服多是素色，宫中的帷幔也没有华丽的装饰。有一次，他发现他的三女儿穿着用翠鸟羽毛装饰的衣服，就说："今后你不要再穿这样的衣服了。"公主不以为然地说："这一件衣服才用多少翠羽。"宋太祖说："不是因为这一件衣服，是因为你一穿，宫内宫外就会争相仿效，翠羽的价格昂贵，有的人就会乘机倒卖害民。你生活于富贵之中，要知惜福。"公主看到宋太祖的车子很普通，就问："你做了天子，难道还不能用黄金装饰车子吗？"宋太祖严肃地说："我有四海之富，就是把宫殿全用金银装饰起来也办得到。但我是为天下守财，哪能妄用！古语说：以一人治天下，不是以天下侍奉一个人。"宋太祖对自己的地位有着较为清醒的认识，也是颇为难能可贵的。

七、"烛影斧声"之谜

宋太祖赵匡胤苦心经营了十多年，分裂了几十年的天下重新趋于统一。宋王朝内部各个领域的各项制度粗具规模，对外关系基本稳定。宋王朝迎来了欣欣向荣的发展时期。正当这时，宋太祖却病倒了，而且很快就驾崩归天了。时为宋开宝九年（976）。这一年，宋太祖赵匡胤整整五十岁。作为一个君主来说，正是年富力强、大有作为之时。

宋太祖赵匡胤死后，其弟赵光义即位，是为宋太宗。宋太祖之死，虽说是因病，却也有几分蹊跷，不明不白。

宋代有一个叫文莹的山林老僧在《续湘山野录》中记载了赵匡胤之死：在一个大雪纷飞的夜晚，已经卧病的宋太祖，召其弟赵光义来到寝宫，把宦官宫妾全部屏退，二人对饮。有人远远望去，只见烛光之下，赵光义有时做出避席的姿态，像是有难忍之状。三更鼓响过，二人方饮罢。此时殿前的落雪已有几寸深了，太祖赵匡胤用柱斧戳着雪地，盯着赵光义说："好做！好做！"便回殿解衣入睡，鼾声如雷。这天夜里赵光义也留宿于禁中。没到五更，宋太祖赵匡胤就毫无声息了，内侍一看，已经归天了。

关于宋太祖之死，宋代官修史书均语焉不详。这恐怕与北宋自太宗以后全是太宗子孙继承皇位，避讳此事有关。

从宋太宗赵光义的即位看，也有许多可疑之处。司马光在《涑水记闻》中记载：太祖死时已经四更，宋皇后派内侍王继隆召太祖子秦王德芳，王继隆却直接去了开封府找晋王赵光义。时隔不久，宋皇后听到王继隆的声音，忙问："德芳来了吗？"王继隆说："晋王到了。"宋皇后大惊失色，对着赵光义哭泣说："我母子的性命，都交给官家了。"在宋代俗称皇帝为官家，赵光义说了一句："共保富贵，不要发愁。"

为了证明宋太宗即位的合理性，又有所谓谁也没见过的"金匮之盟"一说。这是指赵匡胤母亲杜太后临死前，当着匡胤、光义、赵普的面立下的"匡胤死后光义即位"的遗嘱。从司马光记载的宋皇后急忙召秦王德芳看，"金匮之盟"似属子虚乌有。

宋太宗赵光义即位后，在当年就急忙改元。这种未逾年而改元的情况，在宋代历史上是绝无仅有的一次。此外，没过几年，其弟廷美贬死房州，太祖子德昭被逼自杀，德芳也不明不白死去。种种蛛丝马迹，使后人颇为怀疑赵匡胤死于非命。然而，传闻非一，文献难征，"烛影斧声"遂成千古之谜。

八、历史应当对他如何评价

宋太祖赵匡胤以一介武夫，崛起于乱世之中。他仿效后周太祖郭威，以兵变的形式，黄袍加身，登上帝位。而后继承了后周世宗的统一事业，南征西讨，混一天下，顺应了历史发展的必然趋势，结束了实质上从唐中叶就开始了的二百年分裂局面，使四分五裂的华夏大地重新统一，开始了中华民族历史的一个新的时期。宋代是中国传统社会历史上空前繁荣的时期，在中华民族为世界文明贡献的四大发明中，就有火药、指南针、活字印刷术出现在宋代。就赵匡胤本人来说，从士兵到元帅，一生的大部分时间都是在打仗。他首先是一位杰出的军事家。他登上帝位后，尽管不少精力还倾注在统一战争上，但地位的变化，已使他开始了从军人到政治家的转变。在他生命结束之时，基本上可以说是完成了这一转变的。他草创的许多祖宗之法，为宋王朝的发展昌盛创造了条件，当然，也为日后带来不少弊端。他很想学做唐太宗，但"烛影斧声"使他天不假年，正当大有作为之时便离开了人世。他的一生以武功居多，但他却扭转了近百年来的重武轻文之风。"唐宗宋祖，稍逊风骚。"在中国传统社会的史册上，宋太祖可以说是一位为数不多的杰出帝王。

《大驾卤簿图书》（局部），北宋，现藏中国国家博物馆。"卤簿"为古代皇宫仪仗队，专用于南郊大礼

略论宋太宗

也许是宋太祖的功业过盛，在他的赫赫功业之下，宋太宗就显得有些黯然无光。因此，对宋太宗其人，历来似乎研究得不够。其实，宋初政治的主角，分别以武功、文治开创有宋一代三百年基业的，应当是宋太祖、宋太宗兄弟二人。太祖、太宗兄弟前后相承，一个草创开拓，一个稳定发展。本来，这种开基事业，应当是像唐太宗那样，在一个君主统治之下完成。然而，由于公元976年一个雪夜的"烛影斧声"，历史就注定由这两个人来完成了。

既然像是一个组合体的两个面，那么，宋太宗其人其事，其功其过，实在应当给予一定的重视。

一

在后周时代，宋太宗赵匡义还没有登上政治舞台，因此，也没有什么功业可言。然而，他早年的处境，却要比其兄宋太祖赵匡胤好得多。由于赵匡胤在后周功业显赫，地位日高，赵匡义用不着再像其兄早年那样坎坷奔波，浪迹天涯，为生活出路发愁了，他有了较好的学习条件。其父其兄都是介胄武人，也许这个军人家庭在有了一定条件之后，想培养出个秀才。《宋史》卷四《太宗纪》记载："宣祖（其父赵弘殷）总兵淮南，破州县，财物悉不取，第求古书遗帝（指太宗匡义），恒饬厉之，帝由是工文业，多艺能。"赵匡义"多艺能"，自然不是十八般武艺，这一点他没有获得军人家庭的遗传。史载他通音律，擅飞白书，喜对弈。① 在后周末年，二十岁左右的赵匡义，也许是由于赵匡胤的关系，做了供奉官都知这样一个小官。②

作为胞弟，成年后的赵匡义自然成为业已形成的赵匡胤集团的核心人物。在他早年的历史上，做的一件重要的事，就是预谋定策。

掌握禁军的殿前都点检赵匡胤，在后周末年，羽翼已丰。周世宗去世，七岁的周恭帝即位。"主少国疑"，天赐良机，赵匡胤阴谋代周的步伐加快了。这种生死攸关的大事，赵匡胤可以倚重的除了赵普等少数几个心腹之外，就是他的亲弟弟赵匡义了。赵匡义在陈桥兵变中，结交军士，抚定众心，沟通内外，起了重要的作用。③ 这次事件，可以说是赵匡义正式登上政治舞台的开始。

宋太祖赵匡胤登基后，对这位年仅二十一岁的胞弟十分器重，并且逐步提高了赵光义（"匡"字避太祖讳改为"光"字）的地位，先是任命他为殿前都虞候，领睦州防御使。不久，太祖亲征泽、潞，讨伐李筠，让赵光义临时担任大内都点检，留守汴京，这使京城的人吃惊地议论："点检作天子矣，更为一天子地耶！"④ 照理说，曾以都点检登基的宋太祖，是忌讳别人来担任这个职务的，可见他对自己弟弟的信任程度。其母杜太后死后，赵匡胤也许是遵从杜太后的遗愿，让赵光义当了开封府尹。在宋代，凡属皇族担任此职，就预示着有继承皇位的可

---

① 《宋朝事实类苑》卷二。
② 《宋史》卷四《太宗纪》。
③ 事详见《续资治通鉴长编》卷一建隆元年正月癸卯条，建隆元年正月甲辰条。
④ 《枫窗小牍》。

能性。当然，也许继承皇位这件事，宋太祖还不想马上明确下来。因此，他让另一个弟弟廷美担任了兴元府尹。以后在加光义为中书令时，又加廷美为同中书门下平章事。也许，杜太后以弟继位的嘱托，对忠厚的赵匡胤是有影响的。在宋太祖去世前几年，封赵光义为晋王。①

在赵光义担任的所有官职中，具有实际意义与重要作用的是开封府尹。这个职务，可上通，可下达，有大事，有细务，培养、锻炼了赵光义的政治才能。同时，他在长期担任开封府尹期间，网罗培植了一大批心腹。这批人对赵光义的即位，以及即位后的安定、发展，无疑起了重要的作用。

开宝九年（976），正当壮年有为之时的宋太祖去世，赵光义即位，是为宋太宗。宋太祖之死与宋太宗的即位，在各种史书中，多是裹着一层"气数""天命"之类的神秘色彩，剥去这层荒诞不经的外衣，留给人们的，就是不尽的疑窦。

北宋僧人文莹《续湘山野录》中记载：

是夕果晴，星斗明灿。上心方喜，俄而阴霾四起，天气陡变，雪雹骤降。移仗下阁，急传宫钥开端门，召开封王，即太宗也。延入大寝，酌酒对饮，宦官宫妾悉屏之。但遥见烛影下，太宗时或避席，有不可胜之状。饮讫，禁漏三鼓，殿雪已数寸，帝引柱斧戳雪，顾太宗曰："好做！好做！"遂解带就寝，鼻息如雷霆。是夕，太宗留宿禁内。将五鼓，周庐者寂无所闻，帝已崩矣。太宗受遗诏于柩前即位。

---

① 赵匡义、赵廷美所任官职，均据《宋史·太祖纪》。

这就是所谓"烛影斧声"之说的来源。如果说这个山林野僧之说不足为据的话，那么，严谨的史学家司马光的另一种记载也值得深思。

《涑水记闻》卷一记载：

> 太祖初晏驾，时已四鼓，孝章宋后使内侍都知王继隆召秦王德芳，继隆以太祖传位晋王之志素定，乃不诣德芳，而以亲事一人径趋开封府召晋王。见医官贾德玄先坐于府门，问其故，德玄曰："去夜二鼓，有呼我门者，曰'晋王召'，出视则无人，如是者三。吾恐晋王有疾，故来。"继隆异之，乃告以故，叩门，与之俱入见王，且召之……继隆使王且止其直庐……德玄曰："便应直前，何待之有！"遂与俱进。至寝殿，宋后闻继隆至，问曰："德芳来邪？"继隆曰："晋王至矣。"后见王，愕然，遽呼"官家"，曰："吾母子之命，皆托官家。"王泣曰："共保富贵，无忧也。"

对于司马光的这条记载，近人丁传靖辑《宋人轶事汇编》卷一引录后云："据此则太祖蒇时，晋王不在禁内，可以洗斧声烛影之诬。"我认为这条记载或许可洗斧声烛影之诬，但难以消除抢先夺位之嫌。这条记载，起码说明宋皇后本欲秦王德芳即位，而由于早已勾结赵光义的宦官及时传递消息，赵光义抢在德芳之前来到已驾崩的太祖身边。由于及时守在了一具神圣的死魂灵之前，就可以说是承受了遗诏。而宋皇后、德芳孤儿寡母，此时又如何敢惹势力寖大、羽翼已丰的赵光义！只有悲切地哀求："吾母子之命，皆托官家。"

二

　　一个不明不白地死去，一个不明不白地即位，想必会在朝野产生一些震动。但北宋各朝皇帝均是太宗的子孙后嗣，早已把这些痕迹涂抹得一干二净，留下的只是"气数""天命""金匮之盟"等合理合法的证明。但从一些无法掩饰的事实中，我们还是感到了当时的动荡，感到了宋太宗面对太祖势力威胁时的忧心忡忡。

　　两宋三百年，新君即位，未逾年而改元，唯独宋太宗一人。难道是迫不及待地想从人们的记忆中把太祖时代抹去？此时，由于宋太祖的经营，已经不可能再有实力雄厚的军人野心家篡位，但其弟廷美与太祖子德昭、德芳却对太宗的地位构成了一定的威胁。太宗亲征幽州大败，在仓皇逃窜、太宗一时不知所踪之时，一些人图谋拥立跟随军中的太祖子德昭，五代时期那种将士拥立的场面又险些重演。这件事使宋太宗大为震惊，于是，他加速了剪除这些威胁的步伐。北征回师后，太宗迟迟没有依惯例对参加这次战争的将士论功行赏。燕王德昭向太宗问起此事，宋太宗竟怒气冲冲、赤裸裸地说："待汝自为之，赏未晚也。"[①]逼得德昭自刎殒命。过了两年，曾被太祖宋皇后企图推上皇位的德芳也死去了。当然，官修史书记载的是病死。[②]又过了一年，唯一还能威胁太宗地位的其弟廷美，也在太宗亲信的诬陷下被一贬再贬，没几年死于贬所。[③]

[①]《宋史》卷二四四《赵德昭传》。
[②]《宋史》卷二四四《赵德芳传》。
[③]《宋史》卷二四四《赵廷美传》。

宋太宗的青年时代，恰逢其兄赵匡胤已在高位，居于统治集团上层这个圈子之内。包括赵匡胤登基之后，宋太宗在一个较高的层次上目睹和参与了统治者上层的斗争，生活的教科书教给他的多是政治斗争的内容。因而他的政治头脑要比太祖发达，过早地谙熟了耍手腕、搞权术，在这方面得到了锻炼。不过，正因为头脑复杂，心怀鬼胎，往往猜忌心过重，总怀疑别人也像他，也如是。宋太宗的猜忌心不光表现在对其弟其侄身上，就是看到自己的儿子受到拥戴，被人称为"少年天子"，他也不愉快。[①]宋太宗的心胸颇狭。至道二年（991），太祖宋皇后去世。宋太宗也许还忌恨宋皇后当初企图拥立德芳之事，竟不想以皇后礼节安葬她。翰林学士王禹偁说了一句"后尝母仪天下，当遵用旧礼"的公道话，触到了宋太宗的痛处，竟"坐谤讪"，责知滁州。[②]明人李贽在评论此事时讥讽道："所云'共保富贵'何在耶？"[③]

三

《战国策·赵策·触龙言说赵太后》一章，在叙述了触龙说赵太后之事后，记载了当时一个人的议论："子义闻之曰：人主之子也，骨肉之亲也，犹不能恃无功之尊、无劳之奉，而守金玉之重也，而况人臣乎！"在传统社会初期已经如此，到了传统社会成熟的宋代，作为君主就更不能"恃无功之尊、无劳

[①]《宋史》卷四《太宗纪》。
[②]《宋史》卷二九三《王禹偁传》。
[③]《史纲评要》卷二八。

之奉，而守金玉之重"了。而就宋太宗来说，在世袭制下，他的即位并不是名正言顺的。况且他本人除了在陈桥兵变中预谋定策外，在太祖时期进行的统一战争中，他未出过毫发之力，更未立过尺寸之功。这样，面对一个人情未安、众心未服的局面，他急切地"思有以帖服中外"。为此，他采取了各种办法，但他也许认为最重要的还是应当像宋太祖那样建功立业，才能"帖服中外"，镇抚人心，提高威望，"守金玉之重"。因此，宋太宗即位后，就着手进行战争准备，想完成宋太祖未竟的统一事业。这是一张继承太祖遗志最好的牌，既可以用战争来转移人们的视线，又可以建功立业。

于是，在太平兴国三年（978）漳泉陈洪进与吴越钱俶相继纳土后，第二年，宋太宗亲自出马征伐连宋太祖三次攻打都未攻下的北汉。宋太宗"决取之，为世宗、太祖刷耻"[①]，想创立周世宗、宋太祖也未能创立的不世之功，来提高自己的威望。由于宋军击败了辽朝的援军，使北汉无力抵抗，北汉被迫投降。五代十国中的最后一国，被攻灭。平定了北汉，宋太宗被胜利冲昏了头脑，不顾将疲师老，继续北征，企图一举收复燕云。结果，在幽州高梁河一带（今北京白石桥附近），与辽军激战，宋军大败，几乎全军覆没，太宗"仅以身免"，"窃乘驴车遁去"。[②]

太平兴国五年（980），宋太宗再次督军北伐，在莫州被辽将耶律休哥打败。

经过几年养精蓄锐，在雍熙三年（986）年初，宋太宗又

[①] 《宋朝事实》卷二○《经略幽燕》。
[②] 《辽史》卷九《景宗纪》。

发动北征，企图扭转高粱河惨败之后频频挨打的被动局面，也挽回自己的面子。但前两次亲征的惨败，使宋太宗多少有些心悸，在臣子的劝说下，他顺水推舟，未再亲征，而是出动三十万大军，分东、中、西三路攻辽。结果，五月，东路曹彬、米信两军在岐沟关被辽耶律休哥打败；六月，耶律斜轸率军十万，在朔州击溃西路潘美军，名将杨业被擒，中路田重进见势慌忙退兵；十一月，辽军乘胜南下，在君子馆一带又大败宋军。雍熙北征，至此全盘败绩，宋军丧师近三十万。宋太宗不但建功立业成了泡影，而且宋太祖以来选练的精锐部队也损失殆尽。从此，北宋再无力攻辽。

宋太宗与宋太祖不同，太祖起于行伍，身经百战，有着丰富的战争经验。宋太宗则基本上未经历过什么重大战役，缺少这方面的锻炼，缺乏这方面的知识，但他又刚愎自用，自诩高明，每战亲自拟定阵图①，严重地束缚了前线将帅的手脚。这也是北伐几次败绩的原因之一。

四

对辽战争的败北，也许使宋太宗认识到自己的武运不济，像宋太祖那样以武功威震天下已不大可能，加之由于战败丧师造成的武力寝弱，使宋太宗对辽不得不由攻势转为守势。这时的宋太宗再也不高喊什么"为世宗、太祖刷耻"了，而开始说什么："朕每读至'兵者，不祥之器，圣人不得已而用之'，未

---

① 参见《宋史》卷二五七《李处耘传》。

尝不三复以为规戒。王者虽以武功克受，终须用文德致治。"①又对近臣说："国家若无外忧，必有内患。外忧不过边事，皆可预防。惟奸邪无状，若为内患，深可惧也。"②宋太宗讲这些话，是为他把攻势转向守势所作的解释，同时也反映出太宗在武功方面碰壁后，已把注意力转向文治，转向内政。当然，这种国策的转变不是一下子完成的，在对辽战争期间，屡屡不利的战况与不无问题的内政，已促使他逐渐开始这种转变，开始实行守内虚外的政策。

在宣扬防外忧不如防内患论调的同时，宋太宗开始提倡清静无为的黄老之学。他从内心希望他的统治平安无事。史载他十分推崇《老子》一书："上（宋太宗）读《老子》，语近臣曰：伯阳五千言，读之甚有所益，治身治国之道，并在其内。"③他训导开封府尹、襄王元侃说："夫政教之设，在乎得人心而不扰。欲得人心，莫若示之以诚信；欲不扰，莫若镇之以清静。"④襄王元侃，就是后来的宋真宗。

宋太宗在这种思想的支配下，任相也选择循默守成、少有建树之人，如李昉、吕蒙正、吕端等，而"不用浮薄新进喜事之人"⑤。

"以史为鉴，可以知兴替。"宋太宗很注意从历史上汲取经验教训。史载："上（宋太宗）自潜跃以来，多详延故老，问以

---

① 《宋朝事实类苑》卷二。
② 《续资治通鉴长编》卷三二淳化二年八月丁亥条。
③ 《宋朝事实类苑》卷二。
④ 《宋朝事实》卷三《诏书》。
⑤ 《宋史》卷二八二《李沆传》。

前代兴废之由，铭之于心，以为鉴戒。"[1] 还记载："太宗尝谓侍臣曰：'朕万机之暇，不废观书，见前代帝王行事多矣。苟自不能有所剸裁，全倚于人，则未知措身之所。'因言宋文帝恭俭，而元凶悖逆，及隋杨素邪佞、唐许敬宗谄谀之事，侍臣耸听。苏易简曰：'披览旧史，安危治乱，尽在圣怀，斯社稷无穷之福也。'"[2]

宋太宗对侍臣讲："听断天下事，直须耐烦，方尽臣下之情。昔庄宗可谓百战得中原之地，然而守文之道，可谓懵然矣。"[3] 他这句话说的是后唐庄宗李存勖，然而倒是颇像在影射宋太祖。不管是说谁，这句话都是事实。宋太宗基本上可以说是五代以来第一位非武人坐天下的君主。他始以重武，转而重文，而终以文治显。宋太宗统治时期，基本上是承袭太祖草创之制，对有些制度有所补充和更革。宋朝的各项典章制度，经过太宗一朝，更为完善，渐成定制。

为了扩大统治基础，宋太宗扩大了科举考试的规模，使取士人数剧增。太祖朝进士人数为一百八十六人，而太宗朝则达一千四百五十七人；太祖朝诸科人数为一百六十一人，而太宗朝则达四千三百五十九人。在扩大科举考试规模的同时，也使科举制度进一步完善化。在宋太宗时期创造的考校糊名等办法，对于防止作弊是颇为有效的。科举考试为宋王朝选拔了大批人才，"名卿巨公，皆由此选"[4]。当然，取士既多，官员亦

---

[1] 《宋朝事实类苑》卷二。
[2] 《宋朝事实类苑》卷二。
[3] 《宋朝事实类苑》卷二。
[4] 《宋史》卷一五五《选举志》。

冗。《宋朝事实类苑》卷九记载，在太祖末年，文武朝官班簿是二百人左右，而到了太宗末年，便达到了四百人。太祖后期的开宝四年（971），诸路幕职州县官阙八百余员，而真宗初期的咸平四年（1001），减省天下冗吏十九万五千八百多人。可见太宗时期官吏激增的程度。宋太宗时期，造成了一个庞大的士大夫阶层，这对于宋朝统治来说，并不是一件坏事。但与之俱来的，也形成了冗官冗员，这则成为宋代统治机器运转的沉重负担。

宋太宗"兴文教、抑武事"[①]，在他即位的第二年，看到太祖时期承接前代遗留下的三馆，"湫隘卑庳，仅庇风雨，周庐徼道，出于其旁，卫士骖卒，朝夕喧杂"，条件很差，慨叹道："是岂足以蓄天下图书，待天下之贤俊耶！"[②]下令另选址重建。一年而成，定名崇文院，分设集贤、昭文、史馆书库，贮书于四周回廊。宋太宗自己喜欢读书，因而也十分注意搜求图书，多次下诏购求亡书，还以爵禄来吸引和鼓励民间献书。此外，还派人到各地购求图书。[③]他说："夫教化之本，治乱之源，苟无书籍，何以取法！"[④]又说："国家勤求古道，启迪化源，国典朝章，咸从振举，遗编坠简，宜在询求，致治之先，无以加此。"[⑤]经过宋太宗的努力，到了太宗晚年，三馆秘阁，藏书颇富。他说："朕即位之后，多方收拾，抄写购募，今方及数万

---

① 《续资治通鉴长编》卷一八太平兴国二年正月戊辰条。
② 《宋会要辑稿·职官》一八之五〇。
③ 《宋会要辑稿·崇儒》四之一五。
④ 《续资治通鉴长编》卷二五雍熙元年正月壬戌条。
⑤ 《宋会要辑稿·崇儒》四之一六。

卷。千古治乱之道，并在其中矣。"①

在广泛搜求图书的同时，宋太宗先后组织了一批文人编纂了几部大型类书。太平兴国二年（977）三月，刚刚即位几个月的宋太宗就命翰林学士李昉、扈蒙等十多人编纂《太平广记》与《太平御览》。《太平广记》先成，此书主要以收录汉魏至宋初的小说、野史为主，凡五百卷。《太平御览》初名《太平总类》，分五十五部，四千五百五十八类，凡一千卷，征引各种书籍达一千七百多种。在《太平御览》成书的前一年，太宗又命李昉、徐铉、宋白等人编纂了《文苑英华》。此书继《昭明文选》之后，上起萧梁，下讫唐五代，选录了两千多名作家的近两万篇各种体裁的文学作品。宋太宗时期收集的绝大部分图书，今已失传，但宋太宗时期编纂的这三部大书却流传下来。许多书籍内容，赖此保存下来。宋太宗主持编纂的这三部大书，成为我们今天研究中国古代历史、文学的宝贵资料。综观宋太宗一生的作为，这可以说是他最大的历史功绩。

当然，宋太宗建三馆，求典籍，修类书，兴文教，与当时社会经济的恢复和社会生产的发展有一定关系。宋太宗在太祖削夺藩镇政治、经济各方面权力的基础上，进一步在经济方面对地方加以限制。从五代以来，藩镇享有到京师及各地进行回图贩易而免征税钱的特权。宋太宗即位后下诏："中外臣僚自今不得因乘传出入，赍轻货，邀厚利，并不得令人于诸处回图，与民争利。有不如诏者，州县长吏以名奏闻。"②明确取消了藩镇的商业特权，其收效则使"利归公上，而外权削矣"。这可

---

① 《宋会要辑稿·职官》一八之四八。
② 《续资治通鉴长编》卷一八太平兴国二年正月丙寅条。

以说是宋太祖"制其钱谷"政策的继续。

五代连年战乱，使社会经济遭受严重破坏，人口锐减，土地荒芜。北宋统一时，全国才有三百万户，就连开封京畿之地，土地耕种"十才二三"。这种状况到了太宗朝也并没有完全改变。所以，太宗屡屡下诏允许农民请佃无主荒地，"便为永业"①。并且，下诏设农师，推广先进技术，相对实行轻徭薄赋。这在一定程度上调动了农民的生产积极性，生产有了较大的发展。从垦田数字的增加，也可以反映出这一点。据《文献通考》卷四《田赋考》统计，太祖末年的垦田数为二百九十五万三千三百二十顷，到太宗末年增长为三百一十二万五千二百五十一顷。

在对外贸易方面，宋太宗也采取了积极的措施。北面在镇、易、雄、霸、沧等地设置榷场，作为对辽贸易的场所，岁入达一百五十万贯。②同时，对于外商采取"招诱"政策。雍熙四年（987），宋太宗曾遣内侍八人带着金帛、敕书，分四路招诱南海诸国蕃商。③

在宋太祖武功打下的基业上，宋太宗把太祖草创的祖宗法进一步完善定型。尽管对辽战争败北丧师，但他转而以文德致治，较为稳定地恢复和发展了社会经济。到太宗末年，北宋初步形成了积贫积弱到来之前的繁荣局面。

---

① 《续资治通鉴长编》卷二三太平兴国七年二月庚午条、卷三八至道元年六月丁酉条。

② 《三朝北盟会编》卷八。

③ 《宋史》卷一八六《食货志》。

五

怎样评价宋太宗其人呢？这里我想把他与宋太祖比较来谈。

太祖时期，刚刚代周，面对的是一个未竟的统一事业。统一对于刚刚建立的北宋来说，不仅是要继续进行，而且是势在必行。这不光是造就一个宏大的中原帝国的问题，而且还是由于北宋代周，面对的还是五代乱世。各割据政权，互相征伐，都有混一天下的野心。这时的宋朝，只有开拓，才能生存。因而太祖代周在位的十几年中，主要精力用于军事方面。当然，他也是一手外战一手内政进行的。内政方面他虽然也有所考虑，但主要还是靠赵普这样的谋臣来考虑的。他不像唐太宗，在南征北战之后，还有几年安稳日子过。宋太祖时期，已处于国家的恢复时期，百废待兴。他的一生都很紧张。他的生涯，前期是军人，以代周为界，开始了后期从军人到政治家的转变。他的晚年，在赵普等辅臣的帮助下，完成了这一转变，但他却没有像唐太宗那样造成一个辉煌的"贞观之治"。然而，他主持下草创的许多祖宗法，却成功地防止了宋王朝成为五代之后的第六个短命朝代，防止并消除了许多五代积弊。在这样一个既成的基业上，他本可以有他的"贞观之治"，但却在晚年的一次生病中，不明不白地死于"烛影斧声"之下。

我们且不管宋太宗是以什么方式即位的，但他成年以来，一直生活在政治斗争的环境之中，特别是北宋建国后的十几年中，他有心计地观察学习各种正反教训经验，政治才能得到了很大提高。因此，对于他来说，不存在什么从军人到政治家的转变，他一登上政治舞台的制高点，就是以一个政治家的面目出现的。他按照太祖的既定方针，按照已运行的轨道，把宋王朝这部巨大的车子，继续向前推进。他的一生，建树不多，对宋代制度，多是补充太祖时期的草创，使之更加完善化。但是，由于有了太祖时期的基础，北宋的"贞观之治"，宋初的辉煌时期都在他手里形成了。对于一个守成之主来说，这是一种历史的幸运。

"烛影斧声"与宋太祖之死

明人绘《孟蜀宫妓图》

引言

宋太祖之死，为后世留下了"烛影斧声"千载之谜。近世以来，经过许多学者的缜密考证，宋史学界基本一致的意见是宋太祖死于非命，宋太宗属于非正常继统。[①]我在几篇文章中也持这种观点。[②]不过，这个问题最近又有了不同的说法，认为宋太祖是死于家族遗传的躁狂忧郁症，属于正常病逝。[③]当然，这种观点有实证的医学论证，可以作为一家之说。然而，从现存的各种文献记载综合分析考察，我认为即使是宋朝皇室家族真的患有遗传躁狂忧郁症，也难以改变"烛影斧声"这一弑兄篡位的政变的性质。近来，披阅史籍，又发现了一些足以为证的史料，使我进一步确认，"烛影斧声"虽是一次突发事件，带有一定的偶然性，但其背后隐藏着值得重视的政变因素。

一、有关"烛影斧声"事件几种记载之综合考察

（一）北宋神宗时僧人文莹在《续湘山野录》中记载：

[①] 关于宋太祖之死，较早缜密考证的文章，有吴天墀先生的《烛影斧声传疑》，载《史学季刊》1941 年第 1 卷第 2 期。

[②] 参见《中国历代名君·强化封建专制主义中央集权的宋太祖赵匡胤》（河南人民出版社）；《略论宋太宗》，载《社会科学战线》1987 年第 4 期。

[③] 参见刘洪涛《从赵宋宗室的家族病释"烛影斧声"之谜》，载《南开学报》1989 年第 6 期。

是夕果晴,星斗明灿。上方心喜,俄而阴霾四起,天气陡变,雪雹骤降。移仗下阁,急传宫钥开端门,召开封王,即太宗也。延入大寝,酌酒对饮,宦官宫妾悉屏之。但遥见烛影下,太宗时或避席,有不可胜之状。饮讫,禁漏三鼓,殿雪已数寸。帝引柱斧戳雪,顾太宗曰:"好做!好做!"遂解带就寝,鼻息如雷霆。是夕,太宗留宿禁内。将五鼓,周庐者寂无所闻,帝已崩矣。太宗受遗诏于柩前即位。

(二)北宋史学家司马光《涑水记闻》卷一记载:

太祖初晏驾,时已四鼓,孝章宋后使内侍都知王继隆召秦王德芳,继隆以太祖传位晋王之志素定,乃不诣德芳,而以亲事一人径趋开封府召晋王。见医官贾德玄先坐于府门,问其故,德玄曰:"去夜二鼓,有呼我门者,曰'晋王召',出视则无人,如是者三。吾恐晋王有疾,故来。"继隆异之,乃告以故,叩门,与之俱入见王,且召之。王大惊,犹豫不敢行,曰:"吾当与家人议之。"入久不出,继隆趣之,曰:"事久将为他人有矣。"遂与王雪中步行至宫门,呼而入。继隆使王且止其直庐,曰:"王且待于此,继隆当先入言之。"德玄曰:"便应直前,何待之有?"遂与俱进。至寝殿,宋后闻继隆至,问曰:"德芳来邪?"继隆曰:"晋王至矣。"后见王,愕然,遽呼"官家",曰:"吾母子之命,皆托官家！"①

（三）宋末遗民徐大焯在《烬余录》甲编记载：

太宗屡于上前盛称花蕊夫人费氏才，未匝月，蜀主暴卒。太祖异之，亟召花蕊入宫，询蜀主状，因及亡国事。费占二十八字云："君王城上竖降旗，妾在深宫那得知。十四万人齐解甲，更无一个是男儿。"悦其敏慧，留侍掖庭者十载，有盛宠。太祖寝疾，中夜，太宗呼之不应，乘间挑费氏。太祖觉，遽以玉斧斫地。皇后、太子至，太祖气属缕。太宗惶窘归邸。翌夕，太祖崩。②

按，上述三条史料在具体事实的记载上有一些出入，都有一些不尽合理之处。然而，对这件宋朝君臣讳莫如深的宫禁秘闻，后人并不应要求当时辗转记载下来的史料句句缘实，字字确凿。毕竟，这些宝贵的史料还是从不同角度、不同程度上披露了一些事实真相。根据这三条记载所提供的线索，我们可以做些综合分析。

---

① 按，司马光这段记载前尚有"君倚曰"三字。考"君倚"即钱公辅，历仕仁、英、神三朝，与光交厚，曾在仁宗朝修起居注，或能获悉秘闻，故其说法有一定根据。又，此段记载中的人名"王继隆"及"贾德玄"均误。李焘于《续资治通鉴长编》卷一七开宝九年十月癸丑条下辩误云："此据司马光《记闻》，误以王继恩为继隆，程德玄为贾德玄，今依国史改定。"

② 按，此条记载之后尚有注语："以下四则并见《始祖所见引》条《赵普密记》。"可见徐氏所记不为无据。其所以题名《烬余录》，则是希望保存一些珍贵之国史旧闻资料。

从《续湘山野录》与《涑水记闻》的记载看，宋太祖死的当晚确实下了雪；从《续湘山野录》与《烬余录》的记载看，在宋太祖当晚去世之前，宋太宗确实到过宫里；从《烬余录》的记载看，宋太宗进宫后又匆匆离去，《涑水记闻》记宋太宗在内侍召其入宫时的惊慌之态，也似有其难以告人之事；从《续湘山野录》与《涑水记闻》的记载看，宋太祖大约死于次日四五鼓间，《烬余录》记"翌夕"，疑是"翌晨"之误。

根据上述三条史料所记载的共同事实与个别细节描述，我们可以对"烛影斧声"事件做如下推理：

时至深夜，天下着大雪。宋太祖生病卧床，宠妃花蕊夫人费氏在旁服侍。宋太宗前来探视，此时宋太祖正在酣睡。宋太宗对费氏垂涎已久，"屡于上前盛称花蕊夫人费氏才"，或许以前曾经有染，因此"未匝月，蜀主暴卒"，太祖曾调查过此事。这时，宋太宗见旁无一人，宋太祖又在熟睡之中，遂乘机调戏费氏。不料太祖此时突然醒来，正巧目睹了这一场面，大怒，斥责太宗。太宗因此有"时或避席，有不可胜之状"。史籍记载太祖对太宗说："好做！好做！"也许就是指太祖对太宗的斥责："你做的好事！你做的好事！"也就是斥责太宗：你竟敢在宫里当着我的面干出这种勾当。太宗感到无论怎样解释都没有用了，已经无法取得太祖的谅宥，而且想到等待他的必将是一场灾难，于是一不做，二不休，杀了自己的手足同胞宋太祖，然后，"惶窘归邸"，仓皇逃回晋王府。次日凌晨，宋皇后发现太祖已经身死，便慌忙叫宦官王继隆去召太祖子秦王德芳。没料到王继隆是太宗安插的心腹，竟去了晋王府，叫太宗赶快抢先即位。这时，在晋王府门口已坐有医官贾德玄，说是叩府门不开，这也反映出太宗做贼心虚。又见来人召他去宫中而更惊恐，"犹豫不敢行"，推托说"吾当与家人议之"，久久不肯出门。因为这时太宗不摸底细，唯恐东窗事发，不知此去是凶是吉。而守在太祖遗体旁的宋皇后显然已经清楚宋太祖死于非命和死于谁手。这也许是宋皇后见到宋太祖时，太祖"气属缕"，还有一口气，告诉宋皇后此系宋太宗所为。因此，她发现来的不是秦王德芳而是晋王时，大惊失色，"愕然"，"遽呼官家"，哀求道："吾母子之命，皆托官家！"试想，倘若宋皇后不知此中内情，又何必哀求太宗保命呢？

我以为上述推理，并没有偏离引述史料记载的基本事实。这一推理如能成立，那么太祖之死，"烛影斧声"，当是一次突发事件，是由太宗调戏太祖宠妃而引起的突发事件，带有一定的偶然性。然而，正是这个偶然突发事件中，包含着太宗蓄谋篡位的许多必然因素。下面，分别就宋太宗的人品和太祖与太宗的关系，列举一些史实，借以透视"烛影斧声"的背景。

二、关于宋太宗好色之事实

"寡人有疾"，这是导致"烛影斧声"事件突发的直接因素。宋太宗好色这一点，宋代士大夫并不像对待"烛影斧声"事件那样讳莫如深。因而留下不少记载，略举数例。

（一）强抢民女。南宋初年的王铚在《默记》卷下记载道："颖上安希武殿直言：……其祖乃安习也。太宗判南衙时，青州人携一小女十许岁，诣阙理产业事。太宗悦之，使买之，不可得。习请必致之，遂与银二笏往。习刀截银一二两小块子，不数日，窃至南衙。不久，太祖知之，捕安习甚严。南衙遂藏习夫妇于宫中，后至登位才放出。"连十来岁的女孩子也不放过，这是宋太宗尚未即位时的劣迹。也许是女孩的父亲告了状，不然宋太祖如何得知此事？宋太祖十分恼怒，派人搜捕为太宗办此事的爪牙，以致此人久藏太宗府邸。由此可以想见宋太宗对于太祖之抑制未尝不积怨日深。

（二）霸占李煜后妃。明沈德符《万历野获编》载："偶于友人处见宋人画《熙陵幸小周后图》，太宗头戴幞头，面黔色而体肥，器具甚伟，周后肢体纤弱，数宫人抱持之，周后作蹙额不胜之状……此图后题跋颇多，但记有元人冯海粟学士题云：'江南剩得李花开，也被君王强折来。怪底金风冲地起，御园红紫满龙堆。'"①《默记》卷下也隐约透露了这一事实："龙衮《江南录》有一本删润稍有伦贯者云：李国主小周后随后主归朝，封郑国夫人，例随命妇入宫。每一入辄数日，而出必大泣骂后主，声闻于外，多宛转避之。又韩玉汝家有李国主归朝后与金陵旧宫人书云：'此中日夕，只以眼泪洗面。'"从这段记载可以看到，小周后每次被召入宫，一留就是几天，回来后便大哭，骂李煜无力保护她，可以想见小周后所受的污辱。而李煜这个亡国之君，眼见自己的后妃被辱，也只能是"以眼泪洗面"。这与上述《熙陵幸小周后图》描绘小周后那"蹙额不胜之状"的情状是相合的。《烬余录》甲编还明确记载了宋太宗霸占小周后，害死李煜这一事实："江南小周后，实昭惠后女弟。昭惠病，往视疾，后主遽幸之。昭惠薨，因以为后。归宋

---

① 《万历野获编》卷二八《胜国之女致祸》条。

未几,太宗登位,月朔必令朝,朝必留侍数日。后主有怨言,暴卒,小周后入宫。"从这件事也可以看出,宋太宗渔猎女色到了不择手段、近乎病狂之境。除小周后外,《默记》卷中还记载了宋太宗将李煜宠幸的宫人乔氏纳入宫中的事实。

（三）掠北汉嫔妃。《烬余录》甲编载:"太宗既平北汉,圣心狂悦,亲制《平晋歌》,令群臣歌而和之。改行宫为平晋寺,撰文勒石,乘胜北征契丹。时所谓北汉妃嫔皆随御。诸将亦掠北汉妇女充军妓,士气不扬,全军尽覆于高梁河,时兴国四年七月也。"上有好者,下必甚焉。太宗掠嫔妃,诸将抢民女,全军上下一片混乱,简直成了烟花院。高梁河之败,宋太宗乘驴车仅得幸免,是其自食恶果。关于宋太宗掠北汉妃嫔从御之事,连他的子孙都清楚。宋神宗就曾有所透露。《默记》卷中载:"神宗初即位,慨然有取山后之志……一日,语及北虏事,曰:'太宗自燕京城下军溃,北虏追之,仅得脱。凡行在服御宝器尽为所夺,从行宫嫔尽陷没。'"

实际上,宋太宗的后妃颇多,仅史籍记载有姓可稽的就有五人。有尹氏,为尹崇珂之姐;有李氏,真宗生母;有符氏,符彦卿之女。在宋太祖死后的第二年,据《续资治通鉴长编》卷一八记载,仅七月、闰七月两月间,宋太宗就纳入宫中两位嫔妃,一个是已故淄州刺史李处耘的女儿,一个是平民孙守彬的女儿。至于不知姓名的宫人,那就更不可胜数了。因此,太宗去世不久,连他的儿子宋真宗都慨叹"宫中嫔御颇多"[1],在宋真宗即位视朝的当月,就下令放还宫人。这些都从一个侧面

---

[1] 《续资治通鉴长编》卷四一至道三年五月甲申条。

反映了宋太宗耽于女色、渔猎女色的事实。

从上述宋太宗好色的事实，也可以反证，宋太宗乘宋太祖病重之时，调戏他垂涎已久的太祖宠妃是完全有可能的。太宗戏妃直接导致"烛影斧声"事件的爆发，但促使太宗下决心弑兄篡位的，除此之外，还有更深刻的背景因素，这就是太祖、太宗日益加深的矛盾。

三、关于宋太祖与宋太宗的矛盾

关于宋太祖与宋太宗之间的矛盾，顾吉辰先生在《"烛影斧声"辨析》一文中，曾经从二人在内外政策方面分歧的角度论及。这对于帮助人们认识二人之间的矛盾，自然不无助益。[①]不过，顾文又说："赵匡胤统治十七年，可谓在强化中央集权方面呕心沥血。然而，他在此过程中，恰恰忽视了对自己身边这个不甘寂寞的弟弟的警惕。十多年里，光义培养心腹，结为己党，羽翼滋长，威望日高，他以晋王府为中心，俨然构成了一股政治力量。"我觉得这个说法不甚确切。宋太祖作为一个人来说，不失为一位忠厚长者，对于其弟赵光义，始终有着一种手足之情。但他作为一个开创赵宋王朝的政治家，在强化君主专制中央集权的过程中，对于其弟赵光义在封为晋王、担任开封府尹之后大加网罗党羽、培植亲信的活动，还是有所警觉，很不满意，并且通过各种方式加以抑制的。至于宋太宗为什么最终还是得以弑兄篡位成功，这也许要归咎于宋太祖碍于亲情，在打击宋太宗的势力方面做得不够彻底，但这绝不意味着

---

① 文见《黄淮学刊》1989年第1期。

宋太祖对宋太宗的势力日盛熟视无睹，毫无警觉。我们还是通过以下一些事例来观察一下。

《孙公谈圃》卷上载："艺祖生西京夹马营，营前陈学究聚生徒为学，宣祖遣艺祖从之。上微时犹嫉恶，不容人过，陈时时开谕，后得赵学究，即馆于汴第。杜后录陈之旧，召至门下，与赵俱为门客。然艺祖独与赵计事，陈不与也。其后艺祖践祚，而陈居陈州村舍，聚生徒如故。逮太宗判南衙，使人召之。居无何，有言开封之政，皆出于陈。艺祖怒，问状。太宗惧，遂遣之，且以白金赠行。"辅佐君主成就大业，谋士的作用是相当重要的，宋太祖从辅佑他登基的谋臣赵普所起的作用中是可以体会到这一点的。因此，他对于本来就有成见的陈学究成为宋太宗开封府中的幕客，为宋太宗出谋划策，自然加倍警惕，不能容忍，亲自出马责问宋太宗。连宋太宗都对宋太祖的态度感到害怕，其盛怒程度可想而知。"以白金赠行"的记载，表明宋太宗慑于宋太祖的压力，无可奈何忍痛送走了这位重要谋臣。从这件事看，不能说宋太祖对宋太宗网罗党羽毫无警惕。

宋初宰相赵普是宋太祖的重要谋臣，对宋太祖忠心耿耿。在继统问题上，他主张传位太祖子嗣，反对传位于宋太宗。王禹偁《建隆遗事》记载赵普曾对宋太祖说："陛下艰难创业，卒至升平，自有圣子当受命，未可议及昆弟也。臣等恐大事一去，卒不可还，陛下宜熟计之。"[1]因此，他在任期间，不遗余力地抑制宋太宗的势力，剪除其党羽。我们来看几件事。

---

① 见《续资治通鉴长编》卷一七开宝九年十月壬子条注引。

《涑水记闻》卷一载:"太祖欲使符彦卿典兵,赵韩王屡谏,以谓彦卿名位已盛,不可复委以兵柄,上不听。宣已出,韩王复怀之请见,上迎谓之曰:'岂非以符彦卿事邪?'对曰:'非也。'因别以事奏,既罢,乃出彦卿宣进之。上曰:'果然。宣何以复在卿所?'韩王曰:'臣托以处分之语有未备者,复留之,惟陛下深思利害,勿为后悔。'上曰:'卿苦疑彦卿,何也?朕待彦卿至厚,彦卿能负朕邪?'韩王曰:'陛下何以能负周世宗?'上默然,遂中止。"①"杯酒释兵权"之后,宋太祖打算让符彦卿来掌兵权,遭到了赵普的强烈反对。且不去猜测"使符彦卿典兵"是否出于宋太宗提名推荐,在我看来,赵普内心只有一个未说出口的反对理由,那就是,符彦卿是宋太宗的岳父。让一个有这样背景的人来掌握兵权,将使宋太宗的势力如虎添翼,无疑是对宋太祖皇位的最大威胁。不知宋太祖最后"默然""中止"此事,是否考虑到了这方面的因素,但不管怎么说,这次阻止符彦卿典兵,是对宋太宗把手伸向军队的有力遏止。

除了阻止宋太宗的势力伸向军队,赵普对于与宋太宗有关系的人进入中央最高权力核心也是倍加警惕,百般阻止。宋太宗曾想任命窦仪为宰相,虽然窦仪本人与宋太宗并无直接关系,但其弟窦偁是开封府判官,宋太宗的心腹。史载窦偁去世时,"太宗宴群臣,以偁丧故罢";治丧时,宋太宗"车驾突临",足见窦偁与宋太宗的关系非同一般。窦仪既然有这样的背景,赵普自然同阻止符彦卿典兵一样,阻止其进入中枢了。

---

① 按,司马光在此条记载后,注明此事源自内侍蓝元震所云。

史载赵普"遽引薛居正及吕余庆参知政事,陶谷、赵逢、高锡等又相党附,共排仪,上意中辍"。①

赵普不仅竭力阻止宋太宗的势力伸向军政高层,而且就连太宗周围的得力幕僚也每每寻机剪除。例如,枢密直学士冯瓒结交宋太宗开封府判官刘熬事发,赵普抓住这个机会,不仅对冯瓒严加治罪,而且也将刘熬免了官。此外,史载姚恕"事皇弟光义于开封为判官,颇尽裨赞",这自然是赵普所不能容忍的,因此,他找了个机会将姚恕调离开封府,去做澶州通判,"光义留之不得",过了一段时间,又以河决澶州,"官吏不时上言"为由,杀了姚恕。②

赵普剪除宋太宗的羽翼、打击宋太宗的势力,每每成功,自然是得到了宋太祖的默许乃至授意与支持。不然,以赵普一介谋臣,何以敢在皇弟头上动土?其实,这一点我们从前面所述宋太祖因陈学究为太宗开封府出谋划策而盛怒这一事实便可窥知。

无论是宋太祖亲自抑制宋太宗的势力,还是假赵普等人之手剪除宋太宗的羽翼,对于宋太宗来说,自然不无怨恨,而且是积怨日深。最后,太祖、太宗之间这种日益加深的矛盾,便由太宗戏妃这一偶然事件触发,并以"烛影斧声"这幕惨剧彻底完结。因此,"烛影斧声"事件,从表面上看,可以视为一次突发事件;但从实质上说,则是太祖、太宗二人长期矛盾的总

---

① 见《续资治通鉴长编》卷七乾德四年十一月癸丑条;《东都事略》卷三〇《窦偁传》;《宋史》卷二六三《窦偁传》。

② 见《续资治通鉴长编》卷七乾德四年八月壬寅条,卷一二开宝四年十一月庚戌条。

爆发。历史的演进尽管有一定规律，但由于偶然事件改变历史的现象也不乏其例，"烛影斧声"事件即是一例。

四、补论：关于宋太祖既定继承人之探析

关于宋太祖的既定继承人，流传最广的就是所谓的"金匮之盟"一说。《宋史》卷二四二《杜太后传》载：

> 建隆二年，太后不豫，太祖侍药饵不离左右。疾亟，召赵普入受遗命。太后因问太祖曰："汝知所以得天下乎？"太祖呜噎不能对。太后固问之，太祖曰："臣所以得天下者，皆祖考及太后之积庆也。"太后曰："不然。正由周世宗使幼儿主天下耳。使周氏有长君，天下岂为汝有乎？汝百岁后，当传位于汝弟。四海至广，万几至众，能立长君，社稷之福也。"太祖顿首泣曰："敢不如教。"太后顾谓赵普曰："尔同记吾言，不可违也。"命普于榻前为约誓书，普于纸尾书"臣普书"。藏之金匮，命谨密宫人掌之。

关于这个"金匮之盟"，后人多有怀疑。近代以来，一些宋史学者根据各种事实分析，认为所谓的"金匮之盟"，有可能是宋太宗篡位后伪造的，本属子虚乌有。关于"金匮之盟"的真伪已毋庸赘言，这里打算从一些零星的事实中推测一下宋太祖的既定继承人究竟是谁。自然，所得出的结论，在客观上也是对"金匮之盟"的否定。

一个最明显的事实是，根据前引《涑水记闻》所载，在那个发生"烛影斧声"事件的风雪之夜，当宋皇后突然发现宋太祖死于非命时，急命内侍王继隆速召太祖子秦王德芳。当看到这个宋太宗的心腹召来的并不是秦王德芳而是晋王时，宋皇后顿时大惊失色。试想，如果有所谓的"金匮之盟"，宋太祖的既定继承人是晋王赵光义，那么，作为皇后的宋氏是不会不知道的，也是不可能不顾宋太祖的既定方针，而去召秦王德芳抢先来即位的。因此，宋皇后的行为背后隐藏着一个事实真相，即宋太祖的既定继承人当是秦王德芳。

关于这一点，我们还可以找到一些旁证。据《宋史》卷二二四《宗室传》记载，秦王德芳，生于周世宗显德六年（959），也就是宋太祖代周的前一年。到宋太祖去世的开宝九年（976），秦王已经十八岁了，不是幼儿。而且宋太祖死时才五十岁，作为一个君主，正是年富力强之时，他并没有想到自己会死于非命，如果天假年岁、寿终正寝的话，把秦王德芳培养成为一个政治经验丰富的继承人是完全可能的。

我们从不少史料中可以看到，宋太祖是很注意培养秦王德芳的。他为秦王德芳配置了专门的侍讲官，并且对侍讲官叮嘱道："帝王之子当务读经书，知治乱之大体，不必学作文章，无所用也。"如果宋太祖不想培养秦王德芳为继承人的话，那么，也就无须让他"知治乱之大体"了。

《说郛》引钱惟演《家王故事·隆遇》条载："先臣开宝九年二月入朝，一日，太祖召宴后苑，时惟太宗及秦王侍坐。"前面说过，开宝九年（976）时，秦王德芳已十八岁。这种宫廷宴会，也是一种政治活动。从宋太祖仅仅让太宗及秦王德芳侍坐这一点，可以看出宋太祖的用意。《后山谈丛》卷四还记载了太祖在家中宴请平蜀归来的曹彬、潘美等将领，也只有秦、晋二王作陪。按，平蜀在乾德四五年间，此时秦王德芳年仅七八岁，因此，这条史料所指秦王，当系宋太祖之弟秦王廷美，而前两条史料中的秦王则是指秦王德芳无疑。

从上述史料可以推定，宋太祖的既定继承人当是其子秦王德芳，而不是宋太宗——即当时的晋王赵光义。当然，宋太宗也一定清楚宋太祖这一既定方针。因此，这位颇有政治野心的胞弟，借一个偶然的机会杀兄弑君、抢班夺权则是完全有可能的。

《仪卫图》（局部），辽开泰七年（1018）。1986年出土于内蒙古通辽市奈曼旗青龙山镇斯布格图村辽陈国公主与驸马合葬墓

小人物的大历史
——索隐历史尘埃中的细节

引言

"子在川上曰，逝者如斯夫！"面对滔滔流逝的河水，两千多年前的孔子发出如此的感叹。他想到了什么呢？与奔流不断的河水最为接近的联想，或许就是时间的流逝吧。流逝的时间就是历史。所以我猜想，孔子在那一刻，想到的就是历史。的确，历史就像是一条奔腾不息的大河。不过，面对大河，无论是远眺还是近观，人们关注的往往是壮观的巨涛大浪，而不大去留意那些细波微澜。历史也是如此。几千年的中国历史，生生不息，如微澜般出现而又消失的芸芸众生，不知凡几。如果计算的话，恐怕也不下几十亿吧。然而，能在二十四史中留下名字的，大概只是其中的几百万甚或是几千万分之一。即使有幸被载入史册，那微澜般的小人物，也仅仅是巨浪般人物的陪衬，并不被人们所瞩目，并且会由漠视而被渐渐遗忘。自然，惊心动魄的钱江潮，要比平静流淌的河水更有特色，夺人耳目。其实，壮观的巨涛大浪，正是由无数的细波微澜成就的。作为观潮者的历史学者，更应该关注一下那些微澜般的小人物，他们是历史的一部分，有时候，他们中的一些人所发挥的作用，则是巨浪般人物所无法企及的。

在这里，我要论及的，就是这样一个人物。其实，这个人物在当时并不是微澜般的小人物，但也绝对算不上巨浪般的大人物。不过，人们还是几乎把他完全忘记了。这个人物活跃于一千年前宋辽"澶渊之盟"之际，他的名字叫王继忠。

"澶渊之盟"签订于公元1004年。关于这个条约，至今还有不少争议，比如给契丹人的辽朝提供岁币的宋朝是不是屈辱等等。但其客观意义则是显而易见的，即中国大陆上的南北两个王朝从此结束了长期厮杀的消耗战，维持了一百多年的和平。这对于两个国家的社会发展、文化建设是多么宝贵，对于平民百姓的安定生活又是多么宝贵。从这个角度观察，宋朝是不是屈辱，是不是丧失了天朝大国的地位，都不那么重要了。关于这个和平条约的意义，处于那个时代的人，感同身受，甚至比今天的历史学家要清楚得多。

不过，对于这个和平条约的签订，人们大多归功于当时的宋朝宰相寇准。在这一点上，则是从古至今毫无异议的。比如，后来也做了宰相的王安石，就这样热情地讴歌过："欢盟从此至今日，丞相莱公功第一。"[①]无疑，作为决策人物的寇准，其作用是极为重要的，但成就巨浪的微澜也绝不应忽视。"澶渊之盟"的签订，有许多微澜般的人物的功劳在内。甚至是后来几乎被视为反面人物的曹利用，也不能抹杀他的功劳。而其中，斡旋于宋辽之间的王继忠，其幕后的作用更是值得注意。

2004年，在"澶渊之盟"签订一千周年之际，在"澶渊之盟"的签订旧地河南濮阳，举办过一个国际研讨会，笔者也受邀忝列其中。但包括笔者提交的论文在内，数十篇论文中，居然无一篇专论王继忠的。本来，对这个人物，我过去也不曾留意。但最近整理记载北宋前期历史的史书《隆平集》的时候，一个标点一个标点地点下去，并且比勘其他史料，王继

---

① 《王荆公诗注补笺》卷七《澶州》，成都：巴蜀书社，2002年。

忠的影像便变得越来越清晰了。因此，对于王继忠的作用、评价，想说点什么的冲动，也变得越来越强烈。这是一个特殊的小人物。他曾经作为宋朝的前线将领，领兵作战，在战斗中被俘。比许多战死沙场或者是被俘后处死的宋朝将领幸运的是，被俘后的王继忠，不仅没有被杀，被虐待，而且还在敌国辽朝做了不小的官。于是，就有了以后在"澶渊之盟"时的斡旋；于是，就有了一个战俘或者说"贰臣"的贡献。并且，仅从"澶渊之盟"缔结本身来看，王继忠处在解开问题的关节点上，可能会是解开纠结在一起的重大问题的线索人物。

从宏观的角度看，"澶渊之盟"的签订，对宋朝人长久的心理冲击，要远远大于现实的和平。被称为"中国"的中原，从西周时开始，就是政治中心。这里是天朝，不是国。在封建制的框架下，周边的国不过是天朝之下的诸侯国、王国、羁縻国这样的属国。所以即使是中原板荡的五代十国时期，那分立的十国，也还是奉动荡的中原五代王朝为正统。而"澶渊之盟"则把这个规则打破了。不再是"天无二日"，与天朝对等，中原承认了一个异族王朝的名正言顺，而那异族王朝的皇帝居然可以与大宋天子称兄道弟。这无疑是相当大的精神冲击。后来，真宗大搞天书封禅，似乎主要是为了寻找一种政治上的心理平衡，宣扬中原王朝的奉天承命。

从微观的角度看，"澶渊之盟"之际，像是起死回生一样突然又冒出来的王继忠，尽管对"澶渊之盟"的签订做出了相当大的贡献，当时的宋朝君臣也迫于现实利益的考量，对王继忠没做什么褒贬毁誉，但我以为，由战俘而"贰臣"的王继忠的出现，对宋朝君臣所造成的心理冲击也还是不小的。毕竟，从传统的政治伦理上讲，从古迄今，舍生取义、杀身成仁才算是英雄。被俘而不死，便大节已亏。投降继而服务于敌国，更是罪不容赦。况且，立国业已四十多年的宋朝，士大夫政治逐渐形成。政治伦理的重建，使舆论对冯道式的"贰臣"，已从实用性的宽容转向道德谴责。在这个时候出现的王继忠，以及"王继忠现象"所引发的持续的振荡，对当时的忠贞观，可以说造成了一定的冲击，对后来宋朝对待战俘人员的政策，也产生了一定的影响。我认为从这个角度讲，也可以说是一个战俘的贡献。

因此说，不仅王继忠对"澶渊之盟"缔结的贡献需要晦而复彰，对"王继忠现象"以及同时代人的反应与态度，也实在值得探讨。这是我想写这篇文字的主要意图。

当打算论述王继忠时，我做了一下调查。在论述"澶渊之盟"时，间接涉及王继忠的论著有一些，但专论只有一篇。这就是刊载在《内蒙古社会科学》2002年第3期的何天明先生的文章《澶渊议和与王继忠》。阅读这篇文章，觉得言犹未尽，并且与我的论旨有所不同，所以，仍存续貂之意，写下此文。

一、相士的预言：王继忠其人

宋代有一个有名的和尚，叫作文莹，由于多与朝士大夫交往，颇知朝野掌故。他在笔记《续湘山野录》中所记载的有关宋太祖之死的"烛影斧声"，就引发了千百年未了的聚讼。在他的另一部笔记《玉壶野史》卷四中，还记载了下面这样一段逸事：

> 真宗为开封尹，呼通衢中铁盘市卜一瞽者，令张耆、夏守赟、杨崇勋左右数辈，揣听声骨，因以为娱，或中或否。独相王继忠，瞽者骇之，曰："此人可讶，半生食官禄，半生食他禄。"真宗笑而遣去。[1]

"半生食官禄，半生食他禄"的相士之言，宋代类书《锦绣万花谷》[2]前集卷三八在引用时直接记作"半生食汉禄，半生食胡禄"，而另一部类书《宋朝事实类苑》[3]卷五〇在引用时亦作"半生仕中朝，半生事外国"。不管这真是相士的神奇预言，还是好事者事后的附会，总之，这个预言概括了王继忠的一生。

此外，这条史料中关于王继忠与时任开封府尹的真宗一起游玩的记载，亦当得其实。《宋史》卷二七九《王继忠传》载：

> 王继忠，开封人。父珫，为武骑指挥使，戍瓦桥关，卒。继忠年六岁，补东西班殿侍。真宗在藩邸，得给事左右，以谨厚被亲信。即位，补内殿崇班。

真宗作为太宗的第三子，由于激烈的皇储之争，很晚才被立为

---

[1]《玉壶野史》，影印文渊阁《四库全书》本。
[2]《锦绣万花谷》，上海：上海辞书出版社，1992年。
[3]《宋朝事实类苑》，影印文渊阁《四库全书》本。

太子。担任皇太子候补的开封府尹，也是在成为太子的前一年。即位之时，已经虚岁三十了。但真宗幼时乖巧，很得其伯父太祖皇帝的喜爱，被养育于宫中。[①]宋初，朝廷对军人的抚恤政策很优厚，这是唐末五代的遗风，大约也是让军人之后世袭为军人。总之，王继忠受惠于这样的政策，年仅六岁，就因父死而补官，并且到了皇子真宗的身边。王继忠的生年不详，不过估计年龄与真宗相仿，甚至比真宗还稍大。王继忠到真宗身边，当是在真宗被太祖育于宫中的时期。王继忠应当是六岁，或者稍稍大一点的时候，作为真宗的玩伴，被指派到真宗身边的，而不可能是真宗快即位的时候，才把一个六岁小孩子留在身边的。

真宗即位后，王继忠这个伴随他一起长大的玩伴迅速升迁，《宋史·王继忠传》记录了他的履历：

> 即位，补内殿崇班。累迁至殿前都虞候、领云州观察使，出为深州副都部署，改镇、定、高阳关三路钤辖兼河北都转运使，迁高阳关副都部署，俄徙定州。

这样快的升迁，《宋史·王继忠传》归因于"以谨厚被亲信"。王继忠与真宗，自小玩到大，亦仆亦友，所以深得信任也是极

[①] 《宋史》（北京：中华书局，2005年）卷六《真宗纪》载："（真宗）幼英睿，姿表特异，与诸王嬉戏，好作战阵之状，自称元帅。太祖爱之，育于宫中。尝登万岁殿，升御榻坐，太祖大奇之，抚而问曰：'天子好作否？'对曰：'由天命耳。'比就学受经，一览成诵。"

为自然的。① 当然，深得信任并不仅仅出于真宗私情。真宗朝末年宰相王曾的记载，当是"以谨厚被亲信"的最好注脚：

> 王继忠性谨饬，纯固有守。事真宗储邸，历年最久，群萃中为之冠首，众皆惮其严整。宫中事，有所未便，常尽规谏。上每为之敛容听纳，特加礼遇。②

从王曾的记述可见，王继忠被真宗信任的原因，一是资格老，二是为人正派，三是责任心强。自然，还有个人的能力。所以，在咸平二年，真宗亲自巡视河北边防时，就让时任马步军副都军头的王继忠做了护驾部队的策先锋。③

咸平四年（1001）七月，时任殿前都虞候、云州观察使

---

① 在激烈竞争中取得皇位的真宗并非庸主，他在即位后，为了培植自己的势力，提拔重用了一大批潜邸旧僚。就武臣来说，除了王继忠之外，《宋史》在《王继忠传》之后，还附了如下一大段与本传不大相干的内容："真宗宫邸攀附者，继忠之次有王守俊至济州刺史，蔚昭敏至殿前都指挥使、保静军节度，翟明至洺州团练使，王遵度至磁州团练使，杨保用至西上閤门使、康州刺史，郑怀德至御前忠佐马步军都军头、永州团练使，张承易至礼宾使，吴延昭至供备库使，白文肇至引进使、昭州团练使，彭睿至侍卫马军副都指挥使、武昌军节度，靳忠至侍卫马军都虞候、端州防御使，郝荣至安国军节度观察留后，陈玉至冀州刺史，崔美至济州团练使，高汉美至郑州团练使，杨谦至御前忠佐马步军副都军头、河州刺史。"真宗培植自己的军人势力，于此可见一斑。至于培植文人势力，可参见拙作《代王言者——以宋真宗朝翰林学士为中心的考察》，《漆侠先生纪念文集》，保定：河北大学出版社，2002年。

② 王曾：《王文正公笔录》，百川学海本。

③ 《续资治通鉴长编》（以下简称《长编》）卷四五咸平二年十二月辛酉条，北京：中华书局，1995年。

的王继忠被任命为镇、定、高阳关三路都钤辖。[①]咸平五年（1002）四月，王继忠又被任命为高阳关行营副都部署。[②]咸平五年六月，王继忠被任命为定州路驻泊行营副都部署。[③]

频繁被调动的王继忠本人，自然也不会料到，他这个随龙旧僚一帆风顺的命运，很快就要发生一个大逆转了。

第二年（1003）四月，辽南府宰相耶律诺衮率辽军南下，入侵王继忠驻防的定州（今河北定州市）。前线总指挥定州路驻泊兵马行营都部署王超一面向镇州（今河北正定）、高阳关（今河北保定附近）求援，一面派遣王继忠率一千五百人迎敌。相对数万之众的辽军，王继忠的兵力实在是少得可怜。无怪乎《辽史》称之为"轻骑"。双方在北京以南一百八十公里的定州望都展开激战。尽管宋朝方面的史书没有明确记载，但从《辽史》卷八一《王继忠传》的"轻骑觇我军"的记载看，王继忠所率的一千五百人，似乎是宋军的侦察部队，而与辽军的战斗也似乎是没有经过充分准备的遭遇战。

战斗从午后一直持续到深夜，才将辽军暂时击退。但刚刚天明，辽军又发起了攻击。王继忠的东翼防线被辽军攻破，供给线也被切断。面对如此危急的状况，已经与王继忠共事了数年的主帅王超，以及赶来增援的镇州桑赞，不仅没有伸出援救之手，反而临阵退缩。待援无望的王继忠只好孤军奋战。习惯穿着艳丽将军制服的王继忠，被辽军紧紧盯住，重重围困了几十层。王继忠沿西山且战且退，终于力不能支，在退至今天清

---

① 《长编》卷四九咸平四年七月己卯条。
② 《长编》卷五一咸平五年四月甲申条。
③ 《长编》卷五二咸平五年六月乙亥条。

苑县境的白城时，全军覆没，王继忠被俘。

当王继忠的好友、同样是幼年就进入真宗潜邸的天雄军、镇州、定州钤辖张耆率援兵赶到时，为时已晚。① 而主帅王超则像是没事似的，引兵龟缩回定州城，向朝廷报告了王继忠败绩的消息。② 《宋会要辑稿·蕃夷》一之二六收录了王超的报告：

> 四月，三路都总管王超言："契丹南寇，发步兵千五百赴定州望都县南，遇贼逆战，杀戮其众。贼并攻南偏，出阵后，焚绝粮道。人马渴乏，将士被重创，贼围不解，众寡非敌。二十诘旦，副总管王继忠陷没，臣等即引兵还州。"③

尽管王超的报告开脱了自己不施援手的责任，但史书却明明白白地记下了他的行径："契丹入寇，继忠与战于望都，而超不赴援，继忠遂陷于契丹。"④ 但王超的报告毕竟也产生了一定的恶劣影响。既然主帅王超没有责任，那责任肯定就是在直接指挥的王继忠身上了。因此，到了南宋，叶适在上书孝宗时，还回顾说"王继忠以轻进被擒"。⑤

---

① 王称：《东都事略》卷五〇《张耆传》，扬州：江苏广陵古籍刻印社影印本，1991年。
② 王继忠的望都之战，其战况叙述主要根据《长编》卷五四咸平六年四月丙子条以及《宋史·王继忠传》。
③ 《宋会要辑稿》，北京：中华书局影印本，1985年。
④ 《东都事略》卷四二《王超传》。
⑤ 叶适：《叶适集·水心集》，北京：中华书局校点本，1985年。

王继忠阵亡、全军覆没的消息传来，"真宗闻之震悼"。《宋史·王继忠传》这样的记载，反映了真宗对自幼亦仆亦友的王继忠的深厚感情。真宗一方面下诏追赠以为已经阵亡的王继忠大同军节度使兼侍中，并录用王继忠的四个儿子为官；一方面派出内侍刘承珪等人前往战地调查战败实情。也许是王超做了手脚，调查的结果，只是处分了两个下级军官，便草草了之。[①]

二、尽忠于两国："澶渊之盟"前后的王继忠

望都之战，不过是辽军小试锋芒。第二年秋高马肥之际，萧太后与辽圣宗纠集十万兵马，号称二十万，大举南下。战事一开，辽军进展顺利，仅用两天时间，就先后攻破顺安军（今河北高阳东），攻陷遂城（今河北徐水县境），继而突破王超守卫的宋军唐河防线，进驻阳城淀（今河北望都）。紧接着"围瀛州，直犯贝、魏"。辽军的凶猛攻势，让宋朝"中外震骇"。宰相寇准与毕士安力排众议，"合议请真宗幸澶渊"。[②] 于是，便有了澶渊亲征。

辽朝倾国南下，并且进军迅猛，大有一举灭宋之势。其实，辽朝悬师深入，实在是孤注一掷，兵走险着，真正目的似乎是在以战逼和。北宋建国以来，先是太祖伐北汉，继而太宗

---

① 《宋史》卷二七八《王超传》："上即遣刘承珪、李允则驰往，察退衄之状，且言镇州副部署李福、拱圣军都指挥使王升当战先旋。福坐削籍流封州，升决杖配隶琼州。"

② 《宋史》卷二八一《寇准传》及《毕士安传》。

誓夺燕云十六州，与北方大国契丹辽朝战事频生。宋朝尽管有几次大的败绩，但也有不少大捷。双方互有胜负，实力也是互为伯仲。所以，辽朝要想一举灭宋，除非像一百多年后的女真人那么幸运，那就是宋朝文恬武嬉，全社会富庶腐化。那样就可以不必全面进攻，直捣中枢，一举灭宋。然而此时非彼时，此时的宋朝，正处于国力上升时期，还绝不能说"积贫积弱"。辽军统帅在南下之初也许心存幻想，但实际上的进攻并不顺利，双方互有胜负。辽军在进攻北平寨（今顺平县境）时，为田敏所拒。转而东趋保州，又被杨延昭所阻。[①]面对并不顺利的进攻和孤军深入的形势，辽朝逐渐清醒过来，认识到，以战逼和，在获得最大利益之时，尽快了却战事，当是最为明智的选择。这时候，历史便选择了王继忠。

在宋朝成了"烈士"的战俘王继忠，在辽朝并没有被杀，也没有被虐待，甚至都没有受到冷遇。《辽史》卷八一《王继忠传》记载："太后知其贤，授户部使，以康默记族女女之。"就是说，摄政的萧太后不仅授予了这个宋朝战俘官职，还许配给他一个贵族女子做妻子，好让他安心为辽朝效忠。对此，王继忠也没有让萧太后失望。《辽史》接着写道："继忠亦自激昂，事必尽力。"

这里，我想先探讨一下辽朝厚遇王继忠的原因。先从王继忠本人的职业来看。王继忠作战英勇，这首先就让尚武的游牧民族契丹人有所敬佩；再者，《宋史》本传说他为人"谨厚"，这样的性格也容易让人产生好感。再从王继忠的背景来看。王

[①] 《长编》卷五七景德元年闰九月。

继忠是宋真宗的亲信,仅此一点就决定了王继忠具有潜在的利用价值。上述两点,其实王继忠自己也很清楚,他后来给真宗的信中就述说过自己在辽朝受宠的原因是"早事宫庭,尝荷边寄"。①

进一步从深远的历史背景来看。包括王朝体制之类的政治文化在内的中原汉族文化,像一块引力巨大的磁石,吸引着接近它的其他民族。早在耶律阿保机建国之初,就效法中原建元立国号,皇帝着汉服,都城依汉式。并且还专门在都城区划出汉人的居住地,还设置了孔子庙。接管燕云地域后的契丹人及其辽王朝,则更为迅速地走向汉化。中原王朝大一统的政治体系让契丹人钦羡,成为他们效仿的对象。向来,汉族王朝以中原为中心,放眼全国,以中原以南作为主要的统治区域,所以产生了"南面为王"的政治习俗。而效仿中原王朝体制的契丹人,既要统治比北宋领域还要广袤的北方,还要管理华北等汉族地域,并进而南下,所以就不能单纯地"南面为王",而是"东面为王",分别设置南面官和北面官,来因俗而治。"东面为王",固然与崇尚太阳的生活习俗有关,但也不能说没有实现统治南北两方混同华夏的企望。出于这种现实考量与长远梦想,辽朝吸纳了大量的汉人,从中央到地方,任命了大量的汉族官员。在萧太后摄政的时代,倍受宠信、掌握很大权力的韩德让,就是汉族出身。因此,王继忠受到辽朝厚遇,既有其偶然性,更有其必然性。

在王继忠那里,"半生食汉禄"的背景,并不是像录音磁

---

① 《长编》卷五七景德元年闰九月乙亥条。

带一样说抹掉就能抹掉的。尽管被授予了官职，但降将的身份，也会使向来"谨厚"的王继忠小心翼翼地揣摩新主人的心思。尽管在受降之初，"继忠亦自激昂，事必尽力"，慷慨激昂地向萧太后表示效忠。然而，辽宋开战，一方是故国，一方是新朝，使王继忠尤难自处。不过，长期服侍于真宗身边的王继忠，应该说是有着相当强的察言观色的本领，很快他就在故国新朝之间找到了最适合他的突破口。《长编》卷五七咸平六年闰九月乙亥条载："初，殿前都虞候、云州观察使王继忠战败，为敌所获，即授以官，稍亲信之。继忠乘间言和好之利。时契丹母老，颇有厌兵意。虽大举深入，然亦纳继忠说。"

作为曾经殊死厮杀于沙场的将军，王继忠言和说的提出，自然有着曹操"白骨露于野，千里无鸡鸣"[1]以及后来范仲淹"将军不寐征夫泪"[2]那样的诗句所吟咏的感同身受，他耳闻目睹并且亲身经历了宋辽间无休无止的征战。我猜想，王继忠最初的出发点，或许是处于新朝故国间难以言说的复杂心绪，以及对自身所肩负的无可推卸的历史使命的认同和期许。持续了三十多年的拉锯式的消耗战，让宋辽双方都不堪人力、物力的重负。所以，不仅辽朝萧太后有厌兵意，宋真宗其实也有着强烈的和平愿望。商品经济的发达，已经让宋人有了花钱买和平的想法。这一想法的产生，甚至可以上溯到太祖设置"封桩库"。当然作为并不普遍的个例，在前代也可以找到。后来

---

[1] 郭茂倩编：《乐府诗集》卷二七曹操《蒿里》，北京：中华书局，1979年。

[2] 范能濬编：《范仲淹全集·范文正公集补编》卷一《渔家傲》，南京：凤凰出版社，2004年。

宋真宗向和谈使者曹利用交代可以支付岁币的底线时甚至说："百万以下皆可许也。"[①]王继忠的言和说，可以说契合了辽宋两国统治者的心理。于是，讲和就成了王继忠造福于辽宋、创造其人生辉煌的突破口。

尽管都有讲和的愿望，但交战的双方需要有一个沟通的渠道。既是宋朝旧将又是真宗亲信的王继忠就成了最佳人选。在战场上颇多失利的萧太后"纳继忠说"，派遣小校四人，带着王继忠的亲笔信，携持信箭，去见宋朝的莫州都部署石普。辽朝小校对石普讲："契丹主与母召至车帐前，面授此书，戒令速至莫州送石帅。"由此，可以看出萧太后和辽圣宗对和谈一事的重视程度。这等于是辽朝的最高层通过王继忠这一足以增加信赖度的沟通渠道，向宋朝方面抛出了试探气球。事关重大，石普自然不敢怠慢，当天就派人将信送往了京城。

关系如此重大的信件，为什么没有通过别的人，而要通过驻守在莫州的石普转送呢？王曾的《王文正公笔录》道出了其中玄机："（石普）素与继忠同在东宫。"原来，石普与王继忠是真宗潜邸时的旧交。有这样一层关系，自然是可以信赖的。王继忠不仅给石普写了亲笔信，还给真宗附上一封密奏：

> 臣先奉诏充定州路副都部署，望都之战，自晨达酉，营帐未备，资粮未至，军不解甲、马不刍秣二日矣。加以士卒乏饮，冒刃争汲。翌日，臣整众而前，邀其偏将，虽胜负且半，而策援不至，为北朝所擒。非唯王超等轻敌

[①] 《宋史》卷二八一《寇准传》。

寡谋，亦臣之罪也。北朝以臣早事宫庭，尝荷边寄，被以殊宠，列于诸臣。臣尝念昔岁面辞，亲奉德音，唯以息民止戈为事。况北朝钦闻圣德，愿修旧好，必冀睿慈俯从愚瞽。

前一年的望都之战，朝廷根据主帅王超的报告，一直认为王继忠已经阵亡。连当时编修的《会要》都几乎完全是按照王超的报告来记载望都之战的。[①] 至此，宋真宗方知昔日的亲从王继忠尚在人世，并且还在敌国辽朝做了官。其内心大概是百感交集，欲说还休。不过，个人的感受必须暂且放下，和戎大事是压倒一切的。王继忠的信讲述了望都之战的战况与被俘经过，特别是提到了真宗亲口对他说的"唯以息民止戈为事"的话，不容真宗不信。然而真宗对辽朝和谈的诚意还是有所怀疑的。看了王继忠的信，真宗对宰相等大臣说了如下一番话：

> 朕念往昔全盛之世，亦以和戎为利。朕初即位，吕端等建议，欲因太宗上仙，命使告讣。次则何承矩请因转战之后，达意边臣。朕以为诚未交通，不可强致。又念自古獯鬻为中原强敌，非怀之以至德，威之以大兵，则犷悍之性岂能柔服？此奏虽至要，未可信也。

真宗承认了这个和谈信息的重要性，但还是半信半疑。同时，真宗的这番话还透露了这样的往事，即在真宗即位后，宋朝政

---

① 《宋会要辑稿·兵》八之一二。

府曾经试图通过太宗去世向邻国辽朝告哀的方式恢复邦交,后来又有边将试图通过辽朝的边臣转达宋朝和谈的意图。但因为双方没有邦交,缺少必要的渠道,上述种种过于唐突的做法都被真宗否决了。由此可见,由旧臣王继忠而形成的沟通渠道,在真宗看来,是"至要"的。

对于真宗的半信半疑,宰相毕士安表达了自己的意见,他说:

> 近岁契丹归款者,皆言国中畏陛下神武,本朝雄富,常惧一旦举兵复幽州,故深入为寇。今既兵锋屡挫,又耻于自退,故因继忠以请,谅亦非妄。

毕士安还是深得为臣之体的,先是捧了真宗一句"陛下神武"这种在今天看来是无聊的话,然后才表达自己的真实想法。他认为,第一,到了真宗时期,宋朝的国力已比太宗时期更为强盛。在太宗时期就曾屡屡向幽燕进攻,一直对恢复燕云十六州耿耿于怀的宋朝,自然使辽朝害怕,所以辽朝以攻为守。第二,这次辽军的进犯并不顺利,又不甘无功而退,因此通过王继忠来转达和谈的意向。基于这样的分析,毕士安认为辽朝的和谈意图是可信的。

无疑,毕士安从远近两方面所做的有理有据的分析,让真宗信服。但真宗也说出了他的顾虑:

> 卿等所言,但知其一,未知其二。彼以无成请盟,固其宜也。然得请之后,必有邀求。若屈己安民,特遣使命,

遗之货财，斯可也。所虑者，关南之地，曾属彼方，以是为辞，则必须绝议，朕当治兵誓众，躬行讨击耳。

从真宗的话里可以看出真宗和谈的原则是，给钱可以，割地不行，哪怕是曾经属于对方的领土。关南之地是在五代十国时期丧于契丹之手的，但为太宗所夺回。就像是农民热爱自己的土地，在传统观念里，正所谓皇天后土，君主的守土之责是高于一切的。

一定是君臣商定以后，以真宗的名义，给王继忠写了一封手诏，还是通过正在石普那里等待回音的辽朝小校转达过去的。手诏是这样写的：

朕丕承大宝，抚育群民，常思息战以安人，岂欲穷兵而黩武？今览封疏，深嘉恳诚。朕富有寰区，为人父母，倘谐偃革，亦协素怀。诏到日，卿可密达兹意，共议事宜。果有审实之言，即附边臣闻奏。

君臣商议后的手诏，写得极为巧妙得体。因为王继忠曾是宋朝旧臣，所以手诏是以赐给臣下的口吻写的。虽说是写给王继忠的手诏，实际上先看到的，必定是辽朝君主。在双方没有邦交的情况下，宋真宗无法直接写信给辽朝君主，而像这样以回答王继忠奏疏的手诏方式，曲致意见，实在是有理有利有节。真宗的手诏，十分明确地表达了宋朝的和平意愿。可以这样想像，如果宋朝没有和平的意愿，是完全可以用强烈的措辞列举辽朝的罪状，谴责其入侵的。但宋朝并没有这样做，这是由许多因素的制约所决定的。虽然发去了手诏,但"继忠欲朝廷先遣使命,上未许也"。这表明宋朝一方面非常珍视王继忠这一沟通渠道,并且还打算继续利用这一可信而无可替代的渠道;一方面又不打算匆匆贸然派出正式使者,因为宋朝还是想进一步试探,辽朝是否真的有和谈的诚意。①

究竟是宋辽哪一方先表示出和谈愿望的,辽朝方面的史料记载与宋朝方面不同。《辽史》卷八一《王继忠传》载:

> 宋以继忠先朝旧臣,每遣使,必有附赐,圣宗许受之。(统和)二十二年,宋使来聘,遗继忠弧矢、鞭策及求和札子,有曰:"自临大位,爱养黎元。岂欲穷兵,惟思息战。每敕边事,严谕守臣。至于北界人民,不令小有侵扰。众所具悉,尔亦备知。向以知雄州何承矩已布此恩,自后杳无所闻。汝可密言,如许通和,即当别使往请。"诏继忠与宋使相见,仍许讲和。

《辽史》是元人依据辽朝《实录》所编修的。② 这段记载当出自

---

① 以上所述王继忠与真宗的书信往复,均见于《长编》卷五七景德元年闰九月乙亥条记载。不过,《长编》所载真宗的答诏只是节文,全文载《宋大诏令集》(北京:中华书局,1997年)卷二三二,题为《赐王继忠诏》,时间记在"景德元年九月乙亥"。按,是年九月壬午朔,月内无乙亥日,而闰九月壬子朔,乙亥为二十四日。可知《诏令集》所记"九月"前脱一"闰"字。

② 辽朝曾编修《起居注》《日历》以及《国史》,最终由宰相耶律俨主持,整理成为《实录》。金代两次纂修《辽史》,均以《实录》为底本,然未能成书。元末纂修《辽史》,亦以辽朝《实录》为主要资料,仅用一年时间,匆促成书。

辽朝《实录》。从记载看，似乎宋朝早已知道王继忠尚在人世，并且已在辽朝任官。这是不合情理的。在此之前，连宋朝的御用占卜专家都预言了王继忠的战败之象，并以"王继忠战殁"的结果记录来证明其预言之准确。[①]此外，在"澶渊之盟"以前，宋辽之间并无正式邦交关系，更无使节往来，否则，就不需要利用王继忠这个沟通渠道，更不需要费尽心思试图通过双方边将传递信息了。可见，辽朝史官觉得先向宋朝求和很没面子，所以打了个时间差，依据宋真宗的答诏，伪造了这篇求和札子。而《辽史》卷一四《圣宗纪》在统和二十二年（宋景德元年）十一月丁卯（十七日）记载："南院大王善补奏，宋遣人遗王继忠弓矢，密请求和。诏继忠与使会，许和。"这个记载同样是出于辽朝史官的伪造。因为早在两个月前，王继忠便已在萧太后的授意下，给宋真宗写信了。当然，如果这个记载是真实的，也许有这样的可能性。王继忠的行动属于秘密接头，南院大王善补所察觉的，已经是后来的事情了。然而无论伪造与否，都没有同王继忠摆脱干系。看来，辽朝史官也还是肯定王继忠在讲和过程中的作用的。

我们还是按照事情的进展顺序来考察吧。

大约一个月后，又经由石普，真宗收到了王继忠的回信。信中说道：

[①]《文献通考》（北京：中华书局影印本，1986年）卷二八九《象纬考》十二载："六年正月辛亥，月犯房上将次将、心小星。占曰：'将臣死。'其年戎寇南牧，副都部署王继忠战殁。"如果王继忠一直没有出现，那么术士的骗术也就永远不会穿帮。可惜没有记载，王继忠重新出现，那些术士是如何自处的。

> 契丹已领兵攻围瀛州,盖关南乃其旧疆,恐难固守,乞早遣使议和好。

从表面上看,王继忠是站在宋朝的立场上讲话,但究其实质,寥寥数语的回信,充分反映了辽朝的想法与条件。

第一,关南之地的确是将来讲和时双方必定争议的一个焦点,但在真宗给王继忠的手诏中,还完全没有提及这样的具体问题,只是泛泛地表达了讲和的意向,而王继忠的回信突然提到这个问题,显然是辽朝提出的一个讲和条件。

第二,回信中所说的"乞早遣使议和好",是要求宋朝尽快派出正式使者,这表现出辽朝急于讲和的心理。

第三,与急于讲和的心理相呼应,"契丹已领兵攻围瀛州"一句,则是以武力相威胁,以战逼和。其实,威胁的背后是心虚。

在收到王继忠的回信之前,真宗就"令岢岚、威虏军,保州、北平寨部署等,深入贼境,腹背纵击,以分其势"。[①] 宋朝的这一战略出击,让孤军深入的辽军首尾难顾,具有很大的威慑力。因此,已有成算在胸的真宗,看到回信,根本不在乎辽朝的武力威胁,对宰臣们说:"瀛州素有备,非所忧也。"表现出对宋朝武备的自信。至于是否派遣正式使者的问题,由于已经有了一个回合的书信往复,所以真宗说:"欲先遣使,固亦无损。"于是,"乃复赐继忠手诏,许焉",就是说,答应了王继

---

① 《长编》卷五八景德元年十月丙戌条。

忠代表辽朝的请求。①

复信之后，真宗做了两件事。一是"募神勇军士李斌持信箭赴敌寨"。这次不是经由上次的石普渠道，而是直接派人送到辽营。宋朝这样做是有自己的用意的。即这次送信，也算是派遣了非正式的使者，同时直接试探了辽朝的意向。二是命令枢密院选拔赴辽的正式使者。对于赴辽使者，枢密使王继英荐举了下级军官殿直曹利用。② 在王继忠的斡旋下，宋辽间的历史性和谈即将拉开序幕。

然而，这是在战时特殊环境下的和谈。谈判桌上的砝码，需要靠战场上的成果来加重。在和谈即将到来之前，双方都加紧了军事上的较量。为了鼓舞士气，真宗在宰相寇准、毕士安的催促下，决定亲征。前面说到的王继忠复信提及"契丹已领兵攻围瀛州"，所言非虚，在真宗收到这封信的二十天前，辽军主力已将瀛州团团围住，开始了攻城战役。但的确如真宗所言，"瀛州素有备"。瀛州保卫战，持续了十多天，萧太后与辽

---

① 真宗答诏全文，载《宋大诏令集》卷二三二，亦题为《赐王继忠诏》，时间记在"景德元年十月日"，移录如下："今月二十六日，石普遣人赍到卿重封奏状，知已领得近降手诏，及言所议通和，固已端的，乞早遣一人到此商量。再阅奏陈，备已详悉。顷从边事，因亏玉帛之欢；既绝使人，遂构干戈之役。两地之交兵不息，四方之受弊实多。疆场未宁，岁月兹久。今卿再形奏状，将议修和，保高谊于欢盟，垂永图于家国。安民继好，今古美谈。况朕自守丕基，常思远略。务诞敷于文德，岂专耀于武功。睹此来音，固叶素志。已议专差使命，致书大辽。止于旦夕之间，令自旦冀前去。卿可具言此意。请谕巡逻之人，候见所遣使车，立令防援引送。俾一介之使，无或稽留；冀两朝之情，得以通达。"

② 以上所述王继忠与真宗书信的第二个往复，见于《长编》卷五八景德元年十月丙午条记载。

圣宗亲自擂鼓督战，志在必得。《长编》卷五八景德元年十月己酉条记载了瀛州保卫战的激烈战况：

> 初，契丹自定州帅众东驻阳城淀，遂缘胡卢河逾关南。是月丙戌，抵瀛州城下。势甚盛，昼夜攻城，击鼓伐木之声，闻于四面。大设攻具，驱奚人负板秉烛，乘墉而上。知州、西京左藏库使李延渥率州兵强壮，又集贝、冀巡检史普所部拒守。发礧石巨木击之，皆累累而坠。逾十数日，多所杀伤。契丹主及其母又亲鼓众急击，矢集城上如雨，死者三万余人，伤者倍之，竟弗能克，乃遁去。获铠甲、兵矢、竿牌数百万。①

可以说，瀛州保卫战让辽军死伤十余万人，极大地削弱了辽军的实力，也极大地打击了辽军的士气，反之则鼓舞了宋军的士气，坚定了真宗亲征的决心。瀛州保卫战大捷是促成"澶渊之盟"的决定性因素。可惜，历来都把促成"澶渊之盟"的原因归结为澶州城下射杀辽军先锋大将萧挞凛这一充满戏剧性的偶发事件。前面引述的王安石的那首诗还有这样两句：

> 天发一矢胡无首，河冰亦破沙水流。

南宋初年的宰相李纲更是满怀现实的感慨，写下一首词来讴歌此事：

---

① 除了《长编》，相近记载还见于《宋史》卷二七三《李延渥传》。

> 边城寒早。恣骄虏，远牧甘泉丰草。铁马嘶风，毡裘凌雪，坐使一方云扰。庙堂折冲无策，欲幸坤维江表。叱群议，赖寇公力挽，亲行天讨。
>
> 缥缈。銮辂动，霓旌龙旆，遥指澶渊道。日照金戈，云随黄伞，径渡大河清晓。六军万姓呼舞，箭发狄酋难保。虏情慑，誓书来，从此年年修好。①

李纲更是直接把"澶渊之盟"归功于萧挞凛的击毙。当然，继瀛州保卫战大捷之后，这一偶发的事件，也是促成"澶渊之盟"迅速缔结的一个重要因素。辽军在宋军阵前失去萧挞凛这个"幼敦厚，有才略，通天文"的大将，心理上的打击要大于军事上的打击。"太后哭之恸，辍朝五日"，以致《辽史》的编者也这样讲："将与宋战，挞凛中弩，我兵失倚，和议始定。或者天厌其乱，使南北之民休息者耶！"②心理因素固然重要，军事实力的削弱则是更重要的因素，一员骁将怎抵十几万人马！

在瀛州之战惨败之后，辽朝求和的愿望更为迫切。《长编》卷五八景德元年十一月庚午条载：

> 契丹既数失利，复令王继忠具奏求和好，且言北朝顿兵，不敢劫掠，以待王人。继忠又与葛霸等书，令速达此奏。

---

① 李纲：《喜迁莺·真宗幸澶渊》，《全宋词》，北京：中华书局，1999年。
② 《辽史》卷八五《萧挞凛传》。

战场上的胜利，使辽朝口气变软了许多，在以王继忠名义具奏的奏疏中，看不到上一封信中那种武力威胁的词句了，而是说我们停战了，也不敢掠夺，等待天朝的使者前来。辽朝很看重这次沟通，因此，王继忠与葛霸等许多个宋朝的前线将领联系，希望把这封奏疏尽快送达真宗。从辽朝"复令王继忠具奏"来看，辽朝是十分看重王继忠这个具有双重身份的唯一可以进行和谈沟通的渠道的。

其实，宋朝的正式使者曹利用早已出发上路。不料中途出岔，当曹利用一行抵达天雄军时，被不了解秘密交涉内情、认为辽朝没有和谈诚意的判天雄军王钦若扣下，没有放行。身为副宰相参知政事的王钦若，是因战事临时被宰相寇准派到天雄军的。其参知政事的身份，具有很大的权威。公允地说，不能怪王钦若多事，成事不足败事有余，险些破坏了和谈，毕竟，宋辽开战几十年来，还没有过正式的和谈。

由于多渠道的沟通，真宗很快就看到了王继忠的奏疏。真宗一方面回复王继忠，告诉他使者曹利用已在路上，让他告诉辽朝派人到天雄军迎接；一方面给曹利用写了手诏，也同时交给王继忠，让他催促曹利用尽快赶往辽营。答诏全文，具载《宋大诏令集》卷二三二：

> 葛霸等以卿奏状来。曹利用往，兼报卿令人援接前去。寻闻道路艰阻，尚在天雄。今有付利用手诏，同封付卿，便可闻于大辽，遣人赍送接援付彼。

由于双方处于交战状态，手诏还要从战场送到京城，所以信使往还颇费时日。我根据编年记事的《长编》记载计算了一下时间，前几次书信往复，每次几乎都要花费十几天甚至将近一个月。王继忠在收到真宗答应派遣正式讲和使者的信后，给真宗写了第三封信。但不知为何，王继忠并没有通过真宗派遣的信使李斌来转递这封信，而是依旧使用了一直以来利用的石普通道。石普从贝州派了一名小军官指使、散直张皓作为信使，给已在亲征途中的真宗送王继忠的这封来信。不料，张皓在路经辽军营地时，被辽军抓获。当判明张皓不是普通的俘虏，而是派出给宋朝皇帝送信的信使后，萧太后和辽圣宗对张皓非常重视。我们来看一下这段记载：

> 上前赐王继忠诏许遣使，继忠复具奏附石普以达。普自贝州遣指使、散直张皓特诣行阙，道出敌寨，为所得。契丹主及其母引皓至车帐前，问劳久之，因令抵天雄，以诏促曹利用。王钦若等疑不敢遣。皓独还。契丹主及其母赐皓袍带，馆设加等，使继忠具奏，且请自澶州别遣使速议和好事。于是，皓以其奏入。上复赐钦若诏，又令参知政事王旦与钦若手书，俾皓持赴天雄，督利用同北去，并以诏谕继忠。

从这段记载可见，萧太后和辽圣宗将抓获的宋朝信使张皓待若上宾，破格亲自接见，并且"问劳久之"。然后请张皓前往天雄军，催促宋朝正式使者曹利用前来。不知是王钦若没有看到真宗催促曹利用赶快上路的手诏，还是对来自辽营的张皓有怀疑，他依然扣住曹利用，不肯放行。作为宋朝军官的张皓，还真守信用，不是离开辽营便犹如脱离虎口，一去不返，而是重返辽营。照理说张皓并没有对辽朝君主恪守信用的义务，他的重返也许正是萧太后和辽圣宗"问劳久之"的效果吧。尽管无功而返，萧太后和辽圣宗对张皓再来也很意外和高兴，"赐皓袍带，馆设加等"，加以高规格的招待。眼看着王钦若扣住使者曹利用不放，和谈不成，萧太后和辽圣宗很着急，他们让王继忠再给已经到了澶州的宋真宗写信，请求另派使者，前来议和。这次送信的任务，又交给了极有诚信的张皓。张皓也不负使命，将王继忠的第四封信送到了真宗手中。

可以想见，真宗一定对多管闲事的王钦若很恼火。但他也没办法，将在外，君命有所不受，自古而然。所以真宗亲自给王钦若下达了手诏，他担心王钦若怀疑手诏的真实性，又让参知政事王旦给王钦若写了亲笔信。这次张皓再次充当真宗的信使，携带着两封信，二赴天雄，催促曹利用出发。与此同时，真宗也给王继忠写了信，告知了上述处理结果。真宗写给王继忠的信，也收录于《宋大诏令集》卷二三二：

> 继省来章，专候使命。昨自孙崇等回后，寻降手诏与天雄军，令速发利用往彼。今张皓到阙，再览卿奏，果称天雄军以未奉诏旨，尚且稽留。今再降诏命，令皓赍去勾取。候利用才到大辽，可令皓赴阙。

从萧太后和辽圣宗对小小信使张皓的高规格礼遇，可以看出辽朝一方急于求和的心情。这不仅仅是由于孤军深入，多次失利，还因为他们大概没有料想到宋朝皇帝会御驾亲征。宋朝皇帝的御驾亲征，不仅会鼓舞宋军的士气，也对倾慕中原文化的契丹人具有威慑力。在做了上述布置之后，真宗还是做了和战两手准备。他指示说：

> 彼虽有善意，国家以安民息战为念，固许之矣。然彼尚率众兵深入吾土，又河冰且合，戎马可渡，亦宜过为之防。朕已决成算，亲励全师。若盟约之际，别有邀求，当决一战，剪灭此寇。上天景灵，谅必助顺。可再督诸将帅，整饬戎容，以便宜从事。①

真宗讲话的底气很足，充满自信。而这种自信，还是来自军事实力的强大与战争形势已向着有利于宋朝一方转化。

在王继忠的沟通下，宋辽和谈终于得以顺利进行。宋朝使者曹利用受到了与辽朝宰相韩德让同坐的上宾礼遇。然而，由于"议未决，乃遣左飞龙使韩杞持国主书与利用俱还"。由于双方对峙于澶州，距离很近，所以当第一天"议未决"，曹利用陪伴辽使韩杞来到澶州，第三天宋朝方面就看到了辽朝的国书，并商议了对策。

究竟是在什么问题上"议未决"，双方僵持了呢？《长编》记载辽朝国书"以关南故地为请"。前面说过，最初接到王继忠转达的辽朝讲和意向时，真宗就担心辽朝在和谈时会索要五代曾经割让给他们、后来让宋朝占领的关南地。此时，真宗看到辽朝国书，不禁说道："吾固虑此，今果然。"但如前所

---

① 以上引文以及所述王继忠与真宗书信的第三、第四个往复并其中曲折，见于《长编》卷五八景德元年十一月甲戌条记载。

述，宋朝原则已定，即绝不归还关南地。但此事没有写进宋朝国书，只是让曹利用口述。再次派遣曹利用去辽营之前，真宗对曹利用交代了谈判原则："地必不可得，若邀求货财，则宜许之。"曹利用再次到了辽营之后，根据真宗交代的谈判原则，坚决拒绝了辽朝返还关南地的请求。

"其国主及母闻之，意稍怠，但欲岁取金帛。"看来辽朝求地不成，只好退而求其次，转向求财。最后，曹利用根据宰相寇准给他限定的数额上限，"许遗绢二十万匹、银一十万两，议始定"。① 这就是"澶渊之盟"达成的初步协议。

协议是在不利于辽朝的形势下进行的。在曹利用初到辽营的那天，正是大将萧挞凛被宋军击毙的第五天。萧挞凛阵亡，"太后哭之恸，辍朝五日"。在辍朝的第五天，尚处于悲戚沮丧之中的萧太后，强作欢颜来接待三十年来到来的第一位宋朝正式使者。当然，当时宋朝一方尚未得知萧挞凛的死讯。在萧挞凛阵亡的第九天，宋朝才从辽营逃出的农民那里得知此事。第十天，当曹利用再赴辽营的时候，自然已经知道了此事，所以他十分强硬地拒绝了辽朝返还关南地的请求，而辽朝也没有过

---

① 关于岁币数量，据《五朝名臣言行录》前集卷四记载，本来宋真宗交代的底线是"百万以下皆可许也"。但在曹利用临出使前，又被宰相寇准招去，寇准严厉地对曹利用说："虽有敕旨，汝往，所许毋得过三十万。过三十万，勿来见准，准将斩汝。"听了寇准的话，"利用股栗，再至虏帐，果以三十万成约而还"。尽管这段戏剧性的描写类乎野史稗说，但从真宗的急于求和的心理和寇准的跋扈性格，以及寇准曾提出过更为苛刻的和谈条件等诸方面看，这个记载是可信的。

多讨价还价就答应了岁币数额。[①]

不过,劳师远征,就这样签订了和议,辽朝方面实在是心有不甘。当和谈正式开始,完成了沟通使命的王继忠,就退隐到了幕后,静静地关注着和谈的进行。但心有不甘的辽朝君主觉得还是需要动用王继忠这个重量级的砝码,于是就让王继忠去见宋使曹利用。《长编》卷五八景德元年十二月癸未条载:

> 议始定,契丹复遣王继忠见利用,且言:"南北通和,实为美事。国主年少,愿兄事南朝。"又虑南朝或于缘边开移河道,广浚壕堑,别有举动之意。因附利用密奏,请立誓,并乞遣近上使臣持誓书至彼。

从这条史料记载看,辽朝君主让王继忠同曹利用进行交涉并向宋真宗提出的要求,主要有如下两点。第一,两国皇帝以兄弟相称。第二,要求明确立下誓书,以免日后宋朝违背协议。第二天,曹利用就陪伴辽朝使者姚柬之,带着王继忠给真宗的密奏,即第五封信,回到了澶州。宋朝方面完全答应了王继忠信中的要求。《长编》卷五八景德元年十二月丙戌条载:

[①] "澶渊之盟"的顺利缔结,实与辽朝了解了当时宋朝的军事实力有关。据《长编》卷五八景德元年十二月庚辰条记载,曹利用在陪伴辽朝使者韩杞回到澶州宋军行营时,曾派懂契丹语的手下窃听了韩杞与随行的谈话。韩杞说,你们看到澶州北寨的士兵了吗?士卒精锐,武器先进,和以前听说的不一样,太可怕了。韩杞的这种实地观感,无疑如实传达给了萧太后,恐怖的心理也一定一并传递了过去。

> 柬之入辞，命西京左藏库使、奖州刺史李继昌假左卫大将军，持誓书，与柬之俱往报聘。金帛之数如利用所许，其他亦依继忠所奏云。

我查了一下宋朝使者李继昌的履历。李继昌，《宋史》卷二五七有传，是宋初太祖、太宗两朝元老、开国元勋李崇矩之子，家世显赫的将门之后。如果不是他本人不愿意，他就成了驸马爷、真宗的姐夫了。以具有这样背景的人做使者送誓书，自然是满足了王继忠信中"遣近上使臣持誓书至彼"的要求。以誓书的形式来体现盟约的内容以及向天地神灵发誓守约，也是遵从了王继忠的请求。至此，"澶渊之盟"完全形成。宋辽两朝誓书文本如下：

> 维景德元年，岁次甲辰，十二月庚辰朔，七日丙戌，大宋皇帝谨致誓书于大契丹皇帝阙下：共遵成信，虔奉欢盟。以风土之宜，助军旅之费。每岁以绢二十万匹、银一十万两，更不差使臣专往北朝，只令三司差人般送至雄州交割。沿边州军，各守疆界。两地人户，不得交侵。或有盗贼逋逃，彼此无令停匿。至于陇亩稼穑，南北勿纵惊骚，所有两朝城池，并可依旧存守。淘壕完葺，一切如常，即不得创筑城隍，开拔河道。誓书之外，各无所求。必务协同，庶存悠久。自此保安黎献，慎守封陲。质于天地神祇，告于宗庙社稷，子孙共守，传之无穷。有渝此盟，不克享国。昭昭天鉴，当共殛之。远具披陈，专俟报复。不宣，谨白。

维统和二十年，岁次甲辰，十二月庚辰朔，十二日辛卯，大契丹皇帝谨致誓书于大宋皇帝阙下：共议戢兵，复论通好。兼承惠顾，特示誓书。云"以风土之宜，助军旅之费。每岁以绢二十万匹、银一十万两，更不差使臣专往北朝，只令三司差人般送至雄州交割。沿边州军，各守疆界。两地人户，不得交侵。或有盗贼逋逃，彼此无令停匿。至于陇亩稼穑，南北勿纵惊骚。所有两朝城池，并可依旧存守。淘壕完葺，一切如常，即不得创筑城隍，开拨河道。誓书之外，各无所求。必务协同，庶存悠久。自此保安黎献，慎守封陲。质于天地神祇，告于宗庙社稷，子孙共守，传之无穷。有渝此盟，不克享国。昭昭天鉴，当共殛之"。孤虽不才，敢遵此约。谨当告于天地，誓之子孙。苟渝此盟，神明是殛。专具咨述。不宣，谨白。[①]

考察以上誓书，两国皇帝以兄弟相称并未写入，大概这只是一种私下约定，所以被认为没有必要正式写入。许多学者所说的双方划定边界，也并没有明确写入，誓书中的"各守疆界"，不过是维持各自占有的疆域现状。重要的是双方宣誓不再开战，维护永久和平。前面的引言说过，"澶渊之盟"的签订，等于是中原王朝承认了一个异族王朝的名正言顺，对习惯于"天无二日"的中原王朝来说，造成了一定的精神冲击。

其实，平心静气地想想，也不能过于夸大这种精神冲击。"澶渊之盟"在政治上的意义，是以誓书的文件形式承认了双

---

① 以上宋辽两朝誓书文本，据《长编》卷五八景德元年十二月辛丑条注文录入，个别文字据《契丹国志》、《鸡肋编》卷中之援引校正。

方，也等于是建立了正式的邦交。实际上，作为实施有效统治的政权实体，是不待他国的承认与否的。就像在战争状态下，宋朝人称契丹为"寇"、为"虏"、为"贼"，和谈前后，真宗称"大辽"，誓书称"大契丹"一样，前者是感情化的蔑称，后者也是感情化的尊称。不管称呼如何，都无妨其存在。"澶渊之盟"的签订，开创了新的历史，开启了东亚国际关系新格局。

在"澶渊之盟"签订后，辽军出境之前，真宗与王继忠之间又有过一些通信往来，处理盟约后的遗留问题。一次是真宗"赐王继忠手诏，令告契丹，悉放所掠老幼"[1]，还有一次是"王继忠具奏，北朝已严禁樵采，仍乞诏张凝等，无使杀伤北朝人骑"[2]。这是因为尽管已有不战之约，但宋朝将领一直想乘辽军撤退，途中邀击。宋真宗对此进行了制止。[3]但杨业的儿子杨延昭就不顾盟约深入辽境攻略[4]，张凝的部队也一直尾随到辽军出境为止[5]。可见尽管有了誓约，但如果不精心维护，这一纸和约还是很脆弱的。宋真宗和王继忠都着意对这一和约的维护做了努力。

战事结束，辽军出境，王继忠也完成了自己的和平使命。时势造英雄，就是说时势给了英雄施展的机会，从而使英雄得以成为英雄。不仅限于英雄，此时此势，或者是彼时彼势，让

---

[1] 《长编》卷五八景德元年十二月戊子条。
[2] 《长编》卷五八景德元年十二月乙未条。
[3] 《长编》卷五八景德元年十二月乙未条。
[4] 《长编》卷五八景德元年十二月乙未条。
[5] 《长编》卷五八景德元年十二月乙未条。

顺应时势的人获得了成功。这里，呼唤和平的时势是重要的成功条件。

三、并非不知所终："澶渊之盟"之后的王继忠

"澶渊之盟"之后的王继忠，命运如何呢？是不是"蜚鸟尽，良弓藏；狡兔死，走狗烹"，像工具一样，被两国的统治者利用完之后就抛开了呢？其"半生食胡禄"的境况又如何呢？《宋史·王继忠传》在最后写了这样一笔："后不知其所终。"

真的是不知所终吗？

先看宋朝在"澶渊之盟"之后对王继忠的态度。"澶渊之盟"缔结过了不到一年，景德二年十月，宋朝向辽朝派出了第一个正式使节团。名义是向契丹国主祝贺生日和向契丹国母祝贺正旦。派出的使者是，作为契丹国主生辰使的度支判官、太常博士周渐，作为副使的侍禁、阁门祗候郭盛，作为契丹国母正旦使的职方郎中、直昭文馆韩国华，作为副使的衣库副使兼通事舍人焦守节。[①] 在辽朝京城，第一次见到来自故国的使者，王继忠很激动。宋朝自然也没有忘记王继忠这个缔结双方和平条约的大功臣。从第一次使者到访开始，"每遣使、特礼，辄以袭衣、金带、器械、茶药赐王继忠。继忠对使者必泣"。[②] 而王继忠也让宋朝使者给旧主人真宗捎回礼物。《宋会要辑稿·蕃夷》二之二载：

---

① 《长编》卷六一景德二年十月丙戌条。
② 《长编》卷六二景德三年三月乙巳条。

（大中祥符）二年二月二十五日，入契丹使还，前殿前都虞候王继忠附奏，献名马、法锦、银鼠貂鼠被褥、楝檽酒器碗碟，贺封禅礼毕。诏答赐之。

尽管在异国他乡已经拥有了很高的地位，但王继忠并没有乐不思蜀，他一直有一个强烈的愿望，这就是重返故国。因为在故国，有他的家人，还有他的故旧。在韩国华即将回国之际，他托韩国华给真宗捎去一封信①，希望真宗能写信给辽朝皇帝，召他回国。王继忠的这个要求令宋真宗很为难，因为"澶渊之盟"的誓书上已经约定"各无所求"。所以，在景德三年三月第二个宋朝使节团到访辽朝的时候，真宗特地让正使任中正给王继忠带去手诏，说如果辽朝皇帝自行允许你回来，我必定以重金答谢他。估计看了真宗的手诏，王继忠向萧太后和辽圣宗提出过回国的要求，但被用委以重任的理由拒绝了。②这就注定了王继忠要"半生食胡禄"，终老他乡。

而王继忠在宋朝的家室，在他被误认为阵亡时，四个儿子就分别被授予官职了。"怀节为崇仪使，怀敏为崇仪副使，怀

---

① 在第一次赴辽的宋朝使节团中，至少有正副使四个人，为什么王继忠偏偏找韩国华，托他捎信呢？这个细节反映了王继忠熟悉他们中每个人的实际地位高低与分量的轻重。《长编》卷六一景德二年十月丙戌条的李焘自注云："尹洙志国华墓云，上令周渐、张若谷凡事当问国华。恐饰说，今不取。"但从王继忠专找韩国华委以重托来看，尹洙所写当为属实，并非饰说，李焘的史料判断有误。

② 《长编》卷六二景德三年三月乙巳条载："韩国华之还也，又奉表恳请致书国主，召己归。上以盟誓之约各无所求，因中正等行，赐继忠手诏谕意，且言国主若自许卿归，则当重币为谢。然契丹主遇继忠厚，亦弗许也。"按，真宗赐王继忠诏，载《宋大诏令集》卷二三二。

德为内殿崇班,怀政为供奉官。"[①]《石林燕语》卷十记载:

> "澶渊之盟",继忠是时于两间用力甚多,故契丹不疑,真宗亦录其妻子,岁时待之甚厚。后改姓耶律,封王,卒于契丹,而子孙在中朝官者亦甚众。至今京师号"陷蕃王太尉家"。

从这一记载中,可以略见王继忠在宋朝家室之梗概,也可显见宋朝对王继忠的厚遇。王继忠尽管不能回到宋朝,山水遥隔,却一直到去世都与在宋朝的家人保持着通信联系。王曾的《王文正公笔录》记载:"仍通其家信,岁以为常,至其身没乃止。"王曾为真宗朝后期的宰相,是当事人之一,其所记当为可信。关于王继忠的子嗣,沈括在他那有名的笔记《梦溪笔谈》的《补笔谈》卷下中提及了一句:

> 国史所书本末不甚备,予得其详于张牧及王继忠之子从伍之家。蒋颖叔为河北都转运使日,复为从伍论奏,追赏其功。

蒋颖叔即蒋之奇,其政治活动主要在神宗时期。检《元丰类稿》,在卷二二有《王从伍知岢岚军制》一篇。曾巩担任中书舍人在神宗元丰五年。《梦溪笔谈》与《元丰类稿》所记时间大致一样,此王从伍与彼王从伍当为同一个人。可见王从伍是实有其人的。沈括说王从伍是王继忠之子。但从时间上考察,则

[①] 《长编》卷五四咸平六年五月丁酉条。

这个王从伾不大可能是王继忠之子。因为从王继忠被俘的咸平六年（1003）到元丰五年（1082），其间已悬隔将近八十年。并且，名字也不符。王继忠的儿子，名字中间都有一个"怀"字。然而，沈括说得言之凿凿，并且从沈括的叙述看，他似乎与王从伾家有过来往。假设这个王从伾与王继忠有关的话，我想这个王从伾大概是王继忠的孙辈。这样的推测，也与前面引述的《石林燕语》所说王继忠"子孙在中朝官者亦甚众"相合。

宋朝政府对王继忠留在中原的家属一直非常关照。直到大中祥符年间，还分配给王继忠的孩子一所政府住宅："六年八月，赐王继忠诸子天波门外官第一区。"① 这可能就是《石林燕语》所说的"陷蕃王太尉家"的所在吧。

我们再来看一下，"澶渊之盟"之后，王继忠在辽朝的状况。正如《石林燕语》所说，王继忠在"澶渊之盟"时，"于两间用力甚多"，从某种意义上说是挽救了辽朝孤军深入所遭遇的一场危机。因此，萧太后和辽圣宗等辽朝君臣都很感激王继忠。根据《辽史》的记载，我把王继忠被俘以后在辽朝的仕履归纳为下表，以便简明地考察。

时间	官职	出处
统和二十一年（1003）	授户部使	卷八一《王继忠传》
统和二十二年（1004）	加左武卫上将军；摄中京留守	卷四七《百官志》 卷八一《王继忠传》
开泰二年（1013）	自中京留守加检校太师	卷一五《圣宗纪》

---

① 《宋会要辑稿·方域》四之二二。

续表

时间	官职	出处
开泰五年（1016）	为汉人行宫都部署，封琅邪郡王	卷八一《王继忠传》
开泰六年（1017）	自汉人行宫都部署为副都统； 进楚王，赐国姓	卷一五《圣宗纪》 卷八一《王继忠传》
开泰八年（1019）	自汉人行宫都部署授南院枢密使	卷一六《圣宗纪》
太平三年（1023）	致仕	卷八一《王继忠传》

《辽史》卷四五《百官志》的开头就讲道："辽国官制，分北南院。北面治宫帐、部族、属国之政，南面治汉人州县、租赋、军马之事。因俗而治，得其宜也。"最初授予王继忠的户部使，就是作为南面官的户部使司的首脑。以下还设有判官等属官。① 而汉人行宫都部署是十二宫南面行宫都部署司职名之一，为南面宫官。② 南院枢密使则并非只是管理汉人事务南面官，与主要掌管军事的北院枢密使地位相侔，可以说是位居宰相之下的主要掌管民政的最高官员。《辽史》卷四五《百官志》云："契丹南枢密院掌文铨、部族、丁赋之政，凡契丹人民皆属焉。以其牙帐居大内之南，故名南院。元好问所谓'南衙不主兵'是也。"根据上述可见，王继忠在被俘之后，特别是因议和有功，在"澶渊之盟"之后，不断进官加爵。并且辽朝授予王继忠的并不仅仅是领取俸禄、显示地位的虚衔，而是发挥其

---

① 《辽史》卷四七《百官志》三《南面》。
② 《辽史》卷四七《百官志》三《南面宫官》。

汉人出身的作用，让他主要管理汉人事务。但到了后来，王继忠已经不仅限于掌管汉人事务，而是掌管了全部民政。那么，是不是契丹人对这个宋朝降将不信任，不让他掌兵权呢？似乎也并非如此。讲和之前，对宋作战，也许是辽朝君主考虑到王继忠的两难感受，没让他带兵打仗，但在十多年后征伐高丽时，就任命其担任副殿前都点检，直接统兵作战了。

关于王继忠在辽朝为官的经历，《辽史·王继忠传》还记载了这样一件逸事：

> 上尝燕饮，议以萧合卓为北院枢密使，继忠曰："合卓虽有刀笔才，暗于大体。萧敌烈才行兼备，可任。"上不纳，竟用合卓。及遣合卓伐高丽，继忠为行军副部署[①]，攻兴化镇，月余不下。师还，上谓明于知人，拜枢密使。[②]

这件逸事不仅反映了王继忠具有知人之明，更显示了他在辽朝高层人事任用方面拥有表达意见的发言权。同时，在任用北院枢密使这种掌握军权的敏感职务时，王继忠不考虑自己的降人背景，敢于发言，也反映了他性格中胸无城府的率直一面。

除了实际职掌，王继忠被授予的名誉官爵也让他位极人臣，享尽荣华。"澶渊之盟"之后，赏功所授的左武卫上将

---

① 《辽史》据卷一五《圣宗纪》及卷一一五《高丽传》，伐高丽时王继忠被任命为副都统，而非本传所记"行军副部署"。

② 关于王继忠在辽朝任命北院枢密使时的发言，可与其发言涉及的当事人的《辽史》传记相参证。卷八一《萧合卓传》载："升北院枢密使。时议以为无完行，不可大用。南院枢密使王继忠侍宴，又讥其短，帝颇不悦。"卷八八《萧敌烈传》载："汉人行宫都部署王继忠荐其材可为枢密使，帝疑其党而止。"

军,就是因人设官,是从王继忠才开始设置的官名。所以,《辽史·百官志》在述及此官时,专门提到了王继忠的名字。此后,由检校太师到琅邪郡王,最后封为楚王[①]。在名义上的封号,郡王以上的王已经达到了顶峰,再往上就是天子了。带来百年和平的贡献,无论怎么厚遇也不为过。当然这是笔者的认识,当时的辽朝君主并没有如此明确的认识。"澶渊之盟"带给契丹人的好处,也是随着岁月的推移而愈加显现出来的。王继忠的官位越来越高,不能说辽朝君主没有感恩的因素在内。

官职之外,我们再来观察一下王继忠到了辽朝以后的个人生活。

对于被俘后的王继忠,王曾得到的情报体现在他的《王文正公笔录》中:"为契丹所获,因授以官爵,为其婚娶,大加委用。""授以官爵"与"大加委用",已见上述。"为其婚娶",则涉及王继忠的个人生活。关于这件事,和尚文莹在《玉壶清话》卷四中的记载就带上了野史的味道:"以其德仪雄美,虏以女妻之。"不过,王继忠相貌堂堂、身材魁梧也许是事实。这一点宋朝人应当是不会搞错的。那么,辽朝君主许配给王继忠的妻子是个什么样的女子呢?是为了让王继忠契丹化许配给他一个契丹女人吗?我们来看一下《辽史·王继忠传》的记载:

以康默记族女女之。

[①] 关于王继忠的封王,无论是《王文正公笔录》所记的"河间王",还是《隆平集》卷一八、《东都事略》卷四二《王继忠传》所记的"吴王",都是宋朝一侧因信息阻隔而得到的传闻之词,似不确,当以本于辽朝《实录》的《辽史》为准。

"康默记族",从文字上看,很明显不是汉族,似乎就是契丹人的一个部族名。但历史研究不能"望文生义"。特别是辽朝,为了笼络其他族人,有赐国姓的习惯。因此,即使人名写的是契丹名,也必须调查其族源。检《辽史》,卷七四有《康默记传》。在开头的部分,有这样的记载:

> 康默记,本名照,少为蓟州衙校,太祖侵蓟州,得之。爱其材,隶麾下,一切番汉相涉事,属默记折衷之,悉合上意。

看了这段记载,真相大白,谜底揭开。原来康默记是有着与王继忠同样经历的汉族人。唐末五代时期,是隶属于幽州节度使的一名衙校,耶律阿保机入侵时被俘虏。本名叫康照,或者就是姓赵。由于是汉族人,所以耶律阿保机让他处理番汉关系事务。根据《辽史》本传最后的记载,康默记在去世后,被尊为辽太祖耶律阿保机的"佐命功臣"之一。由此可见,康默记在辽朝建立的过程中,发挥了重要作用。这样一个佐命功臣的家族,自然是显赫的。所以,把这样一个家族的女子许配给王继忠,足见辽朝君主对王继忠的看重与厚爱。当然,康默记家族的女子也是汉族人,许配给王继忠,便消解了他共同生活不习惯的问题。也许是偶然巧合,也许是有意为之,把康默记的后人许配给了同样是俘虏的王继忠。如果是有意为之,那么,在这种安排里,就隐含了辽朝君主的一个期待。期待王继忠像康默记那样,为辽朝立下不世之功。如果辽朝君主真的有这样的期待,那么,王继忠促成"澶渊之盟"的缔结,也是没有辜负期待。

王继忠在辽朝君主的安排下重新组建家庭之后,在生活上仍然继续受到辽朝君主的关照。《辽史·王继忠传》记载:

> 以继忠家无奴隶,赐宫户三十。

王继忠与康默记家族的女子组成新的家庭,至少又生有一子。同样是《辽史·王继忠传》记载:

> 子怀玉,仕至防御使。

王继忠的这个儿子,同样也受到了辽朝君主的关照,被安排做官,做到了防御使。有意思的是,王继忠这个儿子的名字,居然和他留在宋朝的儿子一样,中间的字用了"怀"字。这是不是寓意着王继忠一直怀念着远在中原的那个家呢?归纳宋辽两侧的史料记载,王继忠的五个儿子是:

> 怀节、怀敏、怀德、怀政、怀玉

辽朝君主对王继忠的厚爱还有一点,那就是《辽史·王继忠传》所说的"赐国姓"。契丹人的国姓,即皇帝一族的姓,也就是"耶律"。辽朝的宰相韩德让就被赐以国姓,看来王继忠的待遇也达到了这一规格。《宋史·王继忠传》记载了王继忠"赐国姓"后的名字:

> 契丹主遇继忠甚厚，更其姓名为耶律显忠，又改名宗信。

不过，令我有些不解的是，为何《辽史·王继忠传》只说"赐国姓"，而未提及王继忠"赐国姓"后的名字呢？再者，为何《辽史》对"赐国姓"后的韩德让以新名"耶律隆运"立传，而对王继忠则没有使用"耶律宗信"，依然使用旧名呢？翻遍《辽史》，居然找不到"耶律宗信"这个名字。是否有这样的可能呢？即正如常言所云，名从主人，王继忠尽管被赐以国姓，但他本人坚持使用旧名，所以《辽史》也就以旧名"王继忠"为其立传了。如果真是这样的话，也不必拔高评价，只可以说身在辽朝的王继忠，有着自己的一种坚持。

乾兴元年（1022）二月，王继忠的旧主人宋真宗驾崩。四月，宋朝派遣兵部员外郎、判盐铁勾院任中行为正使，赴辽通报宋仁宗即位。在任中行一行回国的时候，身为楚王、南院枢密使的王继忠，敬献了名马，向宋仁宗表示登基祝贺。新一代君臣并没有忘记王继忠这个远在异域的旧臣，摄政的章献太后以仁宗的名义发出诏书：

> 诏枢密院，每岁送契丹礼物，耶律宗信亦以袭衣、金带赐之。①

---

① 《长编》卷九九乾兴元年八月辛酉条。在这条记事之后，《长编》记有说明性文字："宗信即王继忠也。契丹封吴王，改今姓名。任中行等使还，宗信亦以名马来贺登极。"

这是王继忠与宋朝的最后交往。第二年，也就是辽朝太平三年，宋朝天圣元年（1023），几乎与真宗一朝相始终的王继忠，在异国他乡走完了生命的最后历程，结束了他"食胡禄"的后半生。《辽史·王继忠传》明确记载：

太平三年致仕，卒。

可惜，我们不知道他的生年，因此也无法计算他的享年。

从以上考述看，成为战俘入辽后乃至"澶渊之盟"后的王继忠，并非如《宋史·王继忠传》所云"后不知其所终"。在天圣元年以后"不知所终"，那是因为王继忠已经谢世。但只要向辽朝方面打听一下，还是可以知道的。说"不知所终"，应当说是宋朝使者的失职。

四、有所超越：政策与认识

殷末周初，易代之际，出现宁肯饿死不食周粟的伯夷、叔齐。对周公崇拜有加的孔子，仍然大加赞扬两个人的凛然气节。一千年后，唐代的韩愈专门写了《伯夷颂》，来歌颂这两个人。而后，宋代的范仲淹又把《伯夷颂》恭恭敬敬地誊写下来，手迹流传至今。北宋的真宗、仁宗之际，理学开始形成，至南宋以道学名目而大盛，终于在此后的元明清，不管华夷变态，无论江山鼎革，都巍然立于至尊。其中，儒学而后的道学大加推崇的杀身成仁，舍生取义，也从政治立场普及为忠义文化。忠臣不事二主，烈女不嫁二夫，忠节观念也一步一步从国家走向了社会的终端——家庭。誉之者,归功于道学的倡导;毁之者,目之为道学杀人。

其实,这种观念并不是从道学才开始提倡的,这正是儒学一贯的道统。在宋代,范仲淹正可以说是这一道统的关节点。他书写《伯夷颂》,提倡名教,奖掖道学先进如孙复、李觏、张载等辈。无怪后来的道学至尊朱熹说:"本朝忠义之风,却是自范文正公作成起来也。"[①] 范仲淹进士及第的真宗朝,正是宋朝着手精神建设的开始。从这个时代起,以"长乐老"自称、仕四朝十君的冯道,逐渐开始成为反面人物。

然而,王继忠就生活在这个时代。如果,他没有战败被俘,可能会默默无闻地老死军旅。如果,他真的像宋朝当初所认为的那样战死沙场,在短暂的褒扬热闹过后,坟头也会荒草萋萋,没有几个人会记得他。可是偏偏命运弄人,让他做了俘虏,还让他在敌国富贵荣华。如果仅仅如此,"变节投敌"四个字,也足以盖棺论定。可是历史又偏偏选择了他,斡旋和约,使两个敌对大国百年和好。

王继忠本人并不复杂,他是一个勇敢的军人、尽职的官僚,甚至还缺少官场上必要的城府,可是,却让评价他的人颇费踌躇。这是因为千百年来像染色体一样代代相承的传统,使评价的人变得复杂了。这是王继忠还活着的时候便遭遇的两难。

我们来看一下出现在澶渊议和时的一个场景。辽朝使者姚柬之来到了宋朝真宗行宫。翰林学士赵安仁作为接伴使负责接

[①] 《朱子语类》卷四七《论语》,北京:中华书局,1986年。

待。两个人在针锋相对地讲了不少话之后,姚柬之把话题转到了王继忠身上:

> 柬之又屡称王继忠之材。安仁曰:"继忠早事藩邸,闻其稍谨,不知其他也。"①

这是李焘《长编》的记载。我们可以看到,赵安仁的回答,非常简短而平淡。翻译成今天的话就是,王继忠早年在王府工作,我只听说他挺老实的,别的我不知道。为什么赵安仁没有展开这个话题呢?因为这个话题实在是既敏感又复杂,现实利益与传统理念错综交织。在《宋史》卷二八七《赵安仁传》中,也有同样的记载:

> 王继忠将兵陷没,不能死节,而反事之,柬之屡称其材。安仁曰:"继忠早事藩邸,闻其稍谨,不知其他。"

两相比较,可以发现,《宋史》的记载比《长编》多出了"王继忠将兵陷没,不能死节,而反事之"一句局外人的旁白。这句多出的局外人的旁白,正是赵安仁的心结,难于展开话题的关键。赵安仁既不能迎合辽使,违心地称赞王继忠,又不能抨击王继忠,只好一语带过。在当时对五代入宋不守忠节的"贰臣"已经有所非议的氛围中,赵安仁的回答,避开了如何评价的难题。无怪乎当时对赵安仁的应对本身,给予了很高的评价:

---

① 《长编》卷五八景德元年十二月甲申条。

"安仁敏于酬对,皆切事机,议者嘉其得体。"①

《宋史》和《长编》的编修,根据的都是宋朝国史之类的资料,本源应当是相同的。但为何《长编》没有这句话,而《宋史》却多了这一句呢?我估计是崇尚道学的元朝史官们加入的。有两个旁证,这就是《辽史》和《宋史》的《王继忠传》传后元朝史官写的论赞。《辽史》的论赞是这样写的:

> 继忠既不能死国,虽通南北之和,有知人之鉴,奚足尚哉!

《宋史》的论赞与《辽史》如出一辙:

> 继忠临阵赴敌,以死自效,其生也亦幸而免。然在朝庭,贵宠用事,议者方之李陵,而大节固已亏矣。

如何看待这些对于王继忠的批评呢?我们的思考不应当脱离当时的具体环境。如果脱离了,左右我们思考的就只剩下抽象的价值判断了。前面说过,这个问题在当时,现实利益与传统理念就已经"剪不断理还乱"般地缠成一团了。其实,在宋朝君臣眼中,从王继忠死而复生的那一刻起,也就是当王继忠的议和信件一出现,这个问题就随之而来了。我们再来看一下,当时大臣们看到王继忠来信时的反应:

> 咸平六年,云州观察使王继忠战陷敌中。至是,为

---

① 《长编》卷五八景德元年十二月甲申条。

> 敌人奏议请和，大臣莫敢如何。

请注意，"大臣莫敢如何"，即一个个都不敢表态的原因，是把王继忠来信看作是"为敌人奏议请和"。在这里，敌我是黑白分明的。"陷敌中"不死，又为敌人做事，无异于投降变节，谁还敢说什么。传统的价值判断已经阻塞了冷静的分析。幸亏，有一个明白人站出来说话，否则，和平的机会很有可能擦身而过。宰相毕士安"以为可信，乃赞帝当羁縻不绝，渐许其成"。[①]

实际上，空洞的价值判断就像纸上谈兵，现实的利益永远高于一切。这正像大宋王朝可以花钱买和平，大宋天子可以放下自尊，称对方为大辽，与大辽皇帝称兄道弟一样。从前面所述真宗、仁宗两代宋朝皇帝对在辽朝为官的旧臣王继忠礼遇有加，对王继忠留在中原的家人照顾备至，也可以看出，在宋朝君臣心目中维持和平这一现实利益已经超越了传统的价值判断。这种超越，包括承认"天有二日"，包括宽容王继忠的"投降变节"。如果没有这种超越，就不会有"澶渊之盟"的缔结。

其实，即使是处于对"贰臣"非议的氛围之中，当时的士大夫对传统的价值判断也已经有了超越。这正是现实利益的考量使然。考察历史上的思想认识，也有一个考察方法与考察对象的问题。距离王继忠生活的时代已经有些时日的评论，与王继忠的同时代人的评论，应当说是有所不同的。时下流行的长时段的考察方法，固然除去了身在此山的模糊，但各个时代添加给山峰的云雾，也让山峰产生了变形。我觉得顾颉刚先生的"层累地造成中国古史"说，对于思想史的研究尤其适用。

[①] 刘挚：《忠肃集》卷一一《毕文简神道碑》，北京：中华书局，2002年。

时代愈久，思想添加物的积淀就愈多，就愈难看清庐山真面目。因为脱离了彼时彼地的特定环境，没有了利益缠绕与现实考量，便可以轻松地、不担负责任地任由思想驰骋、观念发挥了。就像对于王继忠的评价，降至元代，没有了宋辽长年厮杀征战的政治、经济与社会的压力，自然可以轻松地指责王继忠"不能死国""大节有亏"了。

因此，对于王继忠的评价，我想回到原点，考察一下王继忠的人品与讲和行动的初衷。

先来看王继忠的人品。关于王继忠的人品，从前面的考述已经可以窥见，这里只是归纳一下。

先看事宋。在东宫的王继忠尽职尽责，正直敢谏，为真宗以及同僚所敬畏。在战场上的王继忠身先士卒，连《契丹国志》都说"王继忠率麾下死战"。[1] 之所以如此，王继忠的想法是，"自以被遇厚恩，力战图报"。[2] 在古代，皇帝就是国家的象征，忠君与报国是联系在一起的。无援死战，力尽被擒，可见王继忠并非贪生怕死的软骨头。"力战图报"的记载，表明王继忠的确是想战死沙场，以死报国的，前面引述的《宋史》论赞就明确说王继忠"以死自效"。可是，有时候，死也不是一个人自己所能决定的。也许，有人会拿出同样在战场被俘的杨业来和王继忠比较。不错，杨业被俘后绝食而死，王继忠却受降为官。对死，每个人都有不同的想法。选择不死的王继忠，一定是有着不死的牵挂。在辽朝拥有高官厚禄的王继忠，

---

[1]《契丹国志》卷七，上海：上海古籍出版社，1985年。
[2]《隆平集》卷一八《王继忠传》,《宋史资料萃编》第一辑，台北：文海出版社，1967年影印本。

依然向宋真宗提出回国的要求，不正是体现着这种牵挂吗！在辽朝，每次见到来访的宋朝使者，每次接到他们转交的皇帝的礼物，王继忠都是"服汉章，南望天阙，称'未死臣'，哭拜不起，问圣体起居，不避虏嫌"[1]，这样的表现，也不是投降变节、卖身求荣之辈所能做得出来的。

再看事辽。辽宋两侧的史料都说王继忠"悉心勤职"[2]、"事必尽力"[3]。在辽朝，王继忠不仅仅是做个循吏，而是依然像服务于宋朝一样，直道如矢，敢于进谏，并不避讳自己降人的背景，也不怕得罪契丹权贵。这样做的王继忠遭遇过误解，也得到过理解，最终获得了辽朝君主的"明于知人"之誉。《王文正公笔录》指出了王继忠为辽朝君主所重的原因："继忠为人有诚信，北境甚重之。"看来直到今天还常讲的"诚信"，是不分古今和民族的。这正是人格的力量。

王继忠不仅如上述恪忠职守，直言敢谏，还有着不透过于人的可贵品质。王继忠在降辽后初次写给宋真宗的信中，叙述了被俘的经过。明明是主将王超不施援手而导致战败的，但王继忠还不忘为王超开脱，"非唯王超等轻敌寡谋，亦臣之罪也"[4]，进行自我谴责。

综上所述，王继忠的人格无可厚非。

接下来，我们再来看一下王继忠讲和行动的初衷。

《王文正公笔录》记载：

---

[1] 《玉壶清话》卷四，北京：中华书局，1984年。
[2] 《王文正公笔录》。
[3] 《辽史》卷八一《王继忠传》。
[4] 杨仲良：《皇宋通鉴长编纪事本末》，哈尔滨：黑龙江人民出版社，2006年。

我师败绩，继忠遂为契丹所获，因授以官爵，为其婚娶，大加委用。继忠亦悉心勤职，由是渐被亲任。乃从容进说曰："窃观契丹与南朝为仇敌，每岁赋车籍马，国内骚然，未见其利。孰若驰一介，寻旧盟，结好息民，休兵解甲？为彼此之计，无出此者。"国母春秋已高，国主承袭已岁久，共欣纳之。

王继忠对辽朝君主的进言，是站在辽朝的立场上分析两国交战给经济和社会带来的不利影响的。然而，王继忠并不仅仅是为辽朝考虑的。战争犹如一柄双刃剑，是祸及双方的。王继忠讲和提议的出发点，他自己已经明确说出，是"为彼此之计"。我认为王继忠无可推托的使命和他的自我期许，不在于曾为"战俘"的背景，而在于他"贰臣"的身份，所以才会有那样的"为彼此之计"。这是他站在自己的立场上，以自己特有的身份，来说服辽朝和宋方，是从自身出发为彼此的周全考虑。所以，最终他的提议能够为宋辽两朝的统治者所接受。"为彼此之计"，就是一种超越，就已经超越了一个民族、一个国家的狭隘立场。在当时，超越一个民族、一个国家狭隘立场的共同目标，就是和平。而恰恰是"结好息民，休兵解甲"的和平，才能超越狭隘的民族利益、国家利益，才能带来双赢，带来共同繁荣。正是王继忠有了这种难能可贵的"为彼此之计"的超越，这个昔日的战俘，才会不避嫌疑，不辞辛苦，千方百计，三番五次，终于促成了"澶渊之盟"，带来了两国百年和好。

在当时人对王继忠的评价中，我很看重王曾的评论。前面曾几次引用过王曾的《王文正公笔录》。王曾是王继忠的同时代人，说不定两个人还彼此见过面。王曾既是典型的士大夫，又是一个政治家。他在真宗后期与权相丁谓等人的复杂的政治斗争中突围，后来占领了政治高地，当了宰相。王曾对王继忠的评论，应当说既有着现实关怀，又有着政治家的冷静，却少了后来道学家的酸腐和冷漠。他借辽人的口说出了这样的话：

> 彼土人士或称之曰："古人尽忠，止能忠于一主，今河间王南北欢好。若此，可谓尽忠于两主。"

"尽忠于两主"的王继忠，比只尽忠于一个国家、一个民族的前人，其超越，就在这里。接着王曾又说：

> 继忠身陷异国，不能即死，与夫无益而苟活者异矣。

与苟且偷生者不同的正在于，王继忠"尽忠于两主""为彼此之计"的认识超越，而正是由于这种认识的超越，使他促成了"澶渊之盟"，做出了一个战俘乃至"贰臣"的贡献。而宋辽两国对王继忠的共同肯定，也可以说是在具体问题上超越了民族和国家的畛域。

五、附论："王继忠现象"引发的振荡

"澶渊之盟"之后，"王继忠现象"在宋朝引发了持续的振荡。

"澶渊之盟"缔结过去了将近四十年之后，长期依违于宋辽之间的西北小国党项人的西夏，宣布独立。这一举动引发了宋夏战争。仁宗康定元年（1040），三川口之战，宋军大败，大将刘平被俘。但当时战场情况混乱，人们尚不知刘平究竟是战死还是被俘。一名从战场上逃回的军官，报告说刘平投降了西夏。接到报告，朝廷便派禁军迅速包围了刘平在河中府的府邸，并派后来成为宰相的殿中侍御史文彦博设置特别法庭，又派庞籍前往审讯。对于朝廷的这种做法，天章阁侍讲贾昌朝表示了异议。他上言说：

> 汉杀李陵母妻，陵不得归，而汉悔之。先帝厚抚王继忠家，卒得其用。平事未可知，而先收其族，使平果存，亦不得还矣。

贾昌朝用了正反两个事例来说明抓捕刘平家属的做法不明智，其中之一就是真宗厚抚王继忠家的例子。他说正是这种厚抚王继忠家属的做法，使王继忠最终发挥了积极作用。后来朝廷听从了贾昌朝的意见，没有抓捕刘平的家属。当据传闻得知刘平战死后，对家属进行了优恤。[①] 宋朝史官把贾昌朝的上言写进了国史，加以肯定。其实，国史所据，当是王安石所写的贾昌朝神道碑。在神道碑中，王安石这样写道：

> 刘平为赵元昊所得，边吏以降敌告。议收其族。公言：汉杀李陵母妻子，陵不归而汉悔；真宗抚王继忠家，

---

① 《长编》卷一二六康定元年三月戊寅条。

后赖其力。且平事固未可知。乃不果收。①

由于神道碑是唐宋八大家之一的宋代名相王安石所写，所以流传很广。不仅为宋朝国史所采用，而且金朝著名文人元好问在他的《东平贾氏千秋录后记》②中，也几乎原封不动地引述了这件事。南宋真德秀选编的《续文章正宗》③和明代人编选的文章范本《文章辨体汇选》④则全文收录了这篇贾昌朝神道碑。从贾昌朝的发言，到王安石记述、元好问的转引、真德秀的收录、明代人的编选，王继忠的事情都是作为正面的事例来讲的。这也就意味着包括王安石在内的历代人对王继忠的肯定。至少，当时的朝廷听从贾昌朝的意见，在尚不明刘平是否战死的情况下，没有迫害刘平家人，证明王继忠的事例已经产生了积极的效果，影响了政府的俘虏政策。而王安石的文章后来被广泛引用，则在意识形态上持续了积极的影响。战争不幸，战俘更不幸，以人为本，善待战俘，这则是王继忠本人也未曾想到的他的事例所引发的积极作用。这该算作贾昌朝和王安石的一种超越吧。

---

① 《临川文集》卷八七，《四部丛刊初编》本。
② 《元好问全集》卷三四，太原：山西人民出版社，1990年。
③ 文载《续文章正宗》卷三，影印文渊阁《四库全书》本，台北：台湾商务印书馆，1986年。
④ 文载《文章辨体汇选》卷六七四，影印文渊阁《四库全书》本，台北：台湾商务印书馆，1986年。

宋代士大夫的主流精神

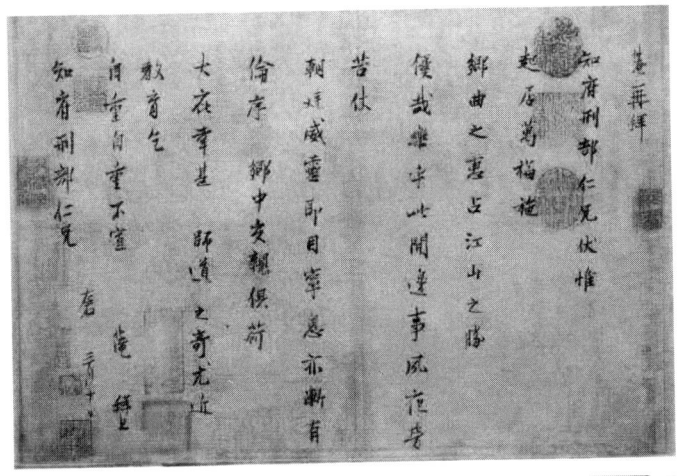

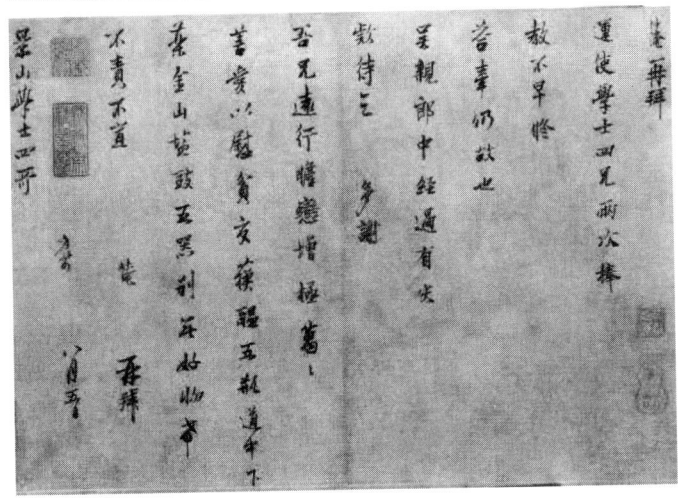

《二札帖》，北宋，范仲淹书，现藏故宫博物院。这是范仲淹手书的两通书札，一称边事帖，又称乡曲帖；一称远行帖，又称修答帖

绪说

在中国，一个改革家，特别是一个失败了的改革家，在他的生前身后，往往会非议甚多，以致盖棺难以论定。然而，主持宋代第一次重大改革"庆历新政"的范仲淹，则是个例外。

朱熹评论他："天地间气，第一流人物。"[1]

刘宰评论他："（本朝人物）南渡前，范文正公合居第一。"[2]

范仲淹的改革同道韩琦评论他："大忠伟节，充塞宇宙，照耀日月。前不愧于古人，后可师于来哲。"[3]

宋代最大的改革家王安石评论他："一世之师，由初迄终，名节无疵。"[4]

前贤渺远，近哲可师。在宋代，乃至后世，这个失败的改革家，已成为士大夫精神世界中的圣人。

范仲淹为什么会得到如此之高的评价？为什么会得到如此之高的精神地位？同样是改革家，为什么王安石的身后竟是毁誉参半，而范仲淹则是"名节无疵"？

以往，人们评论范仲淹，往往把注意力集中在范仲淹的事功上，集中在范仲淹如何主持"庆历新政"和抵御西夏这两件

---

[1]《范文正公集》附录《诸贤赞颂论疏》，《四部丛刊初编》本。
[2]《范文正公集》附录《诸贤赞颂论疏》。刘宰为理宗朝名流，传见《宋史》卷四〇一。
[3]《范文正公集》附录《祭文》。
[4]《范文正公集》附录《祭文》。

大事上。[①]诚然，这是范仲淹的主要活动，不应当忽视。然而，人们却很少去探讨形成范仲淹这些事功的原动力是什么；在这种原动力的推动下，产生了什么样的行为准则与行为方式；形成这种原动力的时代背景又是什么样的。如果没有一种精神上的原动力，范仲淹会有如许事功，会得到如许评价吗？在这里，我想从这个角度来研究一下范仲淹。我以为，这样的研究或许有助于加深人们对宋代士大夫社会与士大夫政治的认识，乃至对中国传统知识分子主流精神的认识。

一、"荷国家不次之遇，思所以报"——报恩论

天子重英豪，文章教尔曹。

万般皆下品，唯有读书高。

[①] 迄今为止，有关范仲淹的研究论著相当多。主要有刘子健《范仲淹、梅尧臣与北宋政争中的士风》（《东方学》14，1957年）、漆侠《范仲淹的历史地位》（《中国历史人物论集》，三联书店，1957年）、王德毅《吕夷简与范仲淹》（《史学汇刊》4，1971年）、程应镠《范仲淹新传》（上海人民出版社，1986年）、陈荣照《范仲淹研究》（三联书店香港分店，1986年）、竺沙雅章《范仲淹》（日本白帝社，1995年）、方健《范仲淹评传》（南京大学出版社，2001年）等。拙作有《试论导致庆历新政失败的一个因素——读范仲淹致叶清臣信》（《学术月刊》9，1990年）、《范仲淹三至杭州考实》（《浙江学刊》2，1992年）、《〈范仲淹集〉版本问题考辨》（台湾《国家图书馆馆刊》86-1，1996年）、《范仲淹与北宋古文运动》（台湾《大陆杂志》94-4，1997年）。包括拙作在内，上述的范仲淹研究均无自本文角度切入者。本文以范仲淹为个案，试图窥见宋代士大夫乃至传统的中国知识分子的主流精神之一斑。

这是宋人编次并广泛流传的《神童诗》①的第一首。这首诗形象地说明了宋代朝廷与士大夫的关系以及士大夫的社会地位。范仲淹晚年也作过一首诗，作为对自己仕途的回顾和对乡人的劝谕：

> 长白一寒儒，登荣三纪余。
> 百花春满路，二麦雨随车。
> 鼓吹迎前道，烟霞指旧庐。
> 乡人莫相羡，教子读诗书。②

如果说以上两首诗是以笼统和含蓄的笔触来表达一种观念和意识的话，那么，相传出自北宋第三代君主宋真宗之手的《劝学诗》，则十分通俗浅显地告诉人们，天子是如何"重英豪"的，并且形象地向人们晓谕了"唯有读书高"的道理。诗云：

---

① 《神童诗》，北宋汪洙编纂于元符年间，后世有所增益。作为开蒙教材，近代以前，在民间广为流行。

② 按，此诗未收录于现存《范文正公集》，见于北宋王闢之撰《渑水燕谈录》卷四及南宋楼钥编《范文正公年谱》，然文字略有差异。例如，《年谱》中"三纪"作"二纪"，"二麦"作"二月"。《年谱》将此诗系于大中祥符八年（1015），即范仲淹进士及第时所作。实误。理由如下：第一，此与诗所云"三纪"或"二纪"不合。古代纪年，以十二年为一纪。"登荣三（二）纪余"，当指进士及第的三十六年或二十四年后。据此可知，此诗当为范仲淹晚年的作品。第二，诗中的"二月"也与进士合格发榜的时期不合。据［宋］李焘《续资治通鉴长编》（以下简称《长编》）卷八四记载，范仲淹进士及第的大中祥符八年的合格发榜在是年三月。详见拙作《范仲淹生平事迹记载考辨——〈范文正公年谱〉抉误》，《范仲淹研究文集》（五），北京大学出版社，2009年。

富家不用买良田，书中自有千钟粟。
安居不用架高堂，书中自有黄金屋。
出门莫恨无人随，书中车马多如簇。
娶妻莫恨无良媒，书中有女颜如玉。
男儿欲遂平生志，六经勤向窗前读。①

　　这些诗，尽管都是毫无例外地诱人以功利，但在客观上却反映出一种观念。那就是，一个人的政治身份与社会地位是可以通过读书来获得的。这是一种全新的观念。在宋代以前，是缺乏形成这种观念的现实条件和社会基础的。然而从宋代开始，自身获益的体验与官方的提倡，以及"满朝朱紫贵，尽是读书人"②的现实，则像春雨入土一样，滋润并助长着世世代代的庶民与士大夫的梦想。而这种光荣与梦想，又不断地激励着他们的进取心。于是，宋真宗的诗演化成为民谣："书中自有黄金屋，书中自有颜如玉。"于是，始盛于宋的科举制度，历千年而不衰。

　　不可否认，利，对任何人都是一种诱惑。但中国古代的知识分子并不都是唯利是图。犹如"器"之于"道"，他们当中的不少人是以科举之"器"，来实现其理想之"道"。自古以来，在中国知识分子的血液里，一直流淌着一种责任意识，一种以天下为己任的责任意识。由于客观环境与统治者的政策等因素，在许多时期，这种责任意识使许多士大夫得不到舒展。魏晋南北朝时期，门阀士族是政治舞台上的主角。"上品无寒

---
① ［元］黄坚编：《古文真宝》卷一，题为《真宗皇帝劝学》。
② ［宋］张端义：《贵耳集》卷下。

门,下品无世族。"这种门阀制度及其残余观念一直影响到唐代。这样就使大多数士大夫难以"达则兼济天下",只好转而"穷则独善其身"。一部分人因此遁入山林,走向了积极入世的反面,做了隐士。中国古代的隐士现象,从某种意义上,可以说是政治上极度压抑之下,产生出来的一种畸形解脱。

宋代则不然。从客观政治现实来看,唐末五代的大动荡,比较彻底地荡涤了残余的腐朽门阀观念。在宋代,已经基本上找不到唐代政治生活中常常出现的士庶之争了。此外,五代时期政权像走马灯似的不断更迭,打乱了固有的政治秩序,打散了传统的政治组合,也不可能形成和平时期出现的那种牢固的"门生故吏"式的政治派系。这就给绝大多数士大夫步入仕途提供了一种相对平等的机会与可能。

此外,从统治者的主观意图来看,赵宋王朝鉴于历史上出现的魏晋门阀政治、隋唐集团政治、五代武人政治的弊端,加之自身并未带有多少"君权神授"的光环,因此,这个同样是通过篡夺建立起来的政权,选择和制定了一种能够最广泛地笼络士大夫的政治策略,让他们都来参与政治,以增强士大夫对这个政权的向心力。这就是"与士大夫治天下"。

"与士大夫治天下",这句话出自北宋宰相文彦博之口。熙宁时期,王安石实行变法,朝野内外议论纷纷,神宗拿不定主意,招集文彦博等大臣们商议。其间,君臣有如下对话:

文彦博言:"祖宗法制具在,不须更张,以失人心。"

上曰:"更张法制,于士大夫诚多不悦,然于百姓何所不便?"

> 彦博曰："为与士大夫治天下，非与百姓治天下也。"①

"与士大夫治天下"，这句话不仅充满了一代士大夫的自豪与自信，也等于是提醒君主，我们是这个政权的合作者。它反映了一种新型的君臣关系，也清楚地表明了宋代政治的特征。与这句话适成对照，令我不禁想起了一个士大夫之死。

一个叫颜见远的读书人，在魏晋南北朝时期的南朝齐做官，当梁代齐，他竟绝食而死，成为那个时代的伯夷、叔齐。梁高祖听说这件事之后，说了一句耐人寻味的话："我自应天从人，何预天下士大夫事？而颜见远乃至于此也！"②一介书生之死，对一个王朝来说，固然微不足道，但从今天看来，则可以说是时代的悲剧。在那个时代，士大夫之于朝廷，至多是一种雇佣关系，而不是做主的关系。而当历史步入宋代，则真可谓是"时代不同了"，士大夫作为一个阶层、一种势力，已经崛起，并且已经不可小视。

在新的时代背景之下，与太祖、太宗一同打天下的士大夫们，为他们所建立的政权设计了"与士大夫治天下"的基本政治构架。在这种政治构架之下，宋朝统治者通过科举的方式，大规模地开科取士，面向全社会，汲取有用之才，这就扩大了统治基础，把一个农业社会中占人口比例并不高的掌握文化知识的精英大都网罗了进去。由于"取士不问家世"③，读书人只要耐得住寒窗苦读，在机会基本均等的竞争之下，其中的出类

---

① 《续资治通鉴长编》卷二二一熙宁四年三月戊子条。
② ［唐］李延寿：《南史》卷七二《颜协传》。
③ ［宋］郑樵：《通志》卷二五《氏族略》。

拔萃之辈便能够脱颖而出，通过科举跃入统治阶层。

入仕后的士大夫们，不再因难跳"龙门"而顾影自怜。恰恰相反，社会环境的改变，入仕的成功，"兼济天下"之志的再度激发，使他们以所投入政权的安危为己任，不再充当冷眼观世的局外人。这一切都铸成和强化了一代士大夫的责任感与事业心。"天下者，我们的天下；国家者，我们的国家……我们不说谁说！我们不干谁干！"[①]20世纪初叶，一个年轻的知识分子的疾呼，似乎是宋代那"与士大夫治天下"的遥远的回声。

宋代君主希望通过扩大科举考试实现恩归于己，并且将殿试制度化，以增强士大夫都是"天子门生"的观念。朝廷的各种优礼政策，使得宋代士大夫十分感激君主的知遇之恩。许多由普通庶民甚至贫民出人头地的士大夫，在对国家朝廷尽忠尽力的行为中，都包含了相当强烈的报恩成分。

出身贫寒的范仲淹自然也不例外。他是宋王朝优礼士大夫政策的受惠者。在范仲淹的所有言行中，都浸透着一种浓厚的报恩思想。不过，在他那里，已不是简单的对君主一人报恩，而是升华到为一个朝廷尽忠尽力，为这个朝廷所代表的国家的最高利益——长治久安而尽心竭虑。

范仲淹两岁时，父亲便去世了。母亲因生计无着，携其改嫁，他从小便过着一种寄人篱下的贫寒生活。青年时期，范仲淹在山间僧舍读书，饮食难济，一小盆粥冷凝之后分成四块，

---

① 毛泽东：《民众的大联合》，载《湘江评论》1919年8月4日。

放一点韭菜和盐,便是一天之食。① 范仲淹在睢阳学舍读书时,生活也很艰苦,以致牵动同学中的富家子弟的恻隐之心,馈以食物。② 当时,他将自己比作贫困的颜渊。③ 然而,在登进士第入仕之后,范仲淹的境况便顿然改观了。政治地位且不说,仅从经济收入看,当他还仅仅是大理寺丞、秘阁校理这样的小官时,据他自己说,一年的俸禄已相当于两千亩地的收入了。④ 由此,也可见宋王朝对士大夫优礼政策之一斑。因此,范仲淹从他自身地位与经济的变化中,深切体会到"朝廷用儒之要,莫若异其品流,隆其委注"。⑤

"与士大夫治天下"的政治构架,决定了宋王朝优礼士大夫的政策。这种政策,具体讲,正如宋人吕中在《宋大事记讲义》卷一序论中所言:

> 取士至于及累举,举官至于及内亲,任子至于异姓,拜近臣必择良日……固所以结士大夫之心。

对此,范仲淹时常萦绕于怀的是:"某早以孤贱,荷国家不次之遇,夙夜不惶,思所以报。"⑥ 这样的话,范仲淹不止一次地说过。例如,他说:"某孤平有素,因备国家粗使,得预

---

① 《范仲淹年谱》,大中祥符三年纪事。据《仕学规范》记载,此事为范仲淹亲口所述。
② 《范仲淹年谱》,大中祥符七年纪事。
③ 《范文正公集》卷三《睢阳学舍书怀》。
④ 《范文正公集》卷八《上资政晏侍郎书》。
⑤ 《范文正公集》卷九《上吕相公书》之三。
⑥ 《范文正公尺牍》卷下《谢安定屯田》。

班列……每自循揣,曷报上恩。"① 他还说:"自省寒士,遭逢至此,得选善藩以自处,何以报国厚恩。"② 上面引述的范仲淹的几句话,我都是摘自范仲淹写给朋友的书信。如果说一个士大夫写给朝廷的奏疏多少有些官面文章的成分,那么,朋友间私下的书信,则大致上反映了一个人的真实思想。所以说,上述言论所展示的范仲淹的报恩思想,可以说是相当真实的,相当真切的。同时,我还注意到,范仲淹上述话语所提及的报恩对象,不是君主一个人而是国家政权这个整体。

自身地位的强烈反差,雄心壮志的得以舒展,这一切都造成了范仲淹浓厚的报恩思想。我以为这种报恩思想,就是范仲淹一切政治活动的主要原动力、内驱力。范仲淹的许多行为准则和行为方式,都可以从这里找到部分答案与解释。

不过,范仲淹是以宋代士大夫特有的方式来报答国家朝廷对他的恩遇的。即这种报恩思想化作了一种对国家对朝廷的强烈责任感与事业心,贯穿在他的一言一行之中。在士大夫政治的构架之下,国家政权就是士大夫的政权。朝廷优礼士大夫的政策,同样也是在士大夫的主持之下实施的。因此,可以这样说,士大夫向朝廷、向作为朝廷代表的皇帝报恩,实际上是个人向整个集团表忠,是政权的参与者向自己的政权尽诚。

二、"少小爱功名,欲作万人英"——爱名论

宋王朝的优礼政策,开科取士的一系列措施,这一切都

---

① 《范文正公尺牍》卷中《与韩魏公》之十七。
② 《范文正公尺牍》卷中《与韩魏公》之二十。

极大地激发了士大夫们压抑已久的"兼济天下"之志。他们一个个都跃跃欲试,试图建功立业,以报答国家对他们的知遇之恩,并且光宗耀祖。作为士大夫中的一员,范仲淹的功名心相当重。早在天圣二年(1024),范仲淹就在他的一首诗中自抒抱负:"有客淳且狂,少小爱功名;非谓钟鼎重,非谓箪瓢轻。"[1]同时,他慨叹道:"风尘三十六,未作万人英。"[2]不过,他很自信:"万古功名有天命"[3],早晚相将云汉外[4]。他在经略西边时,满怀自信地吟出:"功名早晚就,裴度亦书生。"[5]看来,出身贫寒的范仲淹颇想出人头地,欲作"万人英"。幸运的是,以士大夫为统治基础的社会政治环境,给他提供了这种机会。

对于范仲淹的爱名、近名,当时颇有些非议。范仲淹入官的举主(推荐人)晏殊就曾告诉过他,说有人议论他"好奇邀名"。[6]宰相吕夷简说范仲淹"务名无实"。[7]曾向晏殊推荐范仲淹的另一位宰相王曾,也说过"范希文未免近名"之类的话。[8]看来,对于范仲淹的爱名、近名,在当时,除了有人出于恶意攻击之外,不少人也不理解或有些误解。

那么,范仲淹是怎样看待名节问题的呢?我们来看一下他的名节观。

---

[1] 《范文正公集》卷一《赠张先生》。
[2] 《范文正公集》卷一《赠张先生》。
[3] 《范文正公集》卷三《欧伯起相访》。
[4] 《范文正公集》卷三《寄余杭全安石、段少连二从事》。
[5] 《范文正公集》卷四《依韵答梁坚运判见寄》。
[6] 《范文正公集》卷八《上资政晏侍郎书》。
[7] 《长编》卷一一八景祐三年五月丙戌条。
[8] [宋]佚名:《锦绣万花谷》卷一一引《魏王别录》。

范仲淹在天圣八年（1030）写的《上资政晏侍郎书》中，集中反驳了别人对他"好名邀奇"的非议。在景祐三年（1036），为反击吕夷简攻击他"务名无实"，范仲淹又专门写了一篇《近名论》[①]。这两篇文字，集中地反映了范仲淹的名节观。

第一，范仲淹认为，道家的远名说，缺乏责任感。他列举了老子的"名与身孰亲"和庄子的"为善无近名"等说法，加以批驳。他说，这是"道家自全之说"，"使人薄于名而保其真"，并不是"治天下者之意"。他说这种人"非爵禄可加，赏罚可动，岂为国家之用哉"！就是说，范仲淹认为，这种无入世之意、不爱名节、明哲保身的人，毫无责任感可言，根本不可能为国家尽力。因此，统治者不应当提倡道家的远名说。他说："如取道家之言，不使近名，则岂复有忠臣烈士为国家之用哉！"

第二，范仲淹认为，重名、爱名，是圣人前贤一贯的思想与作风，著在经典。他从儒家经典中找出许多重名、爱名的理论，如"立身扬名""善不积不足以成名""疾末世而名不称""荣名以为宝"等等，来证明他主张近名符合圣人的思想。同时，他还列举出古代圣王名臣的许多事迹，来进一步阐述他的"近名论"。他说："我先王以名为教，使天下自劝。汤解网，文王葬枯骨，天下诸侯闻而归之。是三代人君已因名而重也。太公直钓以邀文王，夷、齐饿死于西山，仲尼聘七十国以求行道，是圣贤之流无不涉乎名也。孔子作《春秋》，即名教之书也。善者褒之，不善者贬之，使后世君臣爱令名而劝，畏恶名

---

① 载《范文正公集》卷五。以下所引范语，均出此篇与《上资政晏侍郎书》。

而慎矣。"

第三，范仲淹认为，重名、爱名，是推行教化的第一要事，关乎治乱兴衰。他说："名教不崇，则为人君者，谓尧舜不足慕，桀纣不足畏；为人臣者，谓八元不足尚，四凶不足耻。"而普通人如果不爱名，"则虽有刑法干戈不可止其恶也"。最后，他指出："人不爱名，则圣人之权去矣。"就是说，儒家以礼教化天下，使人有羞耻之心，遵守一定的秩序规范。如果人人都不在乎自己的名节，毫无羞耻之心，那么，圣人借以教化天下的理论也就行不通了。因此，范仲淹得出结论："教化之道，无先于名。"

所以说，在范仲淹看来，一个人看重和爱惜自己的名节、名誉，立身扬名，是件好事，而不是坏事。范仲淹的一生，就是好名、重名的一生。在当时，范仲淹可谓是直声满天下，贤名遍朝野。然而，范仲淹的好名、重名是有一定分寸的。他对这个问题有一种辩证的认识，知道在什么情况下应当爱名，在什么情况下不应当顾名。范仲淹并不是那种"卖直取名"的浅薄之辈。在他那里，近名与邀名是有严格区别的。他在一封家书中嘱咐继父家的子弟说："平生之称，当见大节，不必窃论曲直，取小名招大悔矣。"① 由此可见，范仲淹的近名，是建立在高度事业心之上的近名，好的是大名大节，而不是出于个人目的的出风头。因此，他在生前死后，留下的名是一种正直之名、忠勇之名。此外，当这种注重个人名节对国家利益以及整个事业有所妨碍时，范仲淹认为，应当服从大局，"宜与国同

---

① 《范文正公尺牍》卷上《与朱氏》之六。

忧，无专尚名节"。①

范仲淹提倡注重名节，可以说是在特定的历史环境下的一种拨乱反正。唐末五代时期，由于政权转换频繁，士大夫往往转仕几朝。如自命"长乐老"的冯道，就历仕四朝十君。②宋朝禅代后周，后周一批士大夫成为宋臣。在宋初的几十年中，"贰臣"充满了朝廷。因此，当时对所谓的"贰臣"，在舆论上也没有什么非议。后来，范仲淹等人痛感五代以来士风浇薄，道德沦丧，而以身作则，振作士风，砥砺士大夫名节。《宋史》卷四四六《忠义传序》指出：

> 士大夫忠义之气，至于五季，变化殆尽。宋之初兴，范质、王溥犹有余憾，况其他哉！艺祖首褒韩通，次表卫融，足示意向。厥后西北疆埸之臣，勇于死敌，往往无惧。真、仁之世，田锡、王禹偁、范仲淹、欧阳修、唐介诸贤，以直言谠论倡于朝，于是中外缙绅知以名节相高，廉耻相尚，尽去五季之陋矣。

从宋初到真宗时期，在统治层，道家的"无为"思想占了主导地位。当时为了安定政局，维持国家的正常运转，从中央到地方，宋王朝也不得不接受和使用前朝以及过去割据政权的官吏。然而，时光过去了几十年，随着政局的安定，作为朝廷，已经没有必要继续提倡道家的无为之治了。因此，在道德上对所谓的"贰臣"的评价，也发生了变化，否定性的批

---

① 《范文正公集》卷九《与省主叶内翰书》之二。
② 《冯道传》，见《旧五代史》卷一二六，《新五代史》卷五四。

判成为风潮。以道家批判为中心的范仲淹的爱名论，就是在这样的背景下产生的。它代表了当时的新思潮。实际上，在《宋史·忠义传序》中名列于范仲淹之前的王禹偁，在太宗时代，关于名教，已经提出了与范仲淹几乎相同的主张。[①]在与范仲淹同时，欧阳修也在其编纂的《新五代史》中，改而对冯道做了否定的评价，同样也是这一思潮的反映。

朱熹更是具体地突出评价了范仲淹以名节振作宋代士大夫之功。他说："本朝范质，人谓其好宰相，只是欠为世宗一死耳。如范质之徒却最敬冯道辈，虽苏子由议论亦未免此。本朝忠义之风，却是自范文正公作成起来也。"[②]朱熹还有一段与学生的问答：

问："本朝如王沂公人品甚高，晚年乃求复相，何也？"
曰："便是前辈都不以此事为非。所以至范文正方厉廉耻，振作士气。"[③]

清人王士禛《池北偶谈》卷六援引一个叫魏象枢的人所说的话："好名是学者病，是不学者药。"这句话颇有道理。但他仅是就勉励学业而言，而范仲淹的近名之论、近名之行，意义则更为广泛深远。起码说在他生活的那个时代，产生了相当大的影响。这一点已有定评。在南宋前期，有个叫薛季宣的人将范仲淹的爱名论进一步展开，他向宋孝宗进言说：

---

① ［宋］王禹偁：《小畜集》卷一八《答丁谓书》。
② 《朱子语类》卷四七《论语》。
③ 《朱子语类》卷一二九《自国初至熙宁人物》。

近或以好名弃士大夫,夫好名特为臣子学问之累。人主为社稷计,唯恐士不好名,诚人人好名畏义,何向不立。①

此外,在《宋史》卷四二三《陈埙传》中,有这样一段问答:

(史)弥远召埙问之曰:"吾甥殆好名邪?"
埙曰:"好名,孟子所不取也。夫求士于三代之上,唯恐其好名;求士于三代之下,唯恐其不好名耳。"

南宋理学家黄震在《黄氏日抄》的《本朝诸儒理学书》中,引用理学家张栻的话说:"君相不当恶士大夫之好名,唯朋友相切磋,则不当好名耳。"

归纳以上诸人的言论,可以看出,自范仲淹以来爱名论作为一种"道统",已为宋代士大夫所普遍接受。宋亡之际,能出现如文天祥那样的坚贞之士,不能说与崇尚名教、砥砺名节无关。不管怎样评价,功名心对于一个人来说,毕竟构成了一种进取的驱动力。而当一个人的功名心与事业心结合在一起时,则肯定会成为积极因素。

三、"不以一心之戚,而忘天下之忧"——忧患论

"不以物喜,不以己悲。居庙堂之高,则忧其民;处江湖

---

① [元]脱脱等:《宋史》卷四三四《薛季宣传》。

之远，则忧其君。是进亦忧，退亦忧，然则何时而乐耶？其必曰：先天下之忧而忧，后天下之乐而乐。"这段为人们所熟悉的《岳阳楼记》中的名言，正是范仲淹忧国忧民之心的真实写照。

《岳阳楼记》写于庆历六年（1046），而范仲淹这种忧国忧民之心，早在少年时代便已形成。欧阳修在范仲淹神道碑中写道："公少有大节，于富贵贫贱、毁誉欢戚，不一动其心，而慨然有志于天下，常自诵曰：士当先天下之忧而忧，后天下之乐而乐也。"[1] 此外，景祐元年（1034），欧阳修得知范仲淹知苏州时，曾写给范仲淹一封信，其中就有这样的话："希文登朝廷，与国论，每顾事是非，不顾自身安危，则虽有东南之乐，岂能为有忧天下之心者乐哉！"[2] 欧阳修在信中把范仲淹称为"有忧天下之心者"，可见，他对范仲淹这一点相当熟悉，所以他在范仲淹神道碑中写范仲淹少有忧患之心，当是言之有据。

范仲淹少年时期，曾为自己的将来设想了两种职业，两条生活道路。一是做良相，一是做良医。宋人赵善璙的《自警编》卷八记载：

> 范文正公微时，尝诣灵祠求祷，曰："他时得相位乎？"不许。复祷之曰："不然，愿为良医。"亦不许。既而叹曰："夫不能利泽生民，非大丈夫平昔之志也。"他日，有人谓公曰："丈夫之志于相，理则当然。医之技，

---

[1] 《欧阳文忠公集》卷二〇。
[2] 《欧阳文忠公集》卷六七。

君何愿焉，乃无失于卑耶？"公曰："嗟乎，岂为是哉！古人有云，常善救人，故无弃人；常善救物，故无弃物。且丈夫之于学也，固欲遇神圣之君，得行其道，思天下匹夫匹妇有不被其泽者，若已推而内之沟中，能及小大生民者，固惟相为然。既不可得矣，夫能行救人利物之心者，莫如良医。果能为良医也，上以疗君亲之疾，下以救生民之厄，中以保身长生。在下而能及小大生民者，舍夫良医则未之有也。"

从这条记载可以看出，范仲淹的两种人生设想，一是救世，一是救民，都是以忧国忧民为出发点的。在范仲淹入仕后，这种忧国忧民意识，变得更为强烈。天圣五年（1027）时，他仅是一名大理寺丞这样的小官，在母亲去世服丧期间，他由一己之忧，而推及天下之忧，在强烈的忧患意识的驱使之下，写下了近万言的《上执政书》，针对当时各个领域中的弊端，提出了自己的改革建议。他在述说上书的理由时说："不以一心之戚，而忘天下之忧。"①

做地方官，他说："忧国忧民，此其职也。"② 为边帅，他在因擅复西夏赵元昊书而被冤枉降职时说："既去职任，而尚怀国家之忧。犹卞生献璧，不知其止，足虽可刖，而璧犹自贵。"③ 在朝为谏官，范仲淹奉命视察江淮灾区，将灾民用以充饥的野草拿回一把，带给皇帝，"请示六宫贵戚，以戒侈心"。他还称

---

① 《范文正公集》卷八《上执政书》。
② 《范文正公集》卷一〇《祭英烈王文》。
③ 《范文正公集》卷九《答安抚王内翰书》。

赞灾区的地方官吴遵路的救灾事迹。①后来吴遵路去世时，范仲淹专门写了祭文，满怀深情地说吴遵路"忧国忧民，早衰而死"。②看来，范仲淹并不是不知道忧国忧民会耗心损神，但他始终未改初衷。由于怀揣着忧患之心，范仲淹一生活得很沉重，很少有欢快轻松的时候。甚至在同朋友一道饮酒时，范仲淹也会联想到黎民百姓："但愿天下乐，一若樽前身。"③

宦海沉浮，也曾使范仲淹产生过急流勇退的念头。但这种念头很快就被他那强烈的忧国忧民意识所遏止，他想到的是："鹓鷟共适逍遥理，谁复人间问不平？"④

由上述可见，范仲淹的忧国忧民，是一种明确的自觉意识。因而，也就相当强烈而执着，"如卞生献玉，不知其止，足虽可刖，而璧犹自贵"。这种执着的忧国忧民意识，正是强烈的事业心与责任感的延伸。相反，一个对国家、对百姓毫无责任感的人，只会局限于自私而可怜的一己之悲欢，绝不可能产生如此高尚的忧天下之心。

那么，范仲淹这种强烈的忧国忧民意识是怎样形成的呢？我想起码有这样几个因素：

从客观上看，第一，宋王朝"与士大夫治天下"的社会政治环境，造就了范仲淹以天下为己任的政治责任感。因而，他的一言一行，处处从民生疾苦与国家安危着想。第二，到范仲淹入仕的时代，大宋王朝已建立了八十余年。这架巨大的车

---

① 分别见《长编》卷一一二明道二年七月甲申条；卷一一三明道二年十月辛亥条。
② 《范文正公集》卷一〇《祭吴龙图文》。
③ 《范文正公集》卷二《依韵答提刑张太博尝新酝》。
④ 《范文正公集》卷四《知府孙学士见示和终南监宫太保道怀五首因以缀篇》之五。

子,已开始从巅峰向谷底滑落,各种危机已经萌发。用范仲淹的话说,"纲纪制度,日削月侵,官雍于下,民困于外,夷狄骄盛,寇盗横炽"。[①]这种政治现实,也不能不使具有高度责任感的范仲淹忧患意识增强。

从主观上看,第一,范仲淹在入仕之前,身处底层,对民间疾苦和地方上贪官污吏、各类豪强对百姓的欺压深有了解。他说:"臣出处穷困,忧思深远,民之疾苦,物之情伪,臣粗知之。"[②]因此,他在少年时代选定良相与良医作为将来的职业时,便已立志救世于水火,解民于倒悬,形成了深重的忧国忧民意识。第二,儒学积极入世与重民思想的长期陶铸,使范仲淹以天下为己任的志向树立得相当牢固。既以天下为己任,必然会有忧天下之心。范仲淹说过他的忧患意识是推求"古仁人之心"的结果。范仲淹很推崇唐代韩愈的文学成就,倡导北宋的古文运动。[③]他的思想也受韩愈这样的一代大儒影响很深。范仲淹心忧天下,冒死上言,也援引韩愈为楷模。他在《上资政晏侍郎书》中说:"韩愈自谓有忧天下之心,由是时政得失,或尝言之。"总之,"与士大夫治天下"的政治环境,危机日重的社会问题,古代仁人志士的风范所及,这诸多因素,铸成了范仲淹那"先天下之忧而忧,后天下之乐而乐"的品格。

或许,在今天一些人的眼里,范仲淹活得很累。的确,他是活得很累。但一个人或者是一批人,特别是那些为官为吏从

[①] 《范文正公政府奏议》卷上《答手诏条陈十事》。
[②] 《范文正公集》卷一六《让观察使第三表》。
[③] 参见拙作《范仲淹与北宋古文运动》(台湾《大陆杂志》94-4,1997年)。

事公务的人活得很累的话，或许就可能换来更多的本来就活得很累的人的轻松。

四、"儒者报国，以言为先"

接触过宋代历史的人，大都会有这样一种印象，那就是宋代士大夫言事之风颇盛。无论大事小事，往往纷纷上言，议论不休。且不说议论当否，这种现象起码可以从一个侧面反映出宋代士大夫国家观念的增强，事业心与责任感的增强。在任何社会，百家争鸣总比鸦雀无声要正常。

宋代士大夫上书言事蔚然成风，久而久之，上书言事竟成了宋代士大夫的一种"专利"。朱熹就说"士大夫以面折廷争为职"。[①]对此，我们可以举一个相当典型的例子来说明这个问题。庆历二年（1042），朝廷把范仲淹从文臣换成武职。尽管武官在待遇上要优厚一些，但范仲淹还是连上三表，坚决谢绝了这项任命。范仲淹为什么要这样做呢？这里面固然有士大夫间重文轻武风气的影响。但更重要的是，一换武职，上书言事就不方便了，几乎等于失去了这种"专利权"。范仲淹在《让观察使第一表》中述说了理由：

> 臣辈亦以内朝之职，每睹诏令之下，或有非便，必极力议论，覆奏不已，期于必正，自以近臣当弥缝其缺而无嫌矣。今一旦落内朝之职，而补外帅……则今而后朝廷诏令之出，或不便于军中，或有害于边事，岂敢区别是

[①]《朱子语类》卷一三二《中兴至今日人物》。

非，与朝廷抗论！自非近臣，无弥缝其缺之理，纵降诏丁宁，须令覆奏，而臣辈岂不鉴前代将帅骄亢之祸，存国家内外指踪之体！

因此，在范仲淹看来，"儒者报国，以言为先"。[①]所以，他自然不愿意失去这种发言权了。

报恩思想，近名主张，忧患意识，这一切都通过一种基本形式表现出来，这就是"儒者报国，以言为先"。这是范仲淹的一贯主张，他一生都在身体力行这一主张。早在天圣三年（1025），当他还是监楚州粮料院这样的地方小官时，便写下了一份《奏上时务书》，呈给宋仁宗与临朝听政的章献太后，提出救文弊、复武举、重三馆之选、赏直谏之臣等建议。天圣五年（1027），范仲淹在丁母忧期间，经过周密思考，给朝廷写了一份万言书。针对时弊，他提出了择郡守、举县令、斥游惰、去冗僭、慎选举、抚将帅等改革主张。这些主张几乎就是他十五年后主持"庆历新政"时提出的十项改革主张的蓝本。史载，当时的宰相王曾收到万言书后，"见而伟之"，让晏殊推荐范仲淹为馆职。[②]

范仲淹所说的"以言为先"，并不是无关痛痒的泛泛之言，而是危言谠论。为此，范仲淹一生多次被贬黜，吃了相当多的苦头。但一种强烈的责任感与事业心驱使着他，无改初衷。

天圣七年（1029），垂帘听政的刘太后准备在冬至接受朝拜大礼，届时将由宋仁宗率文武百官为太后上寿。范仲淹闻讯

---

① 《范文正公集》卷一六《让观察使第一表》。
② 《长编》卷一〇六天圣六年十二月甲子条。

后，上疏极言不可。他认为天子"奉亲于内，自有家人礼。顾与百官同列，南面而朝之，不可为后世法"。[1]并且要求太后还政于宋仁宗。范仲淹这些言论触怒了颇有野心效法武则天的刘太后。她把范仲淹逐出朝廷，贬为河中府通判。范仲淹的这些言行，也使曾推荐他的晏殊担心连累到自己。他把范仲淹叫去严加责备。为此，范仲淹给晏殊写了封长信，理直气壮地做了解释。信中写道："事君有犯无隐，有谏无讪。杀其身，有益于君则为之。"在这封信中，范仲淹公然申明，他不想做明哲保身、不负责任的"循吏"，而是要"发必危言，立必危行"，以"致君于无过，致民于无怨"，使"政教不坠，祸患不起，太平之下，浩然无忧"。[2]

明道二年（1033），刘太后死后，宋仁宗亲政。范仲淹被召还，担任了谏官。不久，就发生了仁宗废黜郭皇后之事。范仲淹与御史中丞孔道辅率众台谏"伏阁极谏"，结果被押解出京城，贬知睦州。[3]即使这样，范仲淹依然不忘劝谏仁宗，他告诉仁宗，"有犯无隐，人臣之常；面折廷争，国朝盛典"。[4]

过了两年，范仲淹再次被召还京师，判国子监。史载："仲淹自还朝，言事愈急。宰相阴使人讽之曰：'待制侍臣，非口舌之任也。'仲淹曰：'论思政侍臣职，余敢不勉！'宰相知不可诱，乃命知开封，欲挠以剧烦，使不暇他议，亦幸其有

---

[1]《宋史》卷三一四《范仲淹传》。
[2]《范文正公集》卷八《上资政晏侍郎书》。
[3]《长编》卷一一三明道二年十二月乙卯、丙辰条。
[4]《范文正公集》卷一五《睦州谢上表》。

失，亟罢去。仲淹处之弥月，京师肃然称治。"[①]范仲淹危言立朝，已将生死置之度外。史载："公（范仲淹）尹京日，有内侍怙势作威，倾动中外。公抗疏列其罪。疏上，家所藏书有言兵者悉焚之，仍戒其子曰：'我上疏言斥君侧小人，必得罪以死。我既死，汝辈勿复仕宦，但于坟侧教授为业。'疏奏，嘉纳其言，罢黜内侍。"[②]当时，吕夷简任相，颇为专权。而范仲淹"言事无所避"。这就深深地得罪了权相吕夷简。史载："时吕夷简执政，进者往往出其门。仲淹言，官人之法，人主当知其迟速升降之序，其进退近臣，不宜全委宰相。又上《百官图》，指其次第曰：'如此为序迁，如此为不次，如此则公，如此则私，不可不察也。'夷简滋不悦。帝尝以迁都事访诸夷简，夷简曰：'仲淹迂阔，务名无实。'仲淹闻之，为四论以献。一曰《帝王好尚》，二曰《选贤任能》，三曰《近名》，四曰《推委》。大抵讥指时政。又言：'汉成帝信张禹，不疑舅家，故终有王莽之乱。臣恐今日朝廷亦有张禹坏陛下家法，以大为小，以易为难，以未成为已成，以急务为闲务者，不可不早辨也。'夷简大怒，以仲淹语辩于帝前，且诉仲淹越职言事，荐引朋党，离间君臣。仲淹亦交章对诉，辞愈切，由是降黜。"[③]这次范仲淹被贬知饶州。

纵观范仲淹的仕途，几乎就是一个屡言屡贬的过程。

面对上书言事，屡遭贬黜，范仲淹是怎样看的呢？宋人张镃《仕学规范》卷二五中记载了范仲淹的一句不大为研究者所注意的话："公罪不可无，私罪不可有。"这是一种有趣的说法。

[①]《长编》卷一一七景祐二年十二月癸亥条。
[②]《范文正公言行拾遗事录》卷一。
[③]《长编》卷一一八景祐三年五月丙戌条。

因公获罪,并不看作是犯罪。大概宋代士大夫面折廷争的最大理由正在于此。至少范仲淹作如是想。他在诗中写道:"可负万乘主,甘为三黜人。"[①]"雷霆日有犯,始可报君亲。"[②]以面折廷争、日犯雷霆的言行来坚持原则,来报答朝廷乃至君主的知遇之恩,这样的忠诚,可以说是一种有别于愚忠的特殊的忠诚。而这种特殊的忠诚,在宋代士大夫中并不少见。翻检史籍,比比皆是。在一个人治而非法治的社会里,正是有了一大批像范仲淹这样具有特殊忠诚的士大夫,他们以自己的忠言谠论,将统治机制无法正常反馈的各种信息传递到决策层,用自己的前途乃至生命来为一个政权一次次纠偏正误。这种责任感与事业心,在今天看来,除了令人敬佩之外,更多的是让人们感受到一种悲壮。

范仲淹的作为,不过是众多宋代士大夫所作所为的沧海一粟。因言获罪,在宋代非但不会受到舆论的非难,相反还会得到赞扬。范仲淹在庆历新政前曾因上言被贬谪三次,对此,舆论誉之为"三光"[③],即一次比一次更为光彩。这种保护士大夫上言的舆论,正是宋代士大夫制约皇权的勇气来源之一。

五、"能左右天子为大忠"——皇权论

范仲淹在他的《杨文公写真赞》中有一段对寇准的评论:

---

① 《范文正公集》卷二《酬叶道卿学士见寄》。
② 《范文正公集》卷三《出守桐庐道中》。
③ [宋]文莹:《续湘山野录》。

寇莱公当国，真宗有澶渊之幸，而能左右天子，如山不动，却戎狄，保宗社，天下谓之大忠。①

"澶渊之盟"时的宋真宗，按当时的佞臣王钦若的说法，是被寇准像赌博时的孤注一样掷于澶州城下。②而范仲淹则把寇准这种左右天子的行为视为大忠。由于范仲淹这段话很典型地代表了宋代士大夫的皇权观，因此被广泛征引。③下面，我们就来具体看一下范仲淹的皇权观，以他为例对宋代士大夫的皇权观做一个剖析。

一、范仲淹对君主的认识。范仲淹说："臣不兴谏，则君道有亏。"④由此观之，在范仲淹眼里，君主并不圣明，与常人一样，也会犯错误，时刻需要群臣加以监督规劝，补正君道。所以，范仲淹认为，如果君主刚愎自用，"以为肆予一人之意，则国必颠危"。⑤

基于这种认识，范仲淹警诫君主："尧舜则舍己从人，同底于道；桀纣则以人从欲，自绝于天。"⑥

基于这种认识，范仲淹要求君主，应该"不以己欲为欲，而以众心为心"。⑦

---

① 《范文正公集》卷五《杨文公写真赞》。
② 《长编》卷六二景德三年二月丁酉条。
③ 除《范文正公集》以外，尚见于《国朝二百家名贤文粹》卷八八、《古今源流至论》后集卷九、《自警编》卷八、《宋史全文》卷七。
④ 《范文正公集·别集》卷二《从谏如流赋》。
⑤ 《范文正公集》卷二〇《用天下心为心赋》。
⑥ 《范文正公集》卷二〇《用天下心为心赋》。
⑦ 《范文正公集》卷二〇《用天下心为心赋》。

基于这种认识，范仲淹希望君主从善如流，舍己从人。他举出古代的虞舜作为君主的楷模，说"虞舜以舍己从人而称圣德"。① 范仲淹这句话的言外之意是，你皇帝想要有圣德之誉，就必须舍己从人，不要有自己的主见。

基于这种认识，范仲淹认为："有犯无隐，人臣之常；面折廷争，国朝盛典。"就是说，批评君主的错误不仅是一种十分正常的事情，而且是自宋朝创立以来的传统。

基于这种认识，范仲淹"每睹诏令之下，或有非便，必极力议论，覆奏不已，期于必正"。对于以皇帝的名义下达的诏令，他照样坚持己见，纠正其错误。因此，在范仲淹那并不长的仕途中，有着相当多的面折廷争，危言危行。

二、范仲淹对皇权的认识。范仲淹认为，"天子之常也，在于道，不在于权"。② 尽管这里的"权"字，是相对于常道来说的权宜之意，但使用相同的文字，范仲淹可以说是语义双关的。因此，他这句话是在明确地说，权力对于君主来说无关紧要，关键是要遵守为君之道，不能做无道昏君。关于道与权，范仲淹还有进一步的解释：对于君主来说，"虚己之谓道，适道之谓权"。③ 这就等于是告诉君主，你的权力就是"适道"，在为君之道的严格规范之内，规规矩矩，老老实实，不可越雷池一步。那么，是不是范仲淹就认为君主一点权力也不能有呢？也不是。在范仲淹看来，君主只应当拥有一种权力，那就是人事权。他在《推委臣下论》中指出："圣帝明王常精意于求贤，

---

① 《范文正公集》卷一六《让观察使第二表》。
② 《范文正公集》卷五《易义》。
③ 《范文正公集》卷二〇《用天下心为心赋》。

不劳虑于临事。精意求贤，则日聪明而自广；劳虑临事，则日丛脞而自困。"①因此，按照范仲淹的观点，君主除了人事权之外，任何政事都不应亲自从事。这样一来，就无异于从理论上剥夺了君主的其他所有权力。

然而，即使是人事权，范仲淹也并不主张全部交给君主。他在同一篇文章中还说："千官百辟，岂能独选？必委之于辅弼矣。惟清要之职，雄剧之任，不可轻授于人，佥谐之外，更加亲选。"可见，在范仲淹看来，君主的人事权，也仅仅限于选拔"清要之职，雄剧之任"。而选拔这些官员也要有前提，即必须"佥谐"——群众舆论要能通得过。看来，君主的这点权力也要置于群臣的监督之下，也不容易以自己的意志为意志。由此观之，范仲淹希望赋予君主的，只是一种有限的、有条件的人事权。

接下来，我还想探讨一下范仲淹关于皇权与相权的辩证观。在对待皇权的问题上，从宋代士大夫的言行中，人们往往可以发现一种矛盾现象。即时而主张皇权虚化，时而又要求加强皇权。作为宋代士大夫的个案研究，以前我曾分别写过关于宋祁和苏颂的文章。从他们对待皇权问题的态度上，我都发现了这种矛盾现象。②这种矛盾现象，在范仲淹的言行中，也毫无例外地存在着。那么，怎样解释这种矛盾现象呢？

通过仔细观察，我们会发现，在宋代，皇权全面走向象征

---

① 《范文正公集》卷五《推委臣下论》。
② 《试论宋祁》，载《西南师范大学学报》1988年第4期；《苏颂论》，载《浙江学刊》1988年第4期。

化的同时,作为宰相和执政集团领导的相权空前强化。[①]就皇权和相权这二者来说,皇权过强,易成君主专制;相权过重,易成权相独裁。二者都不利于一个政权的长治久安。因此,以天下为己任的士大夫,对这两种倾向都很敏感。他们常常小心审慎地权衡两端,"允执其中",以阻止两种倾向的发生。

范仲淹走入政界后,适逢朝廷中吕夷简长期任相,颇为专权,进退官员,一由己意。例如范仲淹就曾两度遭其贬放。甚至吕夷简还左右皇帝废掉了皇后。在这种情况下,为了与一人之下、万人之上的权相抗争,范仲淹只能抬出皇帝来,把皇权作为限制相权的武器。面对吕夷简的专权,范仲淹对宋仁宗说:"官人之法,人主当知其迟速升降之序,其进退近臣,不宜全委宰相。"在这种形势下,范仲淹主张"君道宜强,臣道宜弱"。因此,可以这样说,主张加强皇权,是宋代士大夫在特殊时期、特殊形势下,为了特殊的目的,所采取的一种权宜之计。总的看来,在正常的政治形势之下,包括范仲淹在内,宋代士大夫还是希望君主最好不要干涉政府机器的正常运转,希望君主老老实实地待在九重宫禁中,做他的"官家"。

范仲淹以及宋代士大夫皇权观念的形成,是一个值得深入研究的问题。

宋代是一个不同于以往的全新的社会。唐末五代时期几十年的剧烈动荡,造成了一种文化断层。这种机缘,使在新的社会环境下崛起的一代士大夫得以重塑传统,再造理论。在对待皇权问题上,宋代士大夫的观念也与前代有着明显的不同。唐

---

① 参见拙文《论宋代相权》,载《历史研究》1985年第2期。

末五代动荡的现实，几乎把"君权神授"的观念打得粉碎。而作为皇帝，也在这种现实之下，从至高无上的天子，重新走回人间。在宋代士大夫那里，皇权观念减弱的同时，国家意识却增强了。皇权在实际政治生活中受到很大的限制，而中央政府的管理机制则日趋完善。这种局面，使皇帝重新定位，即将其地位以新的形式再度"提高"——推向象征化。皇帝的作用在于，作为国家、民族的象征，来维系一个社会、一个民族的凝聚力、向心力。①

在这样的背景下，宋代士大夫对"忠"的认识与以前相比也有了相当大的改变。《东都事略》的作者王称在卷九八《李清臣传》中写道："人臣以公正为忠。"就是说，对宋代士大夫来说，忠并不仅仅意味着对皇帝本人效忠，而是体现在行为的公正上。这样的忠，更接近于忠诚、忠实的意思。范仲淹将寇准"左右天子"的行为评价为"天下谓之大忠"。这种大忠，无疑是"大公"的同义语。也就是把传统意义上的"忠"转化成为对天下尽忠的"大公"。

社会存在决定社会意识。在这种文化氛围中成长起来的范仲淹，其皇权观正是他所生活的那个时代的观念的折射。反过来说，那个时代的皇权观念，也在范仲淹身上得到了充分体现。

代结语——"名节无疵"还是"甚坏风俗"

对于范仲淹，王安石在不同时期、不同场合有着截然不同的评价。除了在绪说援引的范仲淹祭文中有"一世之师，由初

---

① 参见拙文《论宋代皇权》，载《历史研究》1989年第1期。

迄终，名节无疵"这样极高的评价之外，在《长编》卷二七五熙宁九年五月癸酉条，又记载王安石指责范仲淹"好广名誉，结游士以为党助，甚坏风俗"。为什么王安石会有这样两种截然不同的评价呢？似应做一些具体分析。从政治的角度考量，祭文是作于仁宗末年，此时范仲淹的政治同道韩琦、富弼、欧阳修都处于相当高的地位，所以王安石的祭文与其说是为死人作的，不如说是给活人看的。从王安石文集中大量的呈写给韩琦、富弼、欧阳修等人的书信可以看出，王安石的政治依从倾向是相当明显的。当然，王安石在写范仲淹祭文时，也并不完全是从政治依从着眼的。本来就负有盛名的范仲淹，在壮志未酬的境况下死去，更把其名声推向鼎盛。所以，王安石的祭文也体现了当时他从心底里敬佩范仲淹这一层面。王安石的一生，曾为故人写过几十篇祭文。其中范仲淹祭文的篇幅最长，比写给宰相文彦博的祭文长出了几倍，也比写给其恩师欧阳修的祭文长。从这一事实也可见王安石对范仲淹敬佩之一斑。可以说，王安石对范仲淹的称扬代表了当时士大夫的主流评价，因而，这篇祭文也被广泛征引。①

基于范仲淹生前的言行而形成的主流评价，在范仲淹死后，又塑造出一个近乎完美的范仲淹的精神形象。此后，这个精神上的范仲淹就成为中国传统士大夫代代传承的"道统"的一部分。并且，精神范仲淹一经塑造出来，便作为无可非议的正面形象被固定下来。此时的范仲淹已与生前活着的范仲淹有

---

① 王安石所作范仲淹祭文原载于《临川先生文集》卷八五，又见于《皇宋文鉴》卷一三三、《五百家播芳大全文粹》卷九四、《文章辨体汇选》卷七五一、《永乐大典》卷九二二。

所不同了。这也是历史上常有之事。某个人物一旦被赋予某种精神意义，便几乎是永远不会改变了。要说改变，也仅仅是油彩越涂越厚。例如被肯定的岳飞，被否定的秦桧等。随着时光的推移，被固定下来的精神人物被后人不断进行再加工，或是锦上添花，或是雪上加霜。总之，神圣的愈加神圣，丑恶的愈加丑恶。这也是历史的"累层造成说"的一方面吧。

从王安石在范仲淹死后积极参与范仲淹精神形象的塑造来看，时过二十余年，王安石与宋神宗批评范仲淹，当是属于一种私下里的议论。我们来看一下两个人的对话：

上又论范仲淹欲修学校贡举法，乃教人以唐人赋体《动静交相养赋》为法，假使作得《动静交相养赋》，不知何用？且法既不善，即不获施行，复何所憾！仲淹无学术，故措置止如此而已。

安石曰："仲淹天资明爽，但多暇日，故出人不远。其好广名誉，结游士以为党助，甚坏风俗。"

从以上对话可以看出，君臣二人的议论，主要是从政治的角度，围绕着当时的变法，对以前改革的教训所做的总结。当然这种总结包括了对范仲淹的批判。然而，在范仲淹的精神形象业已树立的氛围中，这种批判是无法拿到桌面上来的，也仅限于君臣二人私下议论而已。因为即使皇帝也不能罔顾士大夫的舆论反应，而作为士大夫一员的王安石就更要顾及了。

那么，对于范仲淹的评价，王安石早年的"名节无疵"与后来的"甚坏风俗"是否矛盾呢？

我们来分析一下。

《长编》所载王安石对范仲淹评价的背景是，王安石处于变法与反变法斗争激烈的时期，当时，党同伐异的党派之争业已形成，王安石将此时的党争溯源至庆历新政前已明显萌生的党争，进而将范仲淹视为庆历党争的始作俑者。因此，在神宗同王安石谈到不满意范仲淹的科举改革主张时，王安石借机发泄了这一番实为针对现实的不满，意在激发神宗对反变法派的不满，以期达到打击的目的。因此，王安石的抨击，未必就代表了他对范仲淹的真正评价，也不能认为他对范仲淹的评价已经改变。

此外，关于"名节无疵"的评价，似也应做一些具体分析。平心而论，范仲淹的政绩在宋代政治家中并不突出。而且宋代一些私下的议论，对范仲淹也并非一片赞誉，全无非议。除了王安石，对范仲淹做出极高评价的朱熹也有与本文绪说援引的赞誉近乎相反的评价。《朱子语类》卷一二九云："范文正虽有欲为之志，然也粗，不精密，失照管处多。"

那么，为什么包括王安石、朱熹在内的宋代乃至后代的士大夫又对范仲淹做出了极高的评价呢？比如说，置身于北方金朝的著名文人元好问就说："文正范公在布衣为名士，在州县为能吏，在边境为名将，在朝廷则又孔子之所谓大臣者，求之千百年间盖不一二见，非但为一代宗臣而已。"[①] 我认为，其中最主要的原因，就是范仲淹的言行不仅体现了中国传统知识分子的主流精神，而且还契合了从北宋开始的士大夫作为一个强

---

① 《遗山先生全集》卷三八《范文正公真赞》。

有力的阶层崛起的事实。从而，范仲淹也作为一种精神象征，成为士大夫群体维护和发扬其道统的精神支柱。历史不仅是一种事实的叙述，同时还是一种后人的评价。后人总是依照自己的时代价值观与利益取向来评论历史人物。因此，历史人物的真实度总与其生前有着一定的距离。正如生前的孔子与死后的孔子大相径庭一样，成为精神象征的范仲淹也与生前的范仲淹不尽一致。尽管我们要区别对待，但毕竟精神的范仲淹是从生前的范仲淹发展而来的。这就是我们要研究历史人物的意义所在。

王安石和朱熹都对范仲淹做出过截然相反的评价。对此，似应把他们对精神范仲淹的肯定，同他们对范仲淹生前政治行为的批判区分开来，两者不可等同。王安石接着神宗的话题，说出的实际上是对现实改革的感慨。同时，王安石所指出的范仲淹与吕夷简之争开了宋代大规模党争的端绪，也是不争的事实。从具体的政治斗争的形势来看，在激烈的元祐党争到来之前，王安石对范仲淹的批判，可以说也表现出了他作为政治家洞察机微的见识。然而，在宋代以后，像这样的对范仲淹的批判，除了清人王夫之的《宋论》中稍稍可以看到一点之外，就几乎看不到了。完美也是一种负担。近乎完美的精神范仲淹，不仅让古人为尊者讳，也让今天本应客观分析、秉笔直书的历史研究者缄口。这并非不可思议。今天的历史人物评价，又有多少真正跳出了传统定位的窠臼呢？

对于范仲淹的具体政治操作尽管存有质疑，但政治是一时的，精神是永远的。因此，我以上着重从报恩思想、功名心、忧患意识、言事精神、皇权观念这样五个方面评论了范仲淹。

其实，范仲淹的立言行事远不止以上这五个方面。然而，我之所以仅仅论述这五个方面的原因，不仅是想揭示范仲淹诸多事功的精神原动力，而且更想通过对范仲淹的精神世界的分析，由一斑窥全豹，来探索一下有宋一代士大夫的精神世界。因为以上所列举的评论范仲淹的五个方面，正是宋代绝大多数士大夫皆具有的共性特征与思想主流，也正是中国古代知识分子最为可贵的一面。社会是由人组成的。一个由士大夫构成统治基础的社会，士大夫的活动，对于这个社会、这个时代历史的影响，则显得十分重要。考察他们的活动，探索他们的精神世界，不仅有助于叩开这个时代的历史之门，而且对于研究中国知识分子思想发展的轨迹，也有着相当重要的意义。海外的汉学研究，士大夫研究始终是一个热点，而在国内的学术界，似乎还未引起足够的重视。因作此文，以为引玉之砖。

从范仲淹风流韵事公案看宋代士大夫生活日常

《西园雅集图》,清,华嵒绘。西园为北宋驸马都尉王诜的宅邸,当时文人墨客多雅集于此。元丰初,王诜曾邀集苏轼、苏辙、黄庭坚、米芾、蔡肇、李之仪、李公麟、晁补之、张耒、秦观、刘泾、陈景元、王钦臣、郑嘉会、圆通大师十六人游园

序引

　　风流韵事,最能牵动人的兴奋神经,令人津津乐道,成为街头巷尾的传闻,成为茶余饭后的谈资。由于风流韵事多隐蔽于重重帷幕之后,所以颇能激发人之本性所具有的窥秘心理。窥秘不得,也能生出无穷想象。

　　此种现象,自古而然。除非严格到了男女授受不亲,否则,虽圣人亦不免艳闻上身。君不见子见南子,也弄得说不清道不明,害得孔夫子气急败坏,直发毒誓,连连说:"予所否者,天厌之!天厌之!"[①]意即我去见那个名声不好的风流女人并没有什么不良意图,如果不是这样,天诛我,雷劈我。

　　圣人以降,则更是不可胜数。比如宋代的文豪欧阳修、苏轼都有艳闻,就连道学集大成之朱熹也难免。

　　近日读书,看到范仲淹也有风流韵事缠绕。此事尽管早就读到过,这次还是想深究一下。

　　范仲淹痛感五代以来世风浇薄、气节沦丧,遂担当起道德重建的重任,疾呼振作士风。范仲淹的作为,对后来的道学起到了奠基的作用。朱熹曾这样评价他:"本朝忠义之风,却是自范文正公作成起来也。"[②]所以朱熹将范仲淹视为"天地间气,第一流人物"。早在朱熹之前,王安石就曾高度评价过范仲淹:

[①]《论语·雍也》:"子见南子,子路不悦。夫子矢之曰:'予所否者,天厌之!天厌之!'"

[②] [宋]黎靖德编,王星贤点校:《朱子语类》卷四七《论语》,北京:中华书局,1986年。

"一世之师，由初迄终，名节无疵。"[1] 在把握了主流话语权的士大夫们大张旗鼓地揄扬与塑造之下，死后的范仲淹终于上升为完美无缺的士大夫精神世界的圣人。

居然，这样一位"名节无疵"的完人也有风流韵事？

以下，想就事情的来龙去脉与后人纷争略加评述。

起因：一首诗惹的祸

景祐三年（1036）五月，范仲淹在权知开封府（相当于北京市市长）的任上，因政见与宰相吕夷简发生激烈冲突，被贬放到外地，成为饶州知州。不过，范仲淹担任饶州知州的时间并不长，实足在任仅十八个月，景祐五年一月，便改知润州。离任之后，范仲淹写下一首题为《怀庆朔堂》的绝句：

> 庆朔堂前花自栽，
> 便移官去未曾开。
> 年年忆着成离恨，
> 只托清风管勾来。[2]

就是这短短的四句二十八个字，让范仲淹成了艳闻的当事者。本事、传闻、考证、想象，在宋人笔记、类书中津津乐道并辗

---

[1] ［宋］王安石：《临川文集》卷八五《祭范颍州文》，影印文渊阁《四库全书》本，台北：台湾商务印书馆，1986年。

[2] ［清］范能濬编集，薛正兴点校：《范文正公文集》卷六，《范仲淹全集》，南京：凤凰出版社，2004年，第101页。

转引述的范仲淹韵事,都是由这四句诗生发出来的。

文本:记载与辨析

徐度《却扫编》卷下载:

> 范文正公自京尹谪守鄱阳,作堂于后圃,名曰庆朔。未几,易守丹阳,有诗曰:"庆朔堂前花自栽,便移官去未曾开。如今忆着成离恨,只托春风管勾来。"予昔官江东,尝至其处。龛诗壁间,郡人犹有能道当时事者,云:"春风,天庆观道士也。其所居之室曰春风轩,因以自名。公在郡时与之游,诗盖以寄道士云。"[①]

徐度引诗,与《范文正公文集》卷六所载此诗的文字略异。"年年忆着"记作"如今忆着","清风"记作"春风"。徐度转述当地人的说法,说"春风"乃是实指,是当地一个与范仲淹有过交游之谊的道观道士之名。但这段记载只是提及了范仲淹此诗的石刻,并未提及艳闻。

吴曾《能改斋漫录》卷一一《文正公属意小鬟妓》条载:

> 范文正公守番阳郡,创庆朔堂,而妓籍中有小鬟妓,尚幼,公颇属意。既去,而以诗寄魏介曰:"庆朔堂前花自栽,便移官去未曾开。年年长有别离恨,已托东风干当

---

① [宋]徐度:《却扫编》,朱凯、姜汉椿整理《全宋笔记》本,郑州:大象出版社,2008年,第156页。

来。"介因镵以惠公。今州治有石刻。①

宋人祝穆原编、元人富大用新编之类书《古今事文类聚后集》②卷一七亦收录此条，不过误将出处记作《泊宅编》。明人彭大翼《山堂肆考》③也于卷一一一以《文正属意》为题转录此条。《能改斋漫录》的记载，较《却扫编》最大的不同，是直道艳闻，于事实层面披露出，范仲淹此诗所指乃是一个他喜爱的年幼的歌伎。记载也提及了石刻。不过所记范仲淹寄诗之人名有小误，此人姓魏名兼字介之。郡守的作品被刊刻上石，在宋代比较普遍，苏颂就记载说，宋庠知扬州，"在郡赋诗，有刻石僧寺"。④

姚宽《西溪丛语》卷下载：

> 范文正守鄱阳，喜乐籍，未几召还，作诗寄后政云："庆朔堂前花自栽，为移官去未曾开。年年忆着成离恨，只托春风管领来。"到京，以绵胭脂寄其人，题诗云："江南有美人，别后长相忆。何以慰相思，赠汝好颜色。"至今，墨迹在鄱阳士大夫家。⑤

---

① ［宋］吴曾：《能改斋漫录》，上海：上海古籍出版社，1979年。
② ［宋］祝穆编：《古今事文类聚》，影印文渊阁《四库全书》本，台北：台湾商务印书馆，1986年。
③ ［明］彭大翼：《山堂肆考》，影印文渊阁《四库全书》本，台北：台湾商务印书馆，1986年。
④ ［宋］苏颂：《苏魏公文集》卷五《元祐癸酉秋九月蒙恩补郡维扬十一月到治莅事之始首题名前后帅守莫非一时豪杰固所钦慕矣于其间九公颇有夤缘感旧思贤嗟叹不足因作长韵题于斋壁以寄所怀耳》自注。
⑤ ［宋］姚宽撰，孔凡礼点校：《西溪丛语》，《唐宋史料笔记丛刊》本，北京：中华书局，1993年，第93页。

《西溪丛语》较《能改斋漫录》的记载，不仅事实又有所增益，还披露了一首范仲淹直接寄给那个歌伎的五言诗。一句"至今，墨迹在鄱阳士大夫家"，在一定程度上着意显示这一记载的可信性，表明是经过实地调查的结果。然而，所云"未几召还"与"到京"，都与事实有违，前面已经提及，范仲淹是由饶州改知润州，并非返回京城任职。

俞文豹《吹剑录外集》载：

> 范文正公守饶，喜妓籍一小鬟。既去，以诗寄魏介曰："庆朔堂前花自栽，便移官去未曾开。年年长有别离恨，已托春风干当来。"介买送公。①

从记载的类似性来看，《吹剑录》的内容没有超出《能改斋漫录》，并且人名"魏介"也同误。这似乎反映了两种文献的同源性。

观察诗的最后一句"只托清风管勾来"，以上四种记载中，"清风"一词，有三处记作"春风"，一处记作"东风"，如此观之，《却扫编》之人名说，似有几分可信。此外"管勾"一词，或作"干当"，或作"管领"，都与"管勾"义近。作为管理或照管之意，宋人习用"管勾"一词，后来因避宋高宗讳，才多记作"干当"。不同的文字记载，或多或少反映了文献传写的时期。

上述四种记载的作者，徐度、吴曾、姚宽都生活在南宋初年，只有俞文豹生活的时代稍晚，已经是南宋中期以后的理宗时期。因此，前三种文献基本可以排除相互抄录的可能性。

---

① ［宋］俞文豹:《吹剑录》,《丛书集成初编》本，北京：中华书局，1985年。

俯瞰：前人聚讼

以上四种宋人记载，除了《却扫编》不涉艳闻，其余三种，均言之凿凿。既然言之凿凿，那么范仲淹的这件风流逸事是不是就可以坐实了呢？对此，自古以来聚讼纷纭。

一、事实否定派

清人黄宗羲编《明文海》于卷二五〇收录有明人李维桢《范文正公集补遗跋》，其中写道：

> 公谪饶州时，于州圃北创庆朔堂，手植花卉，栏为二坛。既移润州，题诗其上，有"年年忆得成离恨，只托春风勾管来"之句，后人和者数十家，亦云"主人当日留真赏，魂梦还应屡到来"。所指皆所植花卉耳，而诬公于乐籍有所属意，不根甚矣。①

清人陈焯编《宋元诗会》卷八收录范仲淹此诗，并于其后写道：

> 按志，公曾植九松于堂前，间以杂卉。未几即移润州，故作此诗。所谓"芝产三茎，松栽百尺"者是也。而稗史谓公别有属意，岂其然乎？②

---

① ［清］黄宗羲编：《明文海》，影印文渊阁《四库全书》本，台北：台湾商务印书馆，1986年。
② ［清］陈焯编：《宋元诗会》，影印文渊阁《四库全书》本，台北：台湾商务印书馆，1986年。

与清人厉鹗同编《宋诗纪事》的马曰璐在卷一二范仲淹此诗之后附注云：

> 按范公诗，自怀庆朔堂栽花作，读四和诗，可以辨《西溪丛语》眷忆乐籍之诬。并《却扫编》春风为道士名，亦近附会矣。①

《宋诗纪事》的编者由于有这样的认识，所以把"庆朔堂前花自栽"一句的"花"字，毫无版本根据地改成了"手"字，以强调范仲淹栽花的事实。

以上列举的否定派的说法，无非是说范仲淹《怀庆朔堂》一诗乃是实指，就是讲的花卉，别无隐喻。

以花比喻女人，这是最为明显不过的修辞手段了。由于上述否定派的说法有些牵强，所以明代又有个叫文元发（字子悱）的人从另一个角度提出了自己的见解。明人冯时可《雨航杂录》卷上载：

> 《西溪丛语》载范文正守鄱阳，喜乐籍一幼女，未几召还，作诗寄后政云："庆朔堂前花自栽，为移官去未曾开。年年忆着成离恨，只托东风管领来。"到京，以胭脂寄其人，题诗云："江南有美人，别后常相忆。何以寄相思，赠汝好颜色。"文子悱谓："范公决无此事。当时小人

---

① ［清］厉鹗等编：《宋诗纪事》，影印文渊阁《四库全书》本，台北：台湾商务印书馆，1986年。按，钱钟书《宋诗纪事补正》（辽宁人民出版社，2003年）卷八所录范仲淹此诗之后马曰璐按语无上述之语。

妒媚者为之，西溪不察，而遂笔之也。大都小人之谤君子，不能以财利污之，必以声色污之。二诗鄙浅，决非公笔。"①

从诗的内容与表现手法出发，文元发认为包括《怀庆朔堂》在内的这两首诗过于鄙浅，完全不可能是出自范仲淹之手。这一伪作说从根本上彻底否定了这两首诗的真实性。不过，《西溪丛语》所收录的《江南有美人》一诗由于不见于范集，姑且存疑，但《怀庆朔堂》一诗，历代各种版本的范仲淹集均有收录，绝非文元发一句"决非公笔"所能否定。

在道学一统天下的明代，道学的实际奠基者之一范仲淹的精神地位极为崇高。倘若范仲淹这样的风流韵事被认可为事实，那么对于主张"存天理，灭人欲"的道学家们来说，无疑是一个极大的精神打击。因此，这样的事实必须否定，必须维护范仲淹"名节无疵"的道德形象。上述明代人这样的态度与立场很容易理解。

清人王士禛在《居易录》卷一五引述了《西溪丛语》所载范仲淹这件逸事和《江南有美人》一诗之后，连同史书中记述的关羽逸事，表示了自己的困惑："以二公风节行义殊不类，何耶？"②

---

① [明]冯时可：《雨航杂录》，影印文渊阁《四库全书》本，台北：台湾商务印书馆，1986年。
② [清]王士禛：《居易录》，影印文渊阁《四库全书》本，台北：台湾商务印书馆，1986年。

二、事实肯定派

前面引述的南宋晚出的《吹剑录外集》，在叙述事实之后，还有一段俞文豹的议论：

> 王衍曰："情之所钟，正在我辈。"以范公而不能免。慧远曰："顺境如磁石，遇针不觉合为一处。"无情之物尚尔，况我终日在情里做活计邪？张衡作《定情赋》，蔡邕作《静情赋》，渊明作《闲情赋》，盖尤物能移人，情荡则难反，故防闲之。

"以范公而不能免"，无疑是认定范仲淹实有这段艳情。

《全闽诗话》卷四引明人何孟春撰《余冬序录》云：

> 东坡与客论事难在去欲。客曰：苏子卿啮雪啖毡，蹈背出血，无一语少屈，可谓了死生之际矣。然犹不免纳妇生子，穷居海上，且尔况洞房绮疏之下乎？乃知此事不易消除。王相公旦性俭约，初无姬侍，其家以二直省官治钱。真宗使内东门司呼二人者，责限为相公买妾。二人以告公，公不乐，然难逆上旨，遂听之。初，沈伦家破，其子孙鬻银器。直省官议以银易之，白公，公曰："吾家安用此？"及姬侍既具，呼二人问："昔沈氏器尚在，可求否？"二人谢曰："向私以银易之，今见在也。"公喜，用之如素有。声色之移人如此。以是观之，退之中秋夜琵琶筝，见于张籍之诗；范文正庆朔堂前花，着于鄱阳之石刻

者，概其平生，其可勿信矣乎？杜祁公衍两帅长安，其初守清俭，宴饮简薄，倡妓不许升厅，服饰粗质，裤至以布为之。及再至筵会，或至夜分，自索歌舞，或系红裹肚勒帛。吴曾《漫录》以为公之通变，予不知何也。胡澹庵海外北归，饮胡氏园，为侍姬黎茜作诗，殊累其为人。朱子《胡氏客馆观壁间诗自警》云："十年湖海一身轻，归对黎涡却有情。世路无如人欲险，几人到此误平生。"为胡发也。贤者于此，且借以自警，况在他人？吾闻老聃不见可欲，使心不乱。诗末句或作"男儿到此试平生"，春不其然，今定前语为是。善哉！鲁男子，吾所愿学者。①

这段不算短的论述中，讲了几件为欲所惑、为情所动的事例，从汉代的苏武、唐代的韩愈、北宋的名相王旦和杜衍，一直说到南宋的胡铨，其中就提到了范仲淹的"庆朔堂前花"。面对这些事例，这位明代人感慨地说："概其平生，其可勿信矣乎？"就是说，从这些人一生的经历来看，不能不让人相信确有其事。

同为明代人的何乔新撰《椒邱文集》卷五《史论》的《尚书左仆射兼门下侍郎司马光卒》一条中说道：

  古之贤相不世出，汉之萧、曹、丙、魏，唐之房、杜、姚、宋，以至宋之韩、范、富、欧，代不过数人而

---

① ［清］郑方坤编：《全闽诗话》，影印文渊阁《四库全书》本，台北：台湾商务印书馆，1986年。

已。然夷考其行，或学术之未至，或操履之未纯。虽先忧后乐如范仲淹，然庆朔堂之诗，不能无声伎之娱。[①]

这段话其实是讲七情六欲乃人之本性，他专门以高吟出"先天下之忧而忧，后天下之乐而乐"的道德典范范仲淹"不能无声伎之娱"之事为例，来强调他的见解。肯定此事存在，则是他举例的前提。

在激烈的否定声浪中，还有诸如上面所引述的些微肯定的声音，自然也属难能可贵。当然，任何时代，道学家以外，好事者总还不乏其人。

平视：今人纷纭

其实，对于范仲淹风流韵事之有无，除了古人多有聚讼之外，今人的见解也颇为歧异。对此，这里也略举正反两例。

方健《范仲淹评传》云：

范仲淹在州治又建庆朔堂，取古诸侯藏朔之义，离任后有诗云："庆朔堂前花自栽，便移官去未曾开。年年忆着成离恨，只托春风管勾来。"后提点江西铸钱魏兼、江东提刑陈希亮、同提点江西刑狱曹泾、职方员外郎毕京相继有和诗，传为文坛佳话。孰料却引出了一场桃色新闻，说范仲淹守饶日，看中一色艺双绝雏妓，离任后，时

[①] ［明］何乔新：《椒邱文集》，影印文渊阁《四库全书》本，台北：台湾商务印书馆，1986 年。

时思念,遂写诗寄魏兼,魏为赎身送范云云。小说家言之谬妄,莫此为甚!魏兼,字介之,吴处厚又误魏兼为魏介,连名字都未搞清。其次,毕京和诗已说得很清楚:"花木还依旧径栽,春园不惜为时开。几多民俗熙熙乐,似到老聃台上来。"复次,洪迈有《庆朔堂记》称:仲淹手植九松,今盈百尺,仲淹的离恨,指未能亲眼所见花木葱茏的美景而觉遗憾,但前人栽树,后人乘凉,历来如此,这也是范仲淹在饶州的德政之一。也有宋人解为仲淹思念饶州天庆观道士之作,就更离奇。①

这段话,先是语气强烈地否定了桃色新闻的存在:"小说家言之谬妄,莫此为甚!"然后讲了三点理由。第一,吴处厚将魏兼误记为魏介,说他"连名字都未搞清",意即遑论事实了。第二,毕京和诗明确指为花木。第三,根据洪迈的记载,南宋时范仲淹手植九松已高百尺。所以结论是范仲淹的离恨是指未亲见花木葱茏而遗憾,与桃色新闻无关。

我们来分析一下这三个理由。

第一个理由是以记载将人名弄错来否定事实的存在。在这里,人名正误与事实存否之间并不存在必然关系。人名误植,只能表明作者的疏忽。且记为"魏介",极有可能是以字名人"魏介之"的"之"字脱落。顺便提及的是,这段话说是吴处厚弄错了,并注明见于点校本《青箱杂记》卷八第83页。

---

① 方健:《范仲淹评传》,南京:南京大学出版社,2001年,第61页。

点校本《青箱杂记》[①]此条开头一句"《吹剑录》载范文正守饶",表明是转引自《吹剑录》。这里面便存在很大问题。《青箱杂记》作者吴处厚生活的时代仅较范仲淹稍后,是皇祐五年(1053)进士。而《吹剑录》作者俞文豹生活的时代则是南宋后期,这有《吹剑录外集》书前写于淳祐十年(1250)的自序可证。北宋的吴处厚引述二百年后南宋俞文豹的文字,犹如相声所说"关公战秦琼",匪夷所思,明显是后人羼入,方健先生失察。

第二个理由引毕京的和诗为佐证,说范仲淹明确指的是花木。其实,不仅毕京,其他三人的口吻也都一致。如魏兼写道:"使君去后堪思处,庆朔堂前独到来。桃李无言争不怨,满园红白为谁开?"陈希亮写道:"弱柳奇花递间栽,红芳绿翠对时开。主人当日孤真赏,魂梦还应屡到来。"曹泾写道:"池馆名公旧日栽,几番零落又春开。谁人解识红芳意,犹有多情五马来。"[②]隐秘情事,不可晒到光天化日,只能是心照不宣,而借用现成的以花喻人的传统手法,则最为方便。所以无论是范仲淹,还是当事人魏兼,抑或是另外三人,都毫无例外地使用了花木为喻。

第三个理由以洪迈所云庆朔堂前的百尺九松为证。这是否定派常用的方式。庆朔堂前有松,确是事实。如南宋人林希逸还在自己的《正月郡圃偶成庆朔堂》诗后自注云:"范文正公

[①] [宋]吴处厚撰,李裕民点校:《青箱杂记》,《唐宋史料笔记丛刊》本,北京:中华书局,1985年。

[②] 以上诸诗均见《宋诗纪事补正》卷一二,第855—856页。

有《庆朔堂》诗,手植七松,今存者四。"①其实,何处庭堂无花木?禹陵、杏坛之松柏还云为大禹、孔子所植,实在无从取证。即使庆朔堂前的花木确为范仲淹所栽,又与情事何干?二者兼有,从而以花喻人,更见巧妙。

与历史学者的视角不同,治文学者是这样看的。先父故友陶尔夫先生所著《北宋词史》这样写道:

> 与宋代其他士大夫一样,出入歌楼妓馆,偎红倚翠,也是范仲淹日常生活的一个组成方面。姚宽《西溪丛话》卷下载:"范文正守鄱阳,喜乐籍,未几召还,作诗寄后政云:'庆朔堂前花自栽,为移官去未曾开。年年忆着成离恨,只托春风管领来。'到京,以绵胭脂寄其人,题诗云:'江南有美人,别后长相忆。何以慰相思,赠汝好颜色。'至今,墨迹在鄱阳士大夫家。"这种经历,使范仲淹对男女的相思恋情有了十分深入细腻的体会,所以,他的两首写男女恋情相思的作品,也特别真挚动人。②

治文学者有治文学者的独特视角。表面上看,只是平平地引述一条史料,其实这段话运用了反向思维,从范仲淹词作对男女恋情相思的透彻理解来反证范仲淹情事的真实性。无疑是说,如果没有"对男女的相思恋情有了十分深入细腻的体会",是写不出真挚动人的词作的。

---

① 旧题〔宋〕陈思编,〔元〕陈世隆补:《两宋名贤小集》卷三〇二,影印文渊阁《四库全书》本,台北:台湾商务印书馆,1986年。
② 诸葛忆兵、陶尔夫:《北宋词史》,黑龙江:黑龙江教育出版社,2002年。

那么，范仲淹的两首写男女恋情相思的词是如何写的呢？

其一《苏幕遮》：

> 碧云天，黄叶地。秋色连波，波上寒烟翠。山映斜阳天接水，芳草无情，更在斜阳外。黯乡魂，追旅思。夜夜除非，好梦留人睡。明月楼高休独倚，酒入愁肠，化作相思泪。

其二《御街行》：

> 纷纷坠叶飘香砌，夜寂静，寒声碎。真珠帘卷玉楼空，天淡银河垂地。年年今夜，月华如练，长是人千里。愁肠已断无由醉，酒未到，先成泪。残灯明灭枕头敧，谙尽孤眠滋味。都来此事，眉间心上，无计相回避。[①]

"芳草无情，更在斜阳外"，"酒入愁肠，化作相思泪"，"愁肠已断无由醉，酒未到，先成泪"，"残灯明灭枕头敧，谙尽孤眠滋味"，读这些令人断肠的词句，谁能相信，没有切身的感受可以写得出来？清人许昂霄在《词综偶评》中说范仲淹的"酒入愁肠"词是"铁石心肠人，亦作此消魂语"。[②] 晚清词坛大家端木埰也评说范仲淹《御街行》词："性情至深者，文词自悱恻。"我认为，这种内证法更具有逻辑力量。《御街行》词还有个不

[①] 以上范仲淹二词载《范文正公集补编》卷一，《范仲淹全集》，第668、669页。
[②] 唐圭璋编：《词话丛编》第五册，北京：中华书局，2005年。

大引人注目的副题"秋日怀旧",这个副题其实隐含着作者个人的秘密。那么,范仲淹是对什么人抒发的思念呢?我们来试加解码词中文字。"纷纷坠叶飘香砌,夜寂静,寒声碎。真珠帘卷玉楼空。"香砌、珠帘、玉楼分明是女性的住所。"玉楼空"与下文的"长是人千里"相连,则无疑是对一个女人的思念。这首词的婉转含蓄与"江南有美人,别后长相忆"的直白表达,有着如出一辙的联系。

求证:宋人日常

前引陶尔夫先生所云"与宋代其他士大夫一样,出入歌楼妓馆,偎红倚翠,也是范仲淹日常生活的一个组成方面",绝非主观臆测,述说的是确曾存在的事实,这是唐五代以来的文人风习,与道德形象无关。

至少从唐代开始,官伎隶属于乐部,所以称作在乐籍,身份不自由。各地官府每有宴会,多以官伎作陪,歌舞佐兴。由于研习歌舞词曲、琴棋书画,其中也涌现出不少色艺俱佳的才女,为士大夫所倾心,许多风流韵事也因此产生。

宋人曾慥《类说》卷二九记载了一件唐代的逸事:"杜牧佐沈传师在江西,张好好十三,始以善歌来入乐籍中。公移镇宣城,好好复宣城籍中。后二岁,为沈述师著作双鬟纳之。"[①]这个张好好年仅十三,也与宋人记载范仲淹所眷顾的幼伎年龄

---

① [宋]曾慥:《类说》,影印文渊阁《四库全书》本,台北:台湾商务印书馆,1986年。

相仿佛。①

吴越钱氏后人钱世昭撰《钱氏私志》，记载了年轻的欧阳修担任河南推官时的逸事：

> 欧文忠任河南推官，亲一妓。时先文僖罢政为西京留守，梅圣俞、谢希深、尹师鲁同在幕下，惜欧有才无行，共白于公，屡微讽而不之恤。一日，宴于后圃，客集而欧与妓俱不至。移时方来，在坐相视以目。公责妓云："末至何也？"妓云："中暑，往凉堂睡着，觉而失金钗，犹未见。"公曰："若得欧阳推官一词，当为赏汝。"欧即席云："柳外轻雷池上雨，雨声滴碎荷声。小楼西阁断虹明。栏干倚遍，待得月华生。燕子飞来栖画栋，玉钩垂下帘旌。凉波不动簟纹平。水晶双枕，旁有堕钗横。"坐皆

---

① 按，杜牧所书《张好好诗》卷尚存北京故宫博物院，诗卷序及诗释文如下："牧大和三年，佐故吏部沈公江西幕。好好年十三，始以善歌舞来乐藉（籍）中。后一岁，公镇宣城，复置好好于宣城藉（籍）中。后二年，沈著作述师以双鬟纳之。又二岁，余于洛阳东城重睹好好，感旧伤怀，故题诗赠之。君为豫章姝，十三才有余。翠茁凤生尾，丹脸莲含跗。高阁倚天半，晴江连碧虚。此地试君唱，特使华筵铺。主公顾四座，始讶来踟蹰。吴娃起引赞，低徊映长裾。双鬟可高下，才过青罗襦。盼盼下垂袖，一声离凤呼。繁弦迸关纽，塞管引圆芦。众音不能逐，袅袅穿云衢。主公再三叹，谓言天下殊。赠之天马锦，副以水犀梳。龙沙看秋浪，明月游东湖。自此每相见，三日以为疏。玉质随月满，艳态逐春舒。绛唇渐轻巧，云步转虚徐。旌旆忽东下，笙歌随舳舻。霜凋小（此字点去）谢楼树，沙暖句溪蒲。身外任尘土，樽前且欢娱。飘然集仙客（著作任集贤校理），讽赋期相如。聘之碧玉佩，载以紫云车。洞闭水声远，月高蟾影孤。尔来未几岁，散尽高阳徒。洛阳重相见，绰绰为当炉。怪我苦何事，少年生白须。朋游今在否，落拓更能无。门馆恸哭后，水云愁景初。斜日挂衰柳，凉风生座偶。□□□襟泪，短章聊（下残）。"

称善，遂命妓满酌赏欧，而令公库偿其失钗。[1]

以罢政担任西京留守的钱惟演为中心，当时洛阳聚集了一批文人。除了梅尧臣、尹洙、谢绛之外，后来与范仲淹一样，成为参知政事的欧阳修也以河南推官的身份参与其中，诗文酬唱，俨然一时盛事。是时，二十五岁的欧阳修刚刚迎娶恩师胥偃十五岁的女儿不久，正处于燕尔新婚之际。[2]就是这样的时候，欧阳修居然还跟一歌妓保持着亲密的关系，并且毫不避嫌，公开在交际场所出双入对。尽管梅尧臣、尹洙、谢绛等人认为欧阳修"有才无行"，略致微辞，但作为长官并且跟欧阳修妻子有着亲戚关系的钱惟演，竟对欧阳修的行为不加阻止。因歌妓丢失金钗而宴会双双来迟，欧阳修临场赋词后，不仅得到谅解，还被加以激赏，甚至钱惟演还动用公款为那个歌妓补偿了金钗。欧阳修的行为，钱惟演的态度，都表明与歌妓等风尘女子交往是当时司空见惯的士大夫风尚。欧阳修与范仲淹不仅是同时代人，而且两人交往密切，有过诗文酬唱。范仲淹曾举荐过欧阳修，欧阳修在范仲淹被贬官之际曾仗义执言。在范仲淹去世后，欧阳修还应范家之请为范仲淹写了神道碑。虽说行为因人而异，然朱墨相近，风尚所及，自有互相影响。

宋陈岩肖《庚溪诗话》卷上还记载有苏轼的逸事："东坡谪居齐安，时以文笔游戏三昧。齐安乐籍中李宜者，色艺不下他妓。他妓因燕席中有得诗曲者，宜以语讷不能有所请，人皆

---

[1] ［宋］钱世昭：《钱氏私志》，《丛书集成初编》本，北京：中华书局，1985年。
[2] 胡柯《欧阳修年谱》于天圣五年载："胥公许以女妻公，是岁，亲迎于东武。"李义安点校：《欧阳修全集》附录卷一，北京：中华书局，2001年，第2598页。

咎之。坡将移临汝，于饮饯处，宜哀鸣力请。坡半酣笑谓之曰：东坡居士文名久，何事无言及李宜。恰似西川杜工部，海棠虽好不吟诗。"①

宋人王明清在《挥麈余录》卷二中则记载了后来成为宰相与执政的王黼和聂昌为一乐籍女子争风吃醋因成仇怨的事："王、聂同年生也，始甚欢。而聂于乐籍中有所属意，王亦昵之，每戒不令前。聂恨之，因而遂成仇怨。"②

宋人赵德麟在《侯鲭录》卷八中也记载过一个知州的逸事："宣城守吕士龙好缘微罪杖营妓。后乐籍中得一客娼，妙丽善歌，有声于江南，士龙眷之。一日复欲杖营妓并丽华，丽华曰：不避杖，但恐新到某人不安此耳。士龙笑而从之。"③

士大夫宠爱乐籍伎女，这在宋代是公开的习尚。黄庭坚在给一个人的信中，还特地询问对方有没有新到的乐籍女子。收录在《山谷简尺》卷上的信是这样写的："斋中小宴，歌舞中更得新进否？此邦乐籍，似皆胜渝泸，微有成都之风也。庭坚再拜。"④

就连范仲淹的儿子，后来成为宰相的范纯仁也在《和持国听琵琶二首》诗中写道：

---

① ［宋］陈岩肖：《庚溪诗话》，影印文渊阁《四库全书》本，台北：台湾商务印书馆，1986年。
② ［宋］王明清：《挥麈录》，上海：上海书店出版社标点本，2001年，第233页。
③ ［宋］赵德麟：《侯鲭录》，影印文渊阁《四库全书》本，台北：台湾商务印书馆，1986年。
④ ［宋］黄庭坚：《山谷简尺》，影印文渊阁《四库全书》本，台北：台湾商务印书馆，1986年。

美人成列抹朱弦，劝得嘉宾醉满筵。
却笑西湖游赏处，村歌社舞谩盈船。
须知绝艺好娱宾，能使知音作伯伦。
累月应将答乐籍，恐公重作独醒人。①

"美人成列抹朱弦，劝得嘉宾醉满筵"，这并非范纯仁的夸张，而是写实。这就是官僚士大夫宴会的场面。《续资治通鉴长编》记载有人弹劾范纯仁等人"更相会饮，用妓至夜深"，可以作为一个旁证。②

南宋的士大夫们也沿袭流风，尽管对金对蒙时和时战，但并未妨碍士大夫的歌舞升平。"山外青山楼外楼，西湖歌舞几时休。暖风吹得游人醉，直把杭州作汴州。"这首有名的讥刺诗描写的就是这样一番景象。南宋曾任宰相的周必大，在做地方官时写下这样一首绝句："局势方迷棋有色，歌声不发酒无欢。明朝一彩定三赛，国手秋唇双牡丹。"

宴饮是一定要有歌舞助兴佐欢的。这正如周必大在同一诗题下的另一首绝句写到的那样，"呼白从来要助欢"。在这首绝句后面的自注中，周必大还特别对"国手秋唇双牡丹"有明确的解释："谓新妓李莹、李棠也。"③

士大夫利用权力地位可以动用乐籍女子享乐，普通士人流

---

① ［宋］范纯仁：《范忠宣集》卷五，影印文渊阁《四库全书》本，台北：台湾商务印书馆，1986年。
② ［宋］李焘：《续资治通鉴长编》卷二二〇熙宁四年二月丁丑条。
③ ［宋］周必大：《文忠集》卷四《顷创棋色之论邦衡然之明日府中花会戏成二绝》。

连于花街柳巷也是当时的一道风景。最典型的例子就是柳永，他"倚红偎翠"，为青楼歌馆女子填词写作，写下了"杨柳岸，晓风残月"的《雨霖铃》，令千古吟唱；写下了"三秋桂子，十里荷花"的《望海潮》，让完颜亮生出"立马吴山第一峰"的南下野心。① 柳永为此耽误了功名，科举落第后，他写了首《鹤冲天》词发牢骚，高傲地宣称自己"才子词人，自是白衣卿相"，并说："忍把浮名，换了浅斟低唱。"《鹤冲天》词广播朝野，以致当他再度应试，快放榜之时，宋仁宗发现了柳永的名字，讥讽道："且去浅斟低唱，何要浮名？"将其黜落。② 后来柳永穷困潦倒，一群歌伎知己为其送葬。

聚焦：日常范仲淹

柳永，与范仲淹同时代，他年过五十获得进士功名之时，也就是在范仲淹写下《怀庆朔堂》一诗两年之前的景祐元年（1034）。

柳永这首广播朝野的《鹤冲天》，无疑也影响到了范仲淹。证据便是，范仲淹在一首词中居然原封不动地使用了"忍把浮名"四个字。我们来看一下收录于宋人龚明之《中吴纪闻》卷五的这首词：

> 昨夜因看《蜀志》，笑曹操、孙权、刘备，用尽机

---

① ［宋］罗大经撰，王瑞来点校：《鹤林玉露》丙编卷一《十里荷花》，《唐宋史料笔记丛刊》本，北京：中华书局，1983年。
② 《能改斋漫录》卷一六《柳三变词》。

关，徒劳心力，只得三分天地。屈指细寻思，争如共刘伶一醉？人世都无百岁，少痴騃，老成尫悴，只有中间，些子年少，忍把浮名牵系。一品与千金，问白发如何回避？①

我们再来对比一下柳永词：

> 黄金榜上，偶失龙头望。明代暂遗贤，如何向？未遂风云便，争不恣狂荡。何须论得丧，才子词人，自是白衣卿相。烟花巷陌，依约丹青屏障。幸有意中人，堪寻访。且恁偎红倚翠，风流事，平生畅。青春都一饷，忍把浮名，换了浅斟低唱。

上述范仲淹的词，与被宋仁宗揶揄的柳永词，何其相似乃尔！

人生不满百，好时更无多。草木一秋，流水一程，无论高贵，还是富有，都留不住一天天逝去的生命。"尔曹身与名俱灭"，政治是灰色的，浮名为过眼烟云。把有限的宝贵生命，牵系于浮名，直如少不更事的痴騃，真不如与刘伶为伍，珍惜生命，把握青春，陶醉于酒中天地。人都是多面体。有这样的人生观，有这样对生命的彻悟，在这样的时代氛围与士人习尚下生活的范仲淹，既是生命的自觉，又是流风所及，自然不会脱凡超俗。

他的《怀庆朔堂》是写给魏兼的。在范仲淹集中，还有几首与魏兼的唱和诗。如《滕子京魏介之二同年相访丹阳郡》②、

---

① ［宋］龚明之撰，孙菊园点校：《中吴纪闻》，上海：上海古籍出版社，1986年。
② 《范文正公文集》卷三，《范仲淹全集》，第49页。

《同年魏介之会上作》[1]、《送魏介之江西提点》[2]、《依韵和魏介之同游玉仙坛》[3]、《依韵和介之未开菊》[4]等。其中的《同年魏介之会上作》写道：

> 寒苦同登甲乙科，天涯相对合如何？
> 心存阙下还忧畏，身在樽前且笑歌。
> 闲上碧江游画鹢，醉留红袖舞鸣鼍。
> 与君今日真良会，自信粗官乐事多。

这首诗形象地描写了宴游的场面。其中"醉留红袖"则显示了有歌伎在场。

紧接在《怀庆朔堂》之后，范集有《依韵酬叶道卿中秋对月二首》，诗中的"处处楼台竞歌宴"，[5]正是对士大夫歌舞升平场景的形象写照。

范仲淹后来知邓州时所作的一首《中元夜百花洲作》诗中，也描写了他宴游歌舞的场面："客醉起舞逐我歌，弗舞弗歌如老何？"[6]人生苦短，及时行乐，时不我待，这也是再普通不过的人之常情。在邓州，范仲淹写的《依韵答提刑张太博尝新酝》中，有这样的诗句："长使下情达，穷民奚不伸？此外更何

---

[1] 《范文正公文集》卷五，《范仲淹全集》，第97页。
[2] 《范文正公文集》卷六，《范仲淹全集》，第99页。
[3] 《范文正公别集》卷一，《范仲淹全集》，第422页。
[4] 《范文正公别集》卷一，《范仲淹全集》，第422页。
[5] 《范文正公文集》卷六，《范仲淹全集》，第101页。
[6] 《范文正公文集》卷三，《范仲淹全集》，第51页。

事，优游款嘉宾。时得一笑会，恨无千日醇。"①范仲淹的宴游，是在政事之余，所以与他的政治理念并无相违。

宴会歌舞，是宋代士大夫的日常生活。正如范仲淹在《依韵和同年朱兵部王宾客交赠之什》诗中所描述的那样："西园冠盖时时会，北海樽罍日日亲。"杯觥交错，弦歌轻舞。微醺之中，范仲淹从异化的官身返璞归真。他在这首诗中还如此写道："共弃荣华抛世态，同归清静复天真。"②

通过俯瞰宋代士大夫的时代风尚，像唐代的文人杜牧喜欢年少的张好好一样，范仲淹喜欢一个女子毫不奇怪，并非不可理解。不过，我猜想范仲淹喜欢这个歌伎，更多是喜欢她的天真烂漫，而非肉欲。

出世与入世，一直是传统士大夫精神世界相反相成的两面。得意之时奋进，失意之时放纵，亦时有之。屡屡遭受政治打击、贬放外任的范仲淹，诗中多次出现"吏隐"这个词③，表明他神往林泉之意。当此之时，范仲淹需要的是另一种麻醉或者说是精神慰藉。吟诵出"先天下之忧而忧，后天下之乐而乐"的范仲淹，同样也吟诵过"自古荣华浑一梦，即时欢笑敌千金"④。

而这些，才艺双全且天真烂漫的女孩可以带给他。这并不仅仅像白居易诗中所云之"悦耳即为娱"，还因为范仲淹有着

---

① 《范文正公文集》卷三，《范仲淹全集》，第55页。
② 《范文正公文集》卷六，《范仲淹全集》，第115页。
③ 如《范文正公文集》卷四《送吴安道学士知崇州》"长孺之才同吏隐"，卷五《桐庐郡斋书事》"吏隐云边岂待招"，卷六《移丹阳郡先游茅山作》"天教吏隐接山居"，同卷《寄安素高处士》"吏隐南阳味日新"。
④ 《范文正公文集》卷六《送黄灏员外》，《范仲淹全集》，第108页。

丰富的艺术感受力。他在《听真上人琴歌》中写道："伏羲归天忽千古，我闻遗音泪如雨。"[①]听琴乃至泪飞如雨，这样的描述或许有些夸张，但毕竟是琴动心魄，产生了共鸣。那个才艺双全且天真烂漫的女孩也一定有让范仲淹心动之处，以至于他离开之后对她还有思念。

旁证：范仲淹的女性观

男人，在生命的世界里接触的第一位女性，应当是自己的母亲。母亲对男人的影响甚大。这一点对于范仲淹来说，尤其如此。因为范仲淹"生二岁而孤"，母亲贫无所依，将大一点的孩子送回南方范氏家族，自己则带着踟蹰学步的范仲淹改嫁他人。对于范母来说，在陌生的环境中，范仲淹是她血脉相连的骨肉，直至范仲淹长大离家，范母一直无微不至地呵护着他。

成年后的范仲淹，曾在《求追赠考妣状》中深情地回忆道："臣襁褓之中，已丁何怙，鞠养在母，慈爱过人。恤臣幼孤，悯臣多病，夜扣星象，食断荤茹，逾二十载，至于其终。又臣游学之初，违离者久，率常殒泣，几至丧明。"[②]像所有慈爱的母亲一样，谢氏对年幼而多病的范仲淹关怀备至，对长大后外出游学的范仲淹倚门待望，几乎思念得哭瞎了双眼。范仲淹可以说就是她全部的寄托所在。

自幼至长，十几年相依为命的母亲，给范仲淹的女性观涂上了浓重的底色。母亲的形象，传递给他的是女性的伟大。让

---

① 《范文正公文集》卷二，《范仲淹全集》，第 40 页。
② 《范文正公文集》卷一九，《范仲淹全集》，第 380 页。

他懂得，应当敬重女性。范仲淹从母亲那里，从妻子那里，深深感受到了女性的辛劳。宋人刘清之《戒子通录》卷六收录的范仲淹佚文《告诸子书》写道："吾贫时，与汝母养吾亲。汝母躬执爨，而吾亲甘旨未尝充也。今而得厚禄，欲以养亲，亲不在矣。汝母已早世，吾所最恨者，忍令若曹享富贵之乐也。"①这段话中，充满了范仲淹对自己母亲和妻子的爱与怜。

最近新发现的欧阳修佚简，提及范仲淹临终前的一件事：

> 范公平生磊落，其终也昏迷，盖病之然。如公所示，其心未必不分明也。只是治命与母坟同域，此理似未安，如何？虽不可移，亦须思虑，后事皆托明公矣。②

欧阳修书信中的这段话，披露了范仲淹临终前希望自己死后与母亲埋在同一处。这是不是期望在九泉之下守护着母亲，尽一份孝心呢？尽管欧阳修对范仲淹的临终遗言表示了不解，范仲淹的子女还是满足了范仲淹的这个临终愿望。据说范仲淹的陵墓就与其母墓相邻。

范仲淹的原配妻子李氏，病逝于景祐四年（1037）。范仲淹与之感情甚笃。梅尧臣在挽诗中描述："君子丧良偶，抚棺哀有余。"这种描述或为套话，但也一定不是事实迥异的失真，在一定程度上可以概见范仲淹对妻子的情意。

---

① ［宋］刘清之：《戒子通录》，影印文渊阁《四库全书》本，台北：台湾商务印书馆，1986年。
② 新发现的欧阳修佚简，如数披露于上海古籍出版社出版之《中华文史论丛》2012年第1期。

不过，没过两三年，范仲淹便再娶新妇聂氏入门。这并非范仲淹寡恩薄情。在此前几年范仲淹因谏废仁宗郭皇后被贬知睦州时，便已是拖家带口，他自己在诗中说是"十口向天涯"。这样一大家子人，没有一个女主人，难以想象将如何维持。况且，范仲淹尚有幼子需要继母来抚育。然而，至迟在庆历五年（1045）以前，范仲淹又迎娶了一位夫人曹氏。曹氏在庆历六年为范仲淹生下幼子范纯粹。因文献中对第二位夫人聂氏没有更多记载，估计她在范仲淹迎娶曹氏之前亦已病逝。[①]

范仲淹的母亲曾经再嫁，而十年之内，范仲淹两次再娶。对范仲淹的再娶，不能完全与古代一般男子再娶等量齐观。范仲淹有其特殊经历、特别感受。他再娶的深层意识中，应当说是含有对母亲再嫁的理解、同情以及尊重。

范仲淹对女性再嫁的态度，应当说直接折射了他的女性观。在范仲淹亲拟的《义庄规矩》中，就可以看到这样的规定：

嫁女支钱三十贯，再嫁二十贯。娶妇支钱二十贯，再娶不支。[②]

起码，作为家法，在范氏家族中支持再嫁再娶。这几句简单的文字，浸透着温馨的人情，体现了深切的人性关怀。在今天看来，对女性再嫁的资助优于男性再娶，这个规定实在是充满女权主义精神。范仲淹基于自身经历拟定这样的规矩，将内心对其母亲再嫁饱含的感激，扩展到对世间所有女性的关爱。

---

① 范仲淹三娶之事实，参见方健考证。见《范仲淹评传》，第12、13页。
② 《文正公初定规矩》，《范仲淹全集》，第918页。

不仅对于走入生命中的女性如此，不仅对宗族女性如此，推己及人，对纳入乐籍视同贱民的女性，范仲淹也充满同情与怜爱。宋人吕本中《童蒙训》卷下记载了一件事：

> 范文正公爱养士类，无所不至。然有乱法败众者，亦未尝假借。尝帅陕西日，有士子怒一厅妓，以瓷瓦劙其面，涅之以墨。妓诉之官。公即追士子，致之法，杖之曰："尔既坏人一生，却当坏尔一生也。"人无不服公处事之当。①

官伎多是贫家女生计无着卖身入籍，地位几同奴隶，所以有些无良士人不拿官伎当人看。这条史料记载的士人迁怒于一个官伎，竟然用瓷片划破官伎的脸，还像刺青一样涂上颜色，跟朝廷防止士兵逃跑所用的对待士兵的方式一样。这样残虐的做法，不仅仅是羞辱，等于是毁容，让主要靠容颜为生的这个女性没有了活路。这个官伎告到范仲淹那里，范仲淹异常震怒，说既然你毁了别人的一生，一报还一报，你也要搭上一生。他严厉地处罚了这个无良士人，为那个无辜的女性出了口恶气。从对残害官伎士人的严厉处置，可以概见范仲淹对女性的同情与尊重。

范仲淹对身为官伎的女性的同情与尊重，与他对身为官伎的女性的喜爱并不是毫无关联的两码事。范仲淹属意的女孩也是歌伎。且不论是否思无邪、行不苟，范仲淹在当时普遍风尚之下，与这类女子相处，也一定是充满了尊重与呵护。

---

① ［宋］吕本中：《童蒙训》，影印文渊阁《四库全书》本，台北：台湾商务印书馆，1986年。

男人的一半是女人，人间世界由男女共同构筑。然而，在传统中国，多数女性深处内闱，"养在深闺人未知"。男人奔走于外面的世界，政治、权术、利益……一切都是昏暗的拼杀、博弈，于是，舞榭歌台、浅斟低唱便成为一道亮色，让他们紧张的神经得以松弛片刻。客观的需要就有了客观的存在。范仲淹，也是常人。

余论：情之所钟，正在我辈

前面引述的南宋俞文豹在《吹剑录外集》中的议论提到了王衍所说的"情之所钟，正在我辈"。检视《晋书》卷四三《王衍传》，如是记载：

> 衍尝丧幼子，山简吊之。衍悲不自胜。简曰："孩抱中物，何至于此？"衍曰："圣人忘情，最下不及于情。然则情之所钟，正在我辈。"简服其言，更为之恸。[①]

人非草木，孰能无情？然而，历史上的正面人物，在其死后，却大多被锦上添花，涂脂抹粉，包裹上厚厚的油彩，塑造成道德的标本。这样的标本无血无肉，无情无欲，活像一具具让人难以亲近的木乃伊。这绝对不是历史人物的真实面貌。大千世界，形形色色，各色人等，千姿百态。千姿百态不仅限于外表容貌，还在于内心深处的精神世界。有柔情者，有冷峻者。不仅因人而异，即使同一个人，亦因时地而异。人是一个

---

① ［唐］房玄龄等撰：《晋书》，北京：中华书局点校本，1974年，第1236页。

多面体，犹如自然界有些动植物在特定环境媒触的作用下会改变颜色一样，人在不同的情境下也会呈现出不同的面。

范仲淹的感情世界就十分丰富，前人就已经从上面引述的两首范词中窥见，这位刚毅坚强的铁石心肠人也会作销魂之语。文词悱恻，正是由于性情至深。

清人徐釚在《词苑丛谈》卷三引述范仲淹的《御街行》词之后就说："人非太上，未免有情。"[①]是的，"无情未必真豪杰"。从词里，从对《怀庆朔堂》诗的解读中，我们可以看到一个真实的范仲淹，有血有肉，有情有义，敢爱敢恨有担当。唯其平凡，才可亲近，唯其有情，才显可爱。忘情，不及于情，如此圣人非人，凡间所无。

讨论范仲淹的《怀庆朔堂》诗，观察范仲淹的立体形象，鲁迅晚年论陶渊明诗的一段话我觉得颇有启示意义："就是诗，除论客所佩服的'悠然见南山'之外，也还有'精卫衔微木，将以填沧海，形天舞干戚，猛志固常在'之类的'金刚怒目'式，在证明着他并非整天整夜的飘飘然。这'猛志固常在'和'悠然见南山'的是一个人，倘有取舍，即非全人，再加抑扬，更离真实。譬如勇士，也战斗，也休息，也饮食，自然也性交，如果只取他末一点，画起像来，挂在妓院里，尊为性交大师，那当然也不能说是毫无根据的，然而，岂不冤哉！我每见近人的称引陶渊明，往往不禁为古人惋惜。"[②]

---

① ［清］徐釚：《词苑丛谈》，影印文渊阁《四库全书》本，台北：台湾商务印书馆，1986年。
② 《且介亭杂文二集·"题未定"草（六至九）》，《鲁迅全集》第六册，北京：人民文学出版社，1981年，第422页。

笔者曾以范仲淹为例，写过《宋代士大夫主流精神论》，展示了宋代士大夫的正面形象。[①]本文还是以范仲淹为例，试图展示宋代士大夫被研究者所漠视的另一面——生活日常中的隐秘，以期丰富人们对宋代士大夫的多面认知。

历史的真实在哪里？如何追寻？泥于表面事相，惑于传统理念，定势思维障目，都会像层层迷雾，阻碍人们窥见巫山神女峰。从前面所举的今人对范仲淹《怀庆朔堂》诗的解读看，有时直指人心的文学方法，较之传统的历史学方法，反倒更能获得逻辑的真实，实在值得治史者借鉴，文史不分家。

对于多面体的人，仅从一面观之，势必片面。研究历史人物，首先要还原历史人物一个立体的形象。立体形象的形成，包括阐幽发微，揭示出在当世或后世被刻意隐藏起来的一面。

王衍说的好，"情之所钟，正在我辈"。为亲者讳，为尊者惜，不是历史主义的态度。历史研究，不是强化道德说教。对于已经风化得只剩下骨骼的历史人物，需要怀着一份温情，本着科学精神，缜密考证，找回那一个个鲜活的灵魂，还原曾经丰满的血肉。"情之所钟，正在我辈"，这也是历史学者的使命。

---

① 《宋史研究论丛》第六辑，保定：河北大学出版社，2005年，第169—198页。

赵抃中举——一个宋代士人的金榜题名

宋人科举考试图

宋代可以说是一个科举社会。北宋太宗朝科举规模扩大，打破了过去牢固的官位垄断，"取士不问家世"，带给普通百姓一个实现光荣与梦想的机会，促进了全社会向学，造成了一定程度的社会流动。由各个阶层出身的科举及第者构成了士大夫政治的主干，也影响着士大夫政治的方向。士大夫政治通过一个个士大夫的活动来体现。士大夫走上仕途的起点便是科举，科举对士大夫的一生影响巨大。从根本上考察士大夫政治，需要落实到具体的人。然而，迄今为止的学术积累，尚缺少对士大夫个人参与科举全过程的绵密考察。有鉴于此，本文以北宋名臣赵抃为例略作试探。

一、灵芝吉兆

明道二年（1033），二十六岁的赵抃寓居在衢州城北余庆院温习功课，准备应举。有一天，他忽然发现房间的窗棂居然生出了芝草。在今天看来，阴雨连绵的时节，山野中的房屋木窗框因潮湿而长出菌类，并不稀奇，但古人并不这么看。尤其是宋真宗大中祥符年间，各地为迎合天书的降临，纷纷献上大量的芝草，来渲染祥瑞。《宋史·五行志》还记载有当时知亳州的赵抃外祖父徐泌在大中祥符四年（1011）给皇帝献上芝草的事。[①]因此，在这样的时代氛围之下，赵抃无疑会认为窗户上生出芝草的现象是一种吉兆。于是，他在房间的墙上题写下

---

① ［元］脱脱等《宋史》卷六三《五行志》载："（大中祥符四年）七月，知亳州徐泌、知江州王文震并献芝草。"中华书局点校本，1985年，第1390页。

了这样的诗句:"灵芝如可采,仙桂不难攀。"

晋代郤诜答晋武帝问时,说自己"举贤良对策,为天下第一,犹桂林之一枝,昆山之片玉"。① 后来,"折桂"这个典故就成为科举登第的比喻。赵抃运用这个典故,说既然灵芝都可以唾手可得,那么这次应举一定会成功。本来就有底气,灵芝显现的吉兆无疑让赵抃信心倍增。这件事在当时还哄传开来,众所周知。多年后,赵抃在诗中这样回忆道:"昔年书牖曾呈瑞,报为登科众所知。"前面提及的赵抃那两句五言诗,全诗已失传,只有这两句保留在他回忆吉兆的七言诗自注中。②

拥有自信,不光是对自己的学问自信,还因为此时的赵抃已经在乡试中取得很好的成绩,获得了乡荐。宋代科举考试分为三级。第一级是秋天在地方州府的贡院进行考试,被称作"秋闱"。由于应试者众多,逐渐确立完备的考试制度之后,中央根据历年应试者的多寡,为每个地方分配了参加第二级在京城举行的中央礼部考试的名额。这种名额叫作发解额,因此,乡试又称作解试。这里解是送的意思,即将乡试合格的举子推荐发送入京。乡试为皇帝贡献人才,因此也叫作乡贡。从赵抃第二年入京赴试这一事实来看,他在书房生灵芝的时候,无疑已经获得了乡荐。

---

① [唐]房玄龄等《晋书》卷五二《郤诜传》载:"……累迁雍州刺史。武帝于东堂会送,问诜曰:'卿自以为何如?'诜对曰:'臣举贤良对策,为天下第一,犹桂林之一枝,昆山之片玉。'帝笑。"中华书局点校本,1974年,第1443页。
② [宋]赵抃《清献集》卷四《次韵梁浃瑞芝》:"默期苑里留丹桂,喜向门前获紫芝。香已与兰盈一室,饵当同术有三枝。昔年书牖曾呈瑞,报为登科众所知。"诗后自注云:"予明道中寓余庆院结课,芝草生书牖上,因题有'灵芝如可采,仙桂不难攀'之句。明年春果叨科第,故云。"影印文渊阁《四库全书》本。

其实，在科举的三级考试中，乡试可以说是竞争最为激烈的，平均约为百人取一。[①]赵抃在这样激烈的竞争中胜出，自然会拥有自信，也相信冥冥之中有神灵佑护，所以因秋雨连绵而生出的芝草，被赵抃视为吉兆，让他分外欣喜。

二、赴京赶考

乡试当年的冬天，赵抃便按规定赶往遥远的京城开封，准备参加第二年春天的礼部考试。[②]礼部试由于在尚书省发榜，所以又称作省试。赵抃从衢江环绕的衢州出发赴京赶考，自然先是走水路。后来乘船，冬季的夜雨沙沙打在船篷上，让他难以入梦。颇相仿佛的场景，很自然地让他回忆起当年赴举的情形："夜来雨作篷簌响，恰似当年赴举时。"[③]

赴京应考，赵抃还有一个为人称道的经历。进京途中，要经过不少收税的关卡。一道同行的士人，大都不是出身富裕之家，于是就打算逃税过关卡，省下一笔费用。同样是靠人资助进京的赵抃不赞成这样做，他说："做士人的时候，就已经有欺骗官府的行为，将来做了官，还不知道会成为什么样呢！"他

---

① ［宋］欧阳修《文忠集》卷一一三《论逐路取人札子》云："今东南州军进士取解者，二三千人处只解二三十人，是百人取一人。"李逸安点校《欧阳修全集》本，中华书局2001年版，第1717页。

② 《宋史》卷一五五《选举志》载："秋取解，冬集礼部，春考试。合格及第者，列名放榜于尚书省。"第3604页。

③ 《清献集》卷五《客舟夜雨》："朝发温江上处溪，小舟无寐枕频敧。夜来雨作篷簌响，恰似当年赴举时。"

坚持按规定缴纳了过路税。[①]这件进入仕途之前的小事，已经显示了赵抃的自律与清廉。

进入仕途之后，以清廉自律的赵抃，在写给表兄的诗中这样描述自己："壮岁从宦清，饮冰中刚肠。"[②]

晚年的赵抃退休之后，写下《退居十咏》，其中的《濯缨亭》写道："亭上秋登远目明，濯缨诚不是虚名。晴波一片如铺练，浮石江心彻底清。"[③]以"濯缨"为亭子命名，源自儒学经典《孟子》的《离娄》："沧浪之水清兮，可以濯我缨。"可以洗涤帽缨的水是清的。从濯缨亭眺望衢江江心的名胜浮石[④]，江水澄澈见底。诗言志，赵抃歌咏江景，实际上"彻底清"既是明志，又是对自己一生的总结。

赵抃死后，被赐予谥号"清献"。有一个叫余安行的宋人，仰望着赵抃的画像写道，宋朝有名的公卿很多，只有赵抃的谥号中有"清"字，可见他的清是异于常人的。在这一番话之前，余安行还有一段话的铺垫：天和地、人与物都有清德，比如灿烂的星月，稍微有乌云遮蔽就变得昏暗了；山谷中的清泉，一落上尘埃就变得浑浊了；晶莹的冰壶，一遇到阳光就融

---

① ［宋］施德操《北窗炙輠录》卷上载："赵清献初入京赴试，每经场务，同行者皆欲隐税过，清献独不可，以为为士人已欺官，况他日在仕路乎？竟税之。"虞云国、孙旭整理《全宋笔记》本，大象出版社 2019 年版，第 9 页。
② 《清献集》卷一《赠阳安徐迈表兄屯田》。
③ 《清献集》卷五《退居十咏·濯缨亭》。
④ ［清］顾祖禹《读史方舆纪要》卷九三《浙江·衢州府·西安县》载："浮石潭，在县东北五里。信安溪中有石高丈余，水大至亦不没。潭下有帝王滩。"贺次君、施和金点校本，中华书局 2005 年版，第 4311 页。按，衢江原名信安溪，又名西溪，唐代武德四年（621）在信安置衢州，江流其境，才称为衢江。

化了；然而如果人拥有清德，世事即使变化也不能改变，贫贱或屈辱也不会受拖累，富贵和利害乃至情欲都干扰不了，这种君子的清德最为可贵。这一铺垫，最后落在了上述对赵抃的赞扬上。① 在入仕之前，已见赵抃之清廉，实在是无愧上述的赞扬。

三、省试中举

科举考试的科目很多，但承续唐代以来的传统，其中进士科最受重视。② 赵抃参加的就是进士科考试。在乡试当年的十一月，乡试合格举子的试卷以及记载家庭状况的家状等档案已经由当地官府送往礼部。在家状和试卷的前面，都写明发解举子的年龄、籍贯、考试场次及名次、应举次数。在递送材料之前，还有考察发解举子行为的程序，犹如政审。还需要乡里十

---

① ［宋］佚名辑《国朝二百家名贤文粹》卷一九一余安行《题清献赵公画像》云："公冰雪之操，播闻天下，缙绅士夫咸知仰重，清献其称矣。夫予学古人而未至者也，少年日，不及一拜德容，今睹遗像，非特致敬，又有勉焉。大抵清德，天地人物皆然。星月浮空，微云翳之则昏；源泉在谷，尘埃汩之则浊；冰莹玉壶，温旸暴之则释。若乃清德在人，世变不能移，贫贱屈辱不能累，富贵、利害、情欲不能挠，人情所甚欲者，略无毫发可以拂吾胸中，其为清也，不亦至乎？此君子之清德所以为可贵也。本朝文明之盛，巨公名卿多矣，惟公独享是名，岂非清德与人同，所以为清者与人异乎？其同也，其异也，吾年将百，老亦甚矣，智不足以明也，后之君子，必有议其将焉。"宋庆元刻本，《宋集珍本丛刊》第九十三册，线装书局2004年版。

② 《宋史》卷一五五《选举志》载："礼部贡举，设进士、九经、五经、开元礼、三史、三礼、三传、学究、明经、明法等科。"又载："宋初承唐制，贡举虽广，而莫重于进士、制科……宋之科目，有进士，有诸科，有武举。常选之外，又有制科，有童子举，而进士得人为盛。"第3604页。

人相保。①赵抃就是经过这样严格的程序选拔后赴京考试的。

在赵抃参加考试的北宋前期，进士科的乡试和省试的考试内容为诗、赋、论、策、帖经、墨义六种②，但主要是以诗赋取士。诗赋中又以赋为主。所以当年范仲淹在执掌应天府学时，曾着力指导学子练习写作应举用的律赋，为此还编过一本《赋林衡鉴》。③赵抃在习举业时，应当是在这方面下了很大功夫的。不过，今天存世的赵抃文集《赵清献集》收录并不完全，已经看不到赵抃的赋作了。帖经犹如今天的填空题，墨义则是默写题，都跟儒学经典有关。虽说是为了应对科举考试，但这样的训练，也让士人把儒学经典背诵得滚瓜烂熟，儒学思想自然也熔铸于意识深层。

赵抃参与的省试是什么样的状况呢？尽管赵抃本人没有留下文字，但文献中记载的省试描述应当是大同小异的。南宋人吴自牧在他的《梦粱录》中有一些具体细节的描述。据此，我们可以对赵抃参加省试的情况有一个大体的认识。

应试的举子到京，自寻住处安顿下来之后，必须到礼部办理考试资格审查手续，包括呈验解牒、提交自备的空白试纸，礼部审查盖章后，要到市场自行采购带入考场的篮子、文具之类的物品。考试要经历三天，每天一场。考试当天，举子在贡

---

① 《宋史》卷一五五《选举志》载："家状并试卷之首，署年及举数、场第、乡贯，不得增损移易，以仲冬收纳，月终而毕。将临试期，知举官先引问联保，与状金同而定焉。"第3605页。

② 《宋史》卷一五五《选举志》载："凡进士，试诗、赋、论各一首，策五道，帖《论语》十帖，对《春秋》或《礼记》墨义十条。"第3604页。

③ 参见王瑞来《范仲淹与北宋古文运动》，载《天地间气——范仲淹研究》，山西教育出版社2015年版。

院门外等候开门放人。进入贡院后，确认指定的考场座位图，然后参加开考仪式。厅前备好香案，知贡举等考试官穿戴正式朝服，手执牙板而拜，举子答拜。仪式结束，放下帘幕，在厅额出示试题。对试题有疑问，允许举子在帘外当场提问，主考官在帘内解答。然后举子们在指定座位就座，答题作文。考试期间，由巡查士兵供卖砚水、点心、茶饭等。考试到申时（即下午三点到五点），封闭的贡院开门放举子出院。出院时，举子在考卷上写好姓名，放到门外的柜子中。柜中的试卷直接交由封弥所将卷头封好，记上号头，不让考试官看到考卷上的姓名。三场考完，每个举子的三份试卷都记上同样的号头，送往誊录所，由公人将试卷全部誊录。在校核没有错误后，分送考试官初判和复判，然后交知举官审定。知举官调取原卷再加核对，确定录取人选。入选试卷按号头上奏给皇帝。得到回复后，由专人到封弥所拆号，把号头相应的名字抄出，张榜公布。①

---

① ［宋］吴自牧《梦粱录》卷二《诸州府得解士人赴省闱》载："诸州士人自二月间前后到都，各寻安泊待试，遂经部呈验解牒，陈乞纳卷用印，并收买试篮桌椅之类。试日已定，隔宿于贡院前赁房待试，就看坐图。其士人各引试三场，正日本经，次日论，第三日策。预试人照合试日分集于贡院竹门之外，伺候开门放试。士人各入院内，依坐位分廊占坐讫，知贡举等官于厅前备香案，穿秉而拜，诸士人皆答拜，方下帘幙，出示题目于厅额。题中有疑难处，听士人就帘外上请，主文于帘中详答之，讫则各就位作文。随手上卷，至晡后开门，放士人出院，纳卷于中门外，书知姓氏，试卷入柜而出。其士人在贡院中，自有巡廊军卒赍砚水、点心、泡饭、茶酒、菜肉之属货卖，亦有八厢太保巡廊事。所纳卷子径发下弥封所封卷头，不要试官知士人姓名，恐其私取故也。却于每卷上打号头，三场共一号，方发往誊录所誊录。卷子依字号书写，对读无差，方纳入考试官各房考校。如卷子考中，发过别房覆考，如称众意，方呈主文，却于誊录所吊取真卷，点对批取，定夺魁选。伺候申省，奏号揭榜，候取旨差官下院，拆号放榜。"黄纯艳整理《全宋笔记》本，大象出版社2019年版，第217—218页。

省试在一月上旬举行，录取率为十人取一。赵抃也幸运地通过了这场颇有竞争性的第二级考试。根据文献记载，这一年省试赋的试题为《天子外屏赋》[①]，也有记载说是《观象作服赋》[②]；诗的试题为《宣室受厘诗》[③]。这次省试的主考官为时任翰林学士、后来成为宰相的章得象。作为考官的名臣，还有后来被赵抃弹劾过的李淑，以及后来也成为宰相、当时名字叫宋郊的宋庠。在正月上中旬举行的省试，十六日便已完成判卷，统计出了合格人数。[④]顺风满帆，赵抃紧接着在京城参加了最后一轮考试——殿试。

四、殿试及第

科举制度诞生之后，皇帝亲自主持考试的殿试，在唐代和北宋初都偶尔实行过几次，但没有形成制度。到了科举规模扩

---

① ［宋］龚鼎臣《东原录》载："景祐二年（按，二年未曾开科，当为元年之误），省试《天子外屏赋》。"黄宝华整理《全宋笔记》本，大象出版社2019年版，第25页。

② 《东原录》又载："景祐初，礼部试《观象作服赋》。"第27页。

③ ［宋］司马光《温公续诗话》载："科场程试诗，国初以来，难得佳者。天圣中，梓州进士杨谞始以诗著。其天圣八年省试《蒲车诗》云：'草不惊皇辙，山能护帝舆。'是岁，以策用'清问'字下第。景祐元年，省试《宣室受厘诗》云：'愿前明主席，一问洛阳人。'谞是年及第，未几卒。"克冰评注本，中华书局2014年版，第109页。

④ ［清］徐松辑《宋会要辑稿·选举》一之一〇载："（景祐元年正月）十六日，以翰林学士章得象权知贡举。知制诰郑向、胥偃、李淑，直史馆、同修起居注宋郊，权同知贡举，合格奏名进士黄庠已下六百六十一人。"刘琳、刁忠民、舒大刚、尹波等点校本，上海古籍出版社2014年版，第5252页。

大的宋太宗朝,作为科举考试的最后一道程序,殿试才被确定下来。[①]皇帝亲临考试,除了制度上的技术考量,还有皇帝的一个主观意图因素,即避免唐代以来科举的考试官与举子结成亲密的"座主"与"门生"的关系,让登第士人都成为"天子门生",恩归于己。

关于宋代殿试的具体情况,进士及第二十多年后的赵抃,在嘉祐六年(1061)担任殿试的考官时,写下过一篇《御试官日记》[②],比较详细地记录了殿试的完整过程。我们可以以这篇日记为主,结合其他文献记载,对宋代殿试的概貌做一了解。

殿试与省试相隔一个月左右时间,在二月底或三月初举行。每次殿试,临时设置编排所、考校所、覆考所、详定所等机构。这些机构设在禁中,一般设在崇政殿的东、西阁和殿后,[③]并相应设置了编排官、封弥官、出义官、初考官、覆考官、点检官、对读官、详定官等官员。这些官员由中书选择"有文学"者临时充任。考场一般设在崇政殿,于殿廊设置帷幔桌椅,每座标明举子姓名,并在考试前一天将考生姓名、座位次序张贴于宫禁之外。考试题拟出后,经专人详审,再送交皇帝批准,然后由御药院负责雕印。试卷除了印有试题外,还印有关于试题的必要说明,如题目的出处、义理等。考试这

---

① [元]马端临《文献通考》卷三〇《选举考》三《举士》载:"自雍熙、端拱而后,取士之法,省试之后乃有殿试,已为定例。"上海师范大学古籍研究所、华东师范大学古籍研究所点校本,中华书局2011年版,第888页。

② 《御试官日记》收录于南宋刘昌诗所撰《芦浦笔记》卷五,张荣铮、秦呈瑞点校本,中华书局1986年版,第253—255页。

③ 参见《宋会要辑稿·选举》七之六、七之九,第5390、5392页。

一天早晨，举子拜于阙下，然后进入考场，由内臣发给试卷。试毕，再由内臣收回，交给编排官，封上试卷中考生的姓名、籍贯，取《千字文》等字书中的几个偏僻字的偏旁笔画，合成一个字作为代号，将考卷依序排好，交封弥官誊写校勘。由点检官检查试卷后，送交初考官先定等次，然后把初考官判定的结论封上，送交覆考官再定等次，而后交详定官，揭开封弥着的初考官所定等次，与覆考官所定等次相比较。若二者一致，则依次奏闻；如果二者有差别，就再审阅试卷，或者根据初考所定，或者根据覆考所定，详定官不得另立等次。上述一切工作完成后，启封试卷，由编排官将考生的姓名籍贯与试卷代号相合为一，奏交皇帝最后审定放榜。整个过程在十天左右。①

从上述描述看，到赵抃作为考官参与的嘉祐六年（1061），殿试制度已经比较完善。但制度的完善也经历了一个逐渐补充修正的过程。比如，最初试题公布之后，也像省试那样，允许举子提问，由出题官员回答。往复问答，不仅会造成混乱，还颇伤皇帝的尊严，因为跟省试不同，这是以皇帝名义出的题。因此，就在赵抃参加殿试考试那年，改由内廷御药院雕版印刷试卷，发给应考士人，不允许举子提问。②

到赵抃担任考官稍早的嘉祐二年（1057）为止，殿试也有

---

① 殿试过程的归纳，参见王瑞来《赵抃〈御试官日记〉考释——兼论北宋殿试制度的演变》，《东北师大学报》1986年第4期。
② ［宋］王栐《燕翼诒谋录》卷五《廷试不许上请》载："旧制，御试诗赋论，士人未免上请于殿陛之下，出题官临轩答之，往复纷纭，殊失尊严之体。景祐元年三月丙子，诏进士题具书史所出，御药院印给，士人不许上请。自后进士各伏其位，不敢复至殿庭。"诚刚点校本，中华书局1981年版，第46页。

落榜者。有些来自远方的士人，几轮考试胜出，在最后一轮落榜，不仅精神上打击很大，有些经济困难者甚至没有回乡的盘缠，发生过投水自杀的事件。① 赵抃参加考试几年后的景祐五年（1038）那次殿试，合格者为三百一十人，而落榜者居然多达一百八十九人。② 自从规定参加殿试者皆不黜落之后，能参加殿试就等于吃了定心丸，只是根据考试成绩有个名次问题而已。在这样人性化的制度确立之前参加殿试的赵抃，大概也庆幸自己没有落榜，能在最后一轮胜出吧。

赵抃这次参加殿试的赋、诗、论的题目分别是《房心为明堂赋》《和气致祥诗》《积善成德论》。③ 宋代殿试的地点在太祖朝和太宗朝前期为讲武殿④，从太宗雍熙二年（985）开始改在崇政殿⑤。神宗熙宁三年（1070）直至南宋，一直在名为

---

① 〔宋〕邵伯温《邵氏闻见录》卷二载："本朝自祖宗以来，进士过省赴殿试，尚有被黜者。远方寒士殿试下第，贫不能归，多至失所，有赴水而死者。仁宗闻之恻然，自此殿试不黜落，虽杂犯亦收之末名，为定制。呜呼！可以谓之仁矣。"李剑雄、刘德权点校本，中华书局1983年版，第14页。

② 按，景祐五年殿试黜落人数由以下两条史料合观可知。《宋会要辑稿·选举》一之一〇载："（景祐五年正月）十三日，以翰林学士丁度权知贡举，翰林学士胥偃，侍读学士李仲容，知制诰王尧臣、郑戬并权同知贡举，合格奏名进士范镇已下四百九十九人。"第5252页。又《选举》七之一六载："（景祐五年三月）十七日，帝御崇政殿，试礼部奏名进士，内出《富民之要在节俭赋》《鲲化为鹏诗》《廉吏民之表论》题。得吕溱已下三百一十人，第为四等，并赐及第、出身。第等同元年，后遂定为例。"第5396页。

③ 《宋会要辑稿·选举》七之一五载："（景祐元年三月）十八日，帝御崇政殿，试礼部奏名进士，内出《房心为明堂赋》《和气致祥诗》《积善成德论》题。"第5396页。

④ 《宋会要辑稿·选举》八之二七《亲试》，第5422页。

⑤ 《宋会要辑稿·选举》七之四《亲试》，第5389页。

集英殿的宫殿，不再改变。①赵抃参加的这次殿试考场便是设在崇政殿。

那么，赵抃参加的宋代殿试的具体情况是什么样的呢？由于制度的历代沿袭，我们从《钱塘遗事》所载《科举条格故事》可略见概貌。借此，可以想见赵抃参加殿试时的情景。

宋人将殿试称作"丹墀对策"，意思是在漆成红色的殿堂前答卷。殿试的前几天，士人到官府委托的机构书铺缴费，得到一册《御试须知》，然后由书铺人引领到吏部，按省试榜次每人书写姓名领取考号。考号是由尚书、侍郎、郎中等官员签字画押的白纸卡片，上面记有殿试当天在崇政殿监门的宦官的名字。考号如果丢失，就无法进入殿内考试。②

殿试当天一大早，士人手持考号，由卫士引导，排队进入宫廷。到了崇政殿门外，由负责的宦官验收考号。殿门外高高悬挂着座位图。当天大亮，便会看清图示中自己的座位。士人聚集于殿门外，等百官日常朝见完毕，才被引导进入殿内。宰臣把试题呈送给皇帝御览，此时士人都可以瞻仰到坐在殿上的皇帝。礼仪官指挥省试第一名以下全体举子，向皇帝一拜、再拜之后，退出大殿，按座位图找到标示有姓名、籍贯、座位号的座位。入座之后，有宦官发放御题。士人须将试题誊录到卷头草纸之上。发放完试卷，先赐食吃饭。在南宋时，为太学馒头一个（相当于今天的包子）、羊肉泡饭一碗。宋代吃羊肉算是比较奢侈的，所以当时有"苏文熟，吃羊肉"的俗谚，意即苏东坡的文章读熟了，便可以中举做官，过上奢侈的生活。饭

---

① 《宋会要辑稿·选举》七之一九《亲试》，第5398页。
② ［元］刘一清：《钱塘遗事》卷一〇《御试给号》，第260—261页。

后，如有人要上厕所，则拿着座位牌和卷子，由士兵带着去，完毕之后，回座答卷。答卷时不许与邻座交谈。宦官和官员在考场各处监考，宰相等大臣也巡回监督。到了申时，皇帝再次临场。举子在殿廷东廊台阶下交卷，由一个宦官监视回收牌号和答卷。举子交卷后退场，要经过四道门。每过一门，都要在门东书写姓名。出时无人押送，也无牌号。①

五、金榜题名

几天后的发榜唱名仪式更为隆重。跟殿试一样，也需要先去书铺领取牌号。牌号还是殿试时的旧牌，只是多了"崇政殿试讫"印记和一行宦官的姓名画押。

在常朝完毕之后，士人举着牌号列队进入宫殿。皇帝到场，宰相进呈前三名的试卷，在皇帝面前朗读。然后由指定的宰相或大臣在皇帝御案前，将排完名次的卷子考号拆封，念出姓名，立于御案西侧的阁门舍人复述，台阶之下的卫士六十人，齐呼这一人的姓名，叫作传胪。呼声响彻大殿，俗称"绕殿雷"。一个人的姓名要念三四次，确认之后的士人方应声出列，由卫士问过籍贯和父亲名字之后，带到皇帝御座阶下站立，殿上宰臣询问籍贯、父名，由卫士代答，然后到廊下领取像笏板那样长约一尺的敕黄可漏子。每一甲的人聚齐后，一起向皇帝谢恩。第二甲唱名之后，皇帝入内进膳，同时给士人赐食三品，有赤焦肉饼两个、天花饼两个、羊肉饭一碗。苏轼写的神道碑记载赵抃中进士乙科，可知赵抃在饭前便已唱名。在

---

① 《钱塘遗事》卷一〇《丹墀对策》，第362—363页。

这期间，卫士已排好下三甲名字报上，十五人一组，唱名谢恩。最后的第五甲唱名完毕后，全体士人再次手执敕黄拜谢。此时殿上高声传呼，赐进士袍笏。闻此，士人们争先恐后地跑向堆积袍笏的殿外南廊，领取一个笏板，穿戴上淡黄绢衫、淡黄带子、绿罗公服。公服普通进士是绿色的，皇族宗室进士是紫色的。进门时还是庶民的服色，走出殿门，紫绿相映，粲然可观。过去进士登第做官叫作"释褐"，就是说换下了普通百姓的褐色衣服，穿上了官服。①

在这之后，又有赐闻喜宴、同榜进士期集聚会和在京同乡的乡会等一系列活动，这使士人从进士登第开始便结成了同年和同乡的政治人际网络。②

赵抃中举这一年，进士科合格人数为五百零一人。从赵抃参加殿试的景祐元年（1034）起，开始实行新制，进士按成绩分为五等，等又称为甲。第一、第二、第三等及第，第四等出身，第五等同出身。③ 赵抃的成绩为乙科，即第二等，所以是进士及第。虽然可以笼统叫作"进士登第"，但存在细微的区别，"进士出身"和"同进士出身"都低于"进士及第"。等甲不同，接下来任官也有差别。

---

① 《钱塘遗事》卷一〇《择日唱第》，第365—367页。
② ［宋］赵升：《朝野类要》卷五《期集》《同年乡会》，王瑞来点校本，中华书局2007年版，第106—107页。
③ 《宋会要辑稿·选举》七之一五于景祐元年三月十八日载："命翰林学士承旨盛度已下三十六人锁宿考试，如新制。得张唐卿已下七百一十五人，第为五等，并赐及第、出身、同出身。第一、第二、第三等及第，第四等出身，第五等同出身。"七之一六于景祐五年三月十七日载："得吕溱已下三百一十人，第为四等，并赐及第、出身。第等同元年，后遂定为例。"第5396页。

到仁宗朝，士大夫政治已盛开出灿烂之花，赵抃这一榜进士，名人成群结队地涌现。有著名的文人柳永[①]、苏舜钦，有后来成为宰相的陈升之[②]、梁适[③]，有成为执政枢密副使的蔡挺[④]。

殿试登第，被称为"五荣"。两度见到皇帝是一荣，名登天府、三代父祖之名达于圣听是第二荣，御宴赐花、让都人羡慕是第三荣，布衣而入、绿袍而出是第四荣，让一个家族有了光明的前景是第五荣。[⑤]赵抃凭借家学传统和自身的努力，获得了这五项殊荣，从此走上了仕途。

六、欣逢时代之盛

从赵抃的曾祖、祖父、父亲，到赵抃以及他的儿子，几代

[①] ［明］夏玉麟编纂《建宁府志》卷一五《选举》载："景祐元年甲戌张唐卿榜，柳三变，字耆卿，一名永。工部侍郎宜之子。为屯田员外郎。工词章，擅名乐府。"嘉靖二十年刻本。

[②] ［宋］杜大珪《名臣碑传琬琰集》下卷一五《陈成肃公升之传》载："景祐初，举进士。"顾宏义、苏贤校证本，上海古籍出版社2021年版。

[③] ［宋］彭百川《太平治迹统类》卷二八《祖宗科举取人·仁宗》载："（景祐元年）三月戊寅，试礼部奏名进士张唐卿以下并赐及第。张唐卿、杨察、石询直、吴秘、林概、张耒、蔡挺、苏舜钦、柳三友、石亚之、梁适、柳三接、刘安世。"江苏广陵古籍刻印社1990年影印本。

[④] ［宋］朱长文《乐圃余稿》卷一〇《宋故宣德郎守尚书屯田员外郎知永康军青城县赠尚书都官郎中蔡公墓志铭》载："景祐元年试于廷，赋等几中魁甲，以脱误，才得及第。与子清及南阳公（按，蔡挺）为同年。"影印文渊阁《四库全书》本。

[⑤] 《钱塘遗事》卷一〇《赴省登科五荣须知》载："两觐天颜，一荣也；胪传天陛，二荣也；御宴赐花，都人叹美，三荣也；布衣而入，绿袍而出，四荣也；亲老有喜，足慰倚门之望，五荣也。"第353页。

人所走的路径,并不是历代业儒家庭共同的必由之路,这是在宋代科举社会形成之后,才开辟出的一条通往官僚金字塔的道路。

肇始于隋的科举,在唐代开花,科举登第,以才华显示能力,让那个时代由此走上仕途的士人充满荣耀。"春风得意马蹄疾,一日看尽长安花"[1],便是生动的写照。不过,被称为启发了近代以后东西方公务员考试制度的科举,在隋唐时代一直犹如涓涓细流,规模很小。到了北宋初年太祖时期,这种状况依然没有改变。一次科举登第者只有几人、十几人,至多也不过几十人,因此科举所显示的政治作用并不大,荣誉性的象征意义大于实际意义。好在这一涓涓细流一直没有中断。时代的风云际会,让静静流淌的小溪,终于时来运转,汇成澎湃的洪流。

经历恢宏的大唐之后,历史几经翻弄,终于以"陈桥兵变,黄袍加身"的戏剧性方式改朝换代,进入继五代之后的"第六代"宋朝。宋承续后周的强盛,先南后北,扫平割据的群雄。在这一过程中,宋朝的内部,先是"杯酒释兵权",巩固了自身,继而"烛影斧声",皇权易手。武功不济的宋太宗坐享统一大业。完成基本统一的宋朝,此时才从五代十国中摆脱"第六代"的魔咒,真正实现开国立朝。朱熹就说,此时宋朝方拥有正统。[2] 元人陈桱编纂《通鉴续编》,接受朱熹

---

[1] [唐]孟郊:《孟东野诗集》卷三《登科后》,韩泉欣《孟郊集校注》本,浙江古籍出版社 2012 年版,第 130 页。

[2] [宋]黎靖德编《朱子语类》卷一○五《论自注书·通鉴纲目》:"有始不得正统,而后方得者,是正统之始;有始得正统,而后不得者,是正统之余。如秦初犹未得正统,及始皇并天下,方始得正统。晋初亦未得正统,自泰康以后,方始得正统。隋初亦未得正统,自灭陈后,方得正统。如本朝至太宗并了太原,方是得正统。"王星贤点校本,中华书局 1986 年版,第 2636 页。

的认识,就直接从宋太宗平定北汉的太平兴国四年(979)开始,才把宋朝视为正统,以前的十多年还算作"第六代"的割据政权。①

　　伴随着基本统一的逐渐完成,宋太宗开始着力于政权建设。政权建设首先需要管理人才。当时,放眼望去,从中央到地方,几乎全是留用的旧政权官僚,新兴的宋王朝亟须用自己的管理人才来接手。人才从哪里来?科举考试便是一个现成的选择。于是,科举考试规模扩大便成为一种必然。不过在这种必然的选择背后,则是应和了唐末五代以来武人跋扈表象之下崇文的潜流。金榜题名的荣耀让崇文成为风尚。比如说五代时期有名的诗人罗隐就屡败屡考,非要有个进士的功名不可。②并且貌似武人一统天下的时代,政权的运营,从上到下,其实依赖的还是文人。从中央政府的冯道③,到基层州县的赵普④,都是大大小小的士人在支撑着运作。宋太祖就跟赵普说过:"国家事皆由汝书生尔。"⑤崇文的潜流,加上杜绝武人跋扈重演的考量、收拢士心的策略、文人管理人才的实际需要,朝廷的政治导向在统一的局势下,由武功转向文治。诸多合力相加,形成了科举规模扩大的决策。

　　与太祖朝登科人数相比较,可以清楚地观察到太宗朝科举扩大的规模。太祖从登基的建隆元年(960)开始,每年都

---

① 〔元〕陈桱:《通鉴续编》,元刊本。
② 王瑞来:《立心立命》辑一《说罗隐》,中华书局2019年版,第14—18页。
③ 《立心立命》辑一《见迹与见心》,第3—10页。
④ 张其凡:《赵普评传》,北京出版社1991年版。
⑤ 《宋史》卷二五六《赵普传》,第8933页。

开科取士，不过，十五次开科，进士科取士总计才一百九十人，加上特奏名进士、诸科等，也不到五百人。太宗即位伊始，太平兴国二年（977）开科取士合计就达五百零一人，比太祖朝开宝八年（975）最后一科合计的六十三人多出将近八倍。皇帝登基那年的开科被称为龙飞榜。太宗朝龙飞榜的规模，便充分显示出政策变化的趋向。此后尽管没有像太祖朝那样每年都开科取士，但太宗一朝仅八次开科取士的人数总计便已达到六千一百四十七人，将近太祖朝四百八十人的十三倍。[①]

数字比较，显示出的虽然是政策的技术性变化，但逐渐产生的影响则是当时的决策者所未能预料的。从太平兴国二年（977）到至道三年（997）太宗朝最后一科，整整二十年持续前所未有的大规模科举取士，使科举出身的官僚，很快伴随着时光流逝，取代了武人以及留任的旧有势力，逐渐主宰了从中央到地方的政治舞台。到太宗在位的后期，登第进士中的出类拔萃之辈已经攀升上政治的金字塔，太平兴国五年的进士李沆、寇准等人已进入政治中枢，成为参与决策的执政者。接下来的真宗朝，从咸平元年（998）到天禧三年（1019），二十一年间开科十二次，总计取士多达八千三百七十四人。真宗朝担任宰相的十二人，无一例外全是进士出身。士大夫史无前例地成为政治的全面主宰，造就了士大夫政治。

北宋中期的宰相文彦博曾对宋神宗说过一句"与士大夫治

[①] 太祖、太宗两朝科举取士统计数字见龚延明、祖慧编著《宋代登科总录》第1册，广西师范大学出版社2014年版，第2、34页。

天下"的话。①"与士大夫治天下",诉说的是士大夫与皇帝的权力共享。在魏晋南北朝时期,也有过与皇帝的权力共享,不过共享权力的是当时的世家大族。"萧瑟秋风今又是,换了人间。"历史尽管相似,但科举规模扩大所形成的政治生态,不再像东晋"王与马,共天下"②那样,而是让各个阶层出身的士大夫成为权力的共享者。士大夫政治在真宗朝全面形成,在赵抃走入仕途的仁宗朝则显示了一统江湖的绝对权威。有人夸张地说,宋仁宗在位的四十年是中国历史上最好的四十年。宋仁宗被宋人称为"百事不会,只会做官家"的皇帝。③他无为而治,其实也有在士大夫政治挤压下权力空间缩小的无奈。

科举规模扩大所造就的士大夫政治,其意义更是超越了政治本身。政治主宰者的地位与政治环境,激活了儒学与生俱来的积极入世意识,激发了知识人以天下为己任的事业心。历史的使命感让士大夫发出了"为天地立心,为生民立命,为往圣继绝学,为万世开太平"的时代强音。"横渠四句"张扬着士大夫的无限自信,而宋代士大夫重新发掘并弘扬的"正心,诚意,格物,致知,修身,齐家,治国,平天下"的"儒学八条目",则从个人到家庭,从社会到国家,从国家到世界,反映了超越政治的全方位的担当精神。

从此,士大夫政治不仅贯穿两宋,更是影响着此后中国的

---

① [宋]李焘:《续资治通鉴长编》卷二二一熙宁四年三月戊子条,上海师范大学古籍整理研究所、华东师范大学古籍整理研究所点校本,中华书局2004年版,第5370页。
② 《晋书》卷九八《王敦传》载:"帝初镇江东,威名未著,敦与从弟导等同心翼戴,以隆中兴,时人为之语曰:'王与马,共天下。'"第2554页。
③ 《北窗炙輠录》卷上,第12页。

政治生态。无论是唐宋变革、宋元变革、元明清转型，还是江山鼎革、王朝易族，社会虽然不断在发展变化，权力格局也因时而异，但士大夫政治及其精神，已经像遗传一样植根于读书人的意识之中，在各个时代都发挥着作用。从这个意义上说，科举规模的扩大在客观上改变了中国历史。

科举规模扩大，"取士不问家世"[①]，糊名考校，严防作弊，"一切以程文为去留"[②]，全部凭试卷成绩录取，打破了历来各种贵族对官位的垄断。相对的公平，让普通平民看到了希望的光芒，促进了社会流动，带动了民众向学，提升了全社会的文化水准。

在世代业儒的家庭中成长起来的赵抃，其生也幸，遭逢一个崇尚知识的士大夫政治主宰的时代。在这个时代，赵抃凭自己的努力，一步一步走上了政界的顶峰。

北宋太宗朝科举规模扩大的现实举动，无意中改变了社会生态，促成了一定程度的社会流动，给了许多平民一个玫瑰色的梦，从而造就了士大夫政治，改变了中国历史的走向。出身贫寒的赵抃，经由科举之路，走上仕途，成为一代名臣。赵抃中举的过程，是两宋十余万登第者的一个缩影。宋代的士大夫政治正是由这样一群金榜题名者主宰的。因此，对一个士人科举历程的考察，便具有了意义。士大夫政治的社会构成，影响着士大夫政治的实施方向，具体到个人的考察，便不可或缺。

---

① ［宋］郑樵：《通志二十略·氏族略第一·氏族序》，王树民点校本，中华书局1995年版，第1页。

② ［宋］陆游《老学庵笔记》卷五载："本朝进士，初亦如唐制，兼采时望。真宗时，周安惠公起，始建糊名法，一切以程文为去留。"李剑雄、刘德权点校本，中华书局1979年版，第69页。

士大夫政治与宋代皇权

《改容听讲》,出自明张居正编著的《帝鉴图说》。讲述的是宋仁宗即位之初,在崇政殿开经筵讲课,当他懈怠时,负责讲解的大臣就会肃立不讲,仁宗则为之收敛,改容认真听讲

引言

　　将近四十年前，我曾对宋代皇权有过综合论述。[①]几十年间，对宋代皇权也一直有着持续的关注。[②]不过，既往的研究，除了对在中国历史整体关照下的综合研究之外，多是对士大夫政治形成初期真宗朝几个宰相的个案研究，对于士大夫政治全面铺开的仁宗朝，仅仅对范仲淹有过考察，在范仲淹之后则少有研究扩展。其他学者对于相关问题的研究，也大多是综合性的阐述，主要集中在皇权、相权究竟是此消彼长还是协力共治的视点。[③]

　　仁宗朝四十年，被认为是中国历史上最好的时期。这一说法尽管有争议，[④]容待充分讨论，但毕竟在这个时期出现了一些焕然一新的气象，引人注目。比如政治上有庆历新政，思想上有理学兴起，文学上有诗文革新古文运动。日本学者把这

[①] 王瑞来：《论宋代相权》，《历史研究》1985 年第 2 期；《论宋代皇权》，《历史研究》1989 年第 12 期。

[②] 王瑞来：《皇权再论》，《史学集刊》2010 年第 1 期；《君臣：士大夫政治下的权力场》，成都：四川人民出版社，2019 年。

[③] 张邦炜：《论宋代的皇权和相权》，《四川师范大学学报（社会科学版）》1994 年第 2 期；张其凡：《"皇帝与士大夫共治天下"试析——北宋政治架构探微》，《暨南学报（哲学社会科学版）》2001 年第 6 期；余英时：《朱熹的历史世界》上篇第四章《君权与相权之间——理想与权力的互动》，北京：生活·读书·新知三联书店，2011 年。

[④] 曹家齐：《"嘉祐之治"问题探论》，《学术月刊》2004 年第 9 期；《"爱元祐"与"遵嘉祐"——对南宋政治指归的一点考察》，《学术研究》2005 年第 11 期。

一时期看作是中国的文艺复兴时期。^①这样生机勃勃局面的形成，都是以科举出身为主的士大夫在各个领域纵横捭阖的作为带来的。那么，从士大夫政治兴盛的这一时期开始，君主独裁制度支持下的皇帝与强势的士大夫们，君臣之间究竟是如何互动的，士大夫是如何看待皇权的，又是否能让皇帝依从他们的意志？唯有落实到具体的事例，方足以阐明并回应过往从不同角度观察、理解的宋代政治特质。因此，我想提出赵抃这一个案，通过他的言行来进行具体考察。

仁宗朝景祐元年（1034）进士及第走上仕途的赵抃，历仕仁、英、神三朝，不仅以"铁面御史"闻名，还登上了政界金字塔的顶层，成了参与决策的副宰相参知政事。这样的履历，使赵抃有较多的机会与皇帝接触，其言行也与皇权有了密切的交集。这就让通过赵抃来考察士大夫与皇权的问题具有了典型意义。

一、教育引导君主

士大夫政治为了实现让皇帝最大程度地配合这一目的，士大夫们很重视以儒学经典教育皇帝。而皇帝为了留名青史，做个好皇帝，一般也接受这种教育。因此，作为皇帝教育机构的经筵，在制度建设上，宋真宗时代便已完成。程颐后来讲

---

① ［日］宫崎市定:《宫崎市定亚洲史论考》上卷《东洋的近世》，张学锋、马云超等译，上海：上海古籍出版社，2017年，第259页。

过这样的话，叫作"君德成就责经筵"[1]，意即皇帝能具有很好的品德，关键在于经筵的教育。我曾经有一篇论文，就以程颐这句话为题，集中考察了南宋宁宗时期的经筵君主教育。[2]历史的延续性，也让历史具有相似性。经筵君主教育，一直贯彻于两宋。

在程颐之前的赵抃，也同样重视通过经筵对皇帝施加教育。仁宗在位后期的嘉祐五年（1060），担任右司谏的赵抃上《论经筵及御制宸翰状》，其中指出：

> 臣窃以人主之御天下也，其聪明必欲广，聪明广则祸福之鉴远矣；其尊威必欲重，尊威重则上下之理明矣。伏惟陛下承祖继宗，体尧蹈舜，睿圣仁厚，固四海称颂之不暇，何阙遗之有焉？然臣备位谏垣，朝虑夕思，不敢循默者，庶几有补于未至万分之一尔。夫《易》之吉凶，《诗》之美刺，《礼》之污隆，《乐》之治乱，《春秋》之善

---

[1] ［宋］李焘《续资治通鉴长编》（以下简称《长编》）卷三七三元祐元年三月辛巳条载程颐上疏云："臣以为天下重任，惟宰相与经筵。天下治乱系宰相，君德成就责经筵。"上海师范大学古籍整理研究所、华东师范大学古籍整理研究所点校本，北京：中华书局，2004年，第9031页。

[2] 王瑞来："君德成就责经筵"——〈玉牒初草〉所见君臣互动考察》，《社会科学战线》2020年第6期。关于经筵君主教育，学界亦有不少研究积累，如姜鹏《北宋经筵与宋学的兴起》（上海：上海古籍出版社，2013年）、朱瑞熙《宋朝经筵制度》（《中华文史论丛》第55辑，上海：上海古籍出版社，1996年，第1—29页）、田志光《宋代经筵官的俸禄与待遇》（《宋代政治制度史研究》，北京：人民出版社，2017年，第63—97页）、张晓宇《理学与皇权——两宋之际"圣学"观念的演变》（《"中央研究院"历史语言研究所集刊》第九十四本第四分，2021年，第649—700页）。

恶，以至《史》《汉》之书，先代得失存亡，无不纪述。今经筵侍讲者，讲吉不讲凶，讲治不讲乱；侍读者读得不读失，读存不读亡。臣愚以为陛下非所以广聪明之义也。伏望发德音，命经筵臣僚临文讲诵无隐讳。至于吉凶治乱、得失存亡之所由兆，尤宜详究铺陈之，使祸福之鉴日开，宗庙社稷无穷之福也。①

当时经筵侍讲官员只讲吉不讲凶，只讲治不讲乱；而侍读的官员唯读得不读失，唯读存不读亡。跟报喜不报忧一样，给皇帝讲读的学士们也大多找皇帝爱听的话题内容说。这不仅是北宋仁宗时期的状况。南宋的讲读学士给宋宁宗读了十九年《资治通鉴》，也都是拣选正面史事来读，因为"东西魏、陈、隋及五季渎乱之事，有旨不读"。②为迎合皇帝的心理而形成的这种讲读倾向，赵抃认为无助于开阔皇帝的视野，使其全面接受历史的经验教训，因而希望经筵侍讲官员无论好事坏事都要讲读。结合南宋的情况看，赵抃的提议无疑是有着深远意义的。

至和元年（1054）九月，赵抃刚刚被任命为殿中侍御史，尚未入朝，便向仁宗上了《论邪正君子小人疏》，这是赵抃为数不多的务虚之论。

上疏背景，赵抃在这篇奏疏中已有讲述："迩来日星谪见，

---

① ［宋］赵抃：《清献集》卷九《论经筵及御制宸翰状》，影印文渊阁《四库全书》本，台北：台湾商务印书馆，1986年。
② ［清］徐松辑：《宋会要辑稿·崇儒》七之三五，刘琳、刁忠民、舒大刚、尹波等点校本，上海：上海古籍出版社，2014年，第2903页。

圣衷焦劳,蝗潦为灾,民力凋弊,帑庾空窘,戎狄窥觊,官冗兵骄,风俗奔竞。"在这种状况下,赵抃希望仁宗:"博选忠直方正,能当大任,世所谓贤人端士者,速得而亟用之,位于丞疑辅弼之列,朝夕献替,得嘉谋嘉猷,发为号令,使天下耳目闻见太平之政在今日尔,臣不胜大愿。愿陛下宸断不疑,举正以却邪,陟君子而黜小人,有为于可为之时,无因循后时之悔,则天下幸甚!"①

在奏疏中,赵抃列举了儒学经典和大量历史教训,强调区别君子与小人的重要性。从《长编》记载别的臣僚告诫宋仁宗"不宜过听小人"来看,②赵抃貌似泛泛而言的上言是有一定的针对性的。但从表面上看,此奏疏不是针对具体事情而发,而是劝诫皇帝的议论。这样的上疏,与尚未入朝的赵抃无法通过调查指摘具体事情有关,他只能从原则上劝谏君主。

宋代的士大夫政治,置于君主制政体之下。士大夫在实际上主宰政治,但必须取得皇帝的支持。为了与皇帝和衷共治,士大夫需要用各种方式来引导皇帝言听计从。日臻完备的行政制度,留给皇帝实际施政的空间很小,但还是拥有名义上的官员任用权。任用什么样的人,对士大夫政治很有影响,所以需要让皇帝任命符合士大夫政治利益的官员。为此,需要不断以各种方式施加影响,来左右皇帝按照士大夫的意志来选拔人才。赵抃君子小人论的出发点,正在于此。

在治平四年(1067),刚刚即位的神宗,在广泛征求直言

---

① 《清献集》卷六《论邪正君子小人疏》。
② 《长编》卷一七七至和元年九月辛酉条,第4278页。

意见的同时,①又任命素有直臣声望的赵抃担任言官,以龙图阁学士、知谏院,来监督朝纲。谏院和御史台在宋代合称台谏。谏院以司谏、正言知院,如果以他官兼任,则称知谏院。凡是朝政阙失、大臣至百官任用不当、三省至各官署有失误,都可以上谏言指正。

"投之以桃,报之以李。"新天子的知遇之恩和当面勉励的态度,让赵抃焕发了极大的政治热情。他连续做了三件事。第一件是疏言十事。这十件事是:任道德、简辅弼、别邪正、去侈心、信号令、平赏罚、谨机密、备不虞、勿数赦、容谏诤。从内容看,这是对神宗的指导。在此前不久,被任命为翰林学士的司马光也曾上疏,论修心之要三:曰仁、曰明、曰武;治国之要三:曰用人、曰信赏、曰必罚。并且说这是我平生所学的至精至要的东西,我曾把它献给过仁宗,又献给过英宗,现在献给陛下。②

比较赵抃和司马光的上疏,在内容上很接近,只不过司马光的六事更为概括和形而上,赵抃的十事则更为具体直观。因此说,对于年轻的君主来说,赵抃的十事更具有实际指导意义。当然,无论是概括还是具体,都体现了士大夫政治对君主的规范。

---

① [宋]陈均《皇朝编年纲目备要》卷一七治平四年闰三月载:"求直言。寻命张方平、司马光详定以闻。"许沛藻、金圆、顾吉辰、孙菊园点校本,北京:中华书局,2006年,第400页。[元]脱脱等《宋史》卷一四《神宗纪》治平四年六月载:"辛未,诏天下官吏有能知徭役利病可议宽减者以闻。"中华书局编辑部点校本,北京:中华书局,1985年,第266页。
② 赵抃上疏和司马光上疏的记载均见于《皇朝编年纲目备要》卷一七治平四年,第401—402页。

二、直接干预皇帝的行动与决定

不仅教诲劝导，赵抃还直接对皇帝的行动进行干预。比如，除假日外，仁宗每天应当上朝，坐在前殿、后殿视事。后来大病初愈，改为一天坐前殿，一天坐后殿。后来又因为暑热，改为单日上朝，双日不上朝。入秋以后，这一方式便持续了下来。在至和三年（1056）七月九日，赵抃就上《乞每日坐前后殿状》，要求仁宗认真恢复到每天上朝的旧轨上来。赵抃说，这样要求皇帝的目的是："上以全陛下忧勤之德，下以释四方疑惧之心。"[①] 就是说，这样做既可以成就皇帝勤政的美名，也能免去朝野对皇帝身体的担忧。

在仁宗生病期间，一时中止了台谏官上殿直接跟皇帝交谈的做法。在仁宗病有好转之时，有人建议恢复这一做法，但一直未得到回复。对此，赵抃连上两通《乞依自来体例令台谏官上殿札子》《再乞指挥中书许令台谏官依例上殿札子》，希望恢复台谏官上殿的做法。[②] 他说，台谏官上奏的一些事情涉及机密或敏感的内容，不方便写出来，只能口头上奏。这是赵抃身为台谏官维护自身发言权、保障言路畅通的重要行动。

自从唐代的三省六部制确立之后，以皇帝的名义发出的命令必须有大臣署名签字画押，才能生效，宋朝也承续了这一制度。在唐代，如果皇帝不经大臣这道程序而发出命令，则被称为打破行政规则的不正常的"斜封墨敕"，会受到抵制。宋代

---

① 《清献集》卷八《乞每日坐前后殿状》。
② 《清献集》卷八《乞依自来体例令台谏官上殿札子》《再乞指挥中书许令台谏官依例上殿札子》。

的皇帝也常常破坏规则，发出一些内降指挥，也会经常受到抵制和批评。比如，仁宗对治理黄河失败的责任者，不经中书、枢密院，派出几个宦官，又连下三道内降文字指示处理意见。在至和三年九月，赵抃上《乞追还内降指挥状》，要求仁宗收回这些不合程序的指示。他说道，不征求公卿大臣的意见，有伤国体，并且这样做等于是把行政权力交给了宦官和宫廷内起草诏令的女官。赵抃认为，这正是斜封墨敕的再现。[①]事情不大，但作为士大夫政治的执行者，赵抃此举有防微杜渐、制止皇权脱逸常轨的作用。

有一次，皇族有将近二十人没按正常程序升迁。对此，至和二年（1055）六月，赵抃上《论皇亲非次转官状》，提出了批评。[②]在传统社会，各个王朝都是一姓皇帝的家天下，但作为皇帝，在正常的政治状态之下，并不能为所欲为，有许多制度设限。在士大夫政治成为主宰的宋代，皇帝滥用权力则受到了更大的限制，其中就包括来自台谏的批评。

仁宗宠爱的张贵妃，在至和元年（1054）正月去世后，被悲痛的仁宗追封为温成皇后。原定让参知政事刘沆护丧温成皇后，后来在八月份，刘沆升任宰相，赵抃上疏《乞改差以次臣僚监护温成皇后葬事》，认为不应当再让刘沆护丧，否则有损国体。[③]赵抃反对刘沆继续护丧，既得罪了皇帝仁宗，也得罪了宰相刘沆。并不是事事皆书的苏轼撰神道碑，专门把这件事写了进去。这表明苏轼对初任殿中侍御史的赵抃的大胆上言也

---

① 《清献集》卷九《乞追还内降指挥状》。
② 《清献集》卷七《论皇亲非次转官状》。
③ 《清献集》卷六《乞改差以次臣僚监护温成皇后葬事》。

很看重。①

在刚担任殿中侍御史时,赵抃连上两疏《辨杨察罢三司使状》《论置水递铺不便状》,涉及的是互有关联的两件事。②

宦官杨永德提议在蔡、汴河设置水递铺,三司使杨察认为不妥,否决了这项提议。杨永德就在仁宗面前诋毁杨察,从而导致杨察被罢免。③由于对杨察的罢免没有道理,所以仁宗在

---

① [宋]苏轼《赵清献公神道碑》载:"温成皇后方葬,始命参知政事刘沆监护其役,及沆为相而领事如故。公论其当罢,以全国体。"载[明]茅维编《苏轼文集》卷一七,孔凡礼点校本,北京:中华书局,1986年,第518页。
② 《清献集》卷六《辨杨察罢三司使状》《论置水递铺不便状》。
③ 《长编》卷一七七至和元年载:"九月辛酉朔,权三司使、翰林学士、兼端明殿学士、翰林侍读学士、礼部侍郎、知制诰杨察为户部侍郎、提举集禧观事。内侍杨永德建请蔡、汴河置水递铺,察条其不便,罢之,永德毁察于帝。三司有狱,辞连卫士,皇城司不即遣,而有诏移开封府鞫之。察由是乞罢,帝从其请。知谏院范镇言:'外议皆谓察近因点检内衣库积尺罗帛及建言水递铺非便,又言内藏库不当交钞,又言香场人吏取乞钱物,皇城司占护亲从官不以付外勘鞫。此等事皆是害政伤理之大者,三司义当论列,而逸邪小人,多方沮毁,使其请解使权,朝廷因遂其请,臣窃为陛下惜之。夫邪正之辨,治乱之所系也,不可不审,陛下以察之所陈,是邪?非邪?以为是,则宜使察且主大计,以塞奸幸之路;以为非,则不当改官,使自暇逸。累日以来,日色不光,天气沉阴,欲雨而不雨,此邪人用事之应,而忠良之情不得上通也。陛下宜以察所争四事,下中书、枢密大臣详正是非,付有司依公施行,复察所任,庶几上应天变,下塞人言。'殿中侍御史赵抃亦言:'察若有罪,不当更转官资;若本无罪,不当遽罢。乞令依旧职局,追还新命。'不报。抃,西安人也。抃为御史,弹劾不避权幸,时号'铁面御史'。先是,盐铁判官、司封员外郎王鼎为淮南、江、浙、荆湖制置发运副使,内侍杨永德请沿汴置铺挽漕舟,岁可省卒六万,鼎议以为不可。永德横猾,执政重违其奏,乃令三司判官一员将永德就鼎议。鼎发八难,永德不能复。鼎因疏言:'陛下幸用臣,不宜过听小人,妄有所改,以误国计。'于是永德言不用。居二年,遂以为使。"第4277—4278页。

罢免杨察三司使后，又给他安排了新的职务，还提升了他的官阶。对此，赵抃在奏疏中强硬地说，如果杨察有罪，就不应当升迁官阶；如果本来就没有罪，就不应当罢免。希望取消对杨察的新任命，将其恢复原职。最后，赵抃强调，我身在执行监察职能的部门，对这件事，不能保持沉默不发言。

其实，赵抃替杨察鸣不平，除了会得罪得宠的宦官乃至仁宗之外，还要有不避嫌疑的勇气。因为杨察与赵抃是同榜进士。①在科举大盛的宋代，同榜进士便是同年关系。同年之间在政界互相提携扶持是极为常见之事，而皇帝则忌讳官僚之间公然结党，仁宗完全可以不论曲直，用回护同年的罪名把赵抃罢免。因此说，赵抃上言是要做好牺牲政治前途的精神准备的。

尽管赵抃的意见未被采纳，但毫无疑问，赵抃的言行在士大夫舆论那里得了分，展现了其初任言官的风采。于是编纂《续资治通鉴长编》的李焘，第一次记载了赵抃，并在其后写道："抃为御史，弹劾不避权幸，时号'铁面御史'。"看来，"铁面御史"的称号，赵抃在担任殿中侍御史不久，便因与相权、皇权以及皇权延伸的宦官势力抗争而获得了。

跟皇帝直接有关的，还有一件事。有个叫董吉的士兵，声称擅长炼丹，被宦官引进到宫廷之中。赵抃听说后，在嘉祐五年（1060）十月，起草《乞斥逐烧炼兵士董吉状》，同唐介、王陶两个台谏官一同奏上。②奏章历数汉唐以来类似的历史教训，希望皇帝斥逐这个董吉，以免为其所误，或生出祸端。一

---

① ［清］徐松辑《宋会要辑稿·选举》二之七载："景祐元年四月十八日，诏新及第进士……第二人杨察、第三人徐绶并为将作监丞、通判诸州。"第5288页。
② 《清献集》卷九《乞斥逐烧炼兵士董吉状》。

个人起草，几个台谏官一同上书，无疑会增加上书的分量。由此也可见，台谏官往往不是孤军奋战。这件事，在《宋史·王陶传》中也有记载。① 苏轼写的赵抃神道碑，记载赵抃再入朝担任右司谏上奏的第一件事就是这件事，并且对这一奏疏也有节略引述，可见苏轼对赵抃这一行动的看重。②

仁宗没有子嗣，到了在位后期，特别是生了大病之后，后继者成为朝野关注的问题。但皇帝尚在位，作为臣子，议论这样的问题很犯忌讳，甚至会被罢官。在宋太宗后期，许多官僚都因为上言继承人之事而丢了官，后来诤臣寇准上言才被太宗接受了。③

尽管有这样并不太远的历史教训，赵抃还是鼓起极大的政治勇气，在至和三年（1056）六月，上奏了《言皇嗣未立疏》，④ 希望作为权宜之计，仁宗能选择皇族中有好的声望的孩子，或是收养在宫中，或是封为亲王，然后再选择良士正人加以教导。即使将来真有自己的子嗣诞生，这样做也没有什么影响。赵抃说，我的职务让我有这样上言的责任，所以我丝毫没有考虑对我自身以及家庭的影响，进忠言等待处罚。冒着牺牲

---

① 《宋史》卷三二九《王陶传》载："中贵人导炼丹者入禁廷，陶言：'汉、唐方士，名为化黄金、益年寿以惑人主者，后皆就戮。请出之。'"第10610页。

② 《赵清献公神道碑》载："以右司谏召，论事不折如前。入内副都知邓保信引退兵董吉以烧炼出入禁中，公言：'汉文成、五利，唐普思、静能、李训、郑注，多依宦官以结主，假药术以市奸者也，其渐不可启。'"《苏轼文集》卷一七，第519页。

③ 参见《君臣：士大夫政治下的权力场》第三章《左右天子为大忠："使气之寇准"》，第80—132页。

④ 《清献集》卷八《言皇嗣未立疏》。

自己的政治前途与生命的危险而进言，赵抃所体现的，正是宋代士大夫的主流精神。①

三、"直斥贤用不肖斥"

士大夫政治与皇帝共治，赋予皇帝的，主要是人事任命的裁决权。然而，这种任免裁决权也处于士大夫的监督之下。在朝廷百官之中，台谏官的职责所在，让他们成为名正言顺的监督者。以"直斥贤用不肖斥"自任的赵抃，②在担任殿中侍御史期间，提出了大量的奏疏。其中，最多的就是对人事任免的发言。

赵抃看到任命汤夏为开封府判官，提出《论汤夏不合权开封府判官札子》表示反对。认为这个早于他进士及第的汤夏在士大夫中声誉不好，③并且还听力不敏。重要的是，做了开封府判官，下一步就可能担任地方路一级的官员。这样一来，便会让所管辖的州县受害。可见衡量一个官员的任命时，赵抃的标准不仅是这一官职的重要性，还要考虑这一官员的声誉，更要顾及该任命对将来的影响。④

对一些人事任命的反对，尤其是对重要职位任命的反对，赵抃主要是看被任命人的人品。赵抃的同僚殿中侍御史俞希孟被任命为言事御史。御史台的长官御史中丞张昪和赵抃等一同

---

① 参见王瑞来《宋代士大夫主流精神论》，《宋史研究论丛》第六辑，保定：河北大学出版社，2005年，第169—198页。
② 《清献集》卷一《和范御史见赠》。
③ ［明］陈策纂修：《（正德）饶州府志》卷二，《天一阁藏明代方志选刊续编》影印正德六年序本。
④ 《清献集》卷六《论汤夏不合权开封府判官札子》。

上书表示反对。虽说是联名上书,但这篇题为《论俞希孟别与差遣状》的奏疏收录在赵抃的文集中,^①表明奏疏是赵抃起草的,其中的认识也应当主要是赵抃的认识。对这位同僚的任命,奏疏列举了具体事例,作为反对的理由。主要有两条,一是取媚宦官,二是听命大臣。台谏官设置的本意,是使其作为一种独立的力量来纠正朝廷的阙失。如果与宦官或宰相大臣同气相应,便失去了台谏官存在的意义了。所以这项任命引起了包括赵抃在内的御史台全体官员的反对。由于遭到如此强烈的反对,在赵抃等上疏的第四天,俞希孟就被外放到地方任职了。②

当然,对有些任命,赵抃提出异议,不仅是出于被任命人的人品,还牵涉到被任命人的背景关系。比如,周豫担任馆阁校勘,是赵抃多次弹劾的宰相陈执中推荐的。赵抃在列举陈执中的八大罪状时,曾提及惧内的陈执中曾把宠爱的侧室寄放在周豫家里,周豫对陈执中也是百般阿谀奉承。③鉴于周豫这样的人品与背景关系,他在士大夫中声誉不好,赵抃上《乞罢周豫召试馆职状》,要求取消对周豫的这项任命,从而一新士风,使人知有廉耻。④

赵抃对人事任免提出意见,都做过周密的调查,提出的意见有理有据,令人不得不信服。比如所上《乞罢萧汝砺详议官状》,一是指出萧汝砺刚升迁京官,就请假回家将近一年。回

---

① 《清献集》卷七《论俞希孟别与差遣状》。
② 《长编》卷一八一至和二年十月己亥条记载张昇等上书,四天后又载:"壬寅,改希孟为祠部员外郎、荆湖南路转运使。"第4380页。
③ 《长编》卷一七八至和二年二月庚子条载赵抃弹劾陈执中的奏疏中提及:"执中尝寄嬖人于周豫之家,而豫奸谄,受知执中,遂举豫试馆职。"第4309页。
④ 《清献集》卷六《乞罢周豫召试馆职状》。

朝后，没有折扣请假的时间，就又不断升迁。二是指出萧汝砺家乡的族人营造楼阁，招了不少歌妓舞女，用以接待权贵子弟。并且同时指出，对于萧汝砺的各种行为，舆论反应很不好。因此赵抃要求中止萧汝砺详议官的任命，让审刑院另行推荐人选。①《四库》本的《清献集》在这通奏状之后，注有处理结果："诏汝砺依前通判徽州。"由此可见，由于赵抃的反对，萧汝砺没有做成审刑院的详议官。皇帝和朝廷听从了赵抃的意见，则证明了赵抃的意见正当合理，并且顺乎舆论。

四、"面议政事"与"辄密启闻"

在知谏院三个月后，治平四年（1067）九月，赵抃进入政治核心，成为副宰相参知政事。赵抃在升任参知政事之前，官阶为右司郎中，他越过光禄卿、秘书监，直至右谏议大夫，连升三级。如果按元丰官制改革后的官阶看，就是从朝议大夫，越过中散大夫、中大夫，升到了太中大夫。所以《宋史·宰辅表》在记载赵抃被任命为参知政事时，特书一笔："抃迁右谏议大夫"，②表示这是破例超迁。

苏轼在神道碑中记载，破例超迁担任参知政事的赵抃"感激思奋，面议政事，有不尽者，辄密启闻。上手诏嘉之"。那么，赵抃是如何"感激思奋"的呢？苏轼的记载提供了两方面的线索。一是"面议政事"，二是"辄密启闻"。

---

① 《清献集》卷七《乞罢萧汝砺详议官状》。
② ［元］脱脱等:《宋史》卷二一一《宰辅表》治平四年丁未（1067）"执政进拜加官"栏，第5484页。

关于"面议政事",我从宋人王巩所撰张方平行状中看到与赵抃相关的一件事。在赵抃成为参知政事的第二天,宰相与执政大臣一起讨论让王安石担任御史台长官御史中丞的人事议案。张方平说,御史中丞负责执掌国家的全面监察,王安石常常以儒学经典的名目处理事务,自视很高,不宜把他放在监察的位置上。

在张方平这一番话之后,张方平行状记载说,"赵公抃亦以为然",这等于是表示赵抃跟张方平意见相同。由于执政班子中有两个人表示了异议,王安石便没有当上御史中丞。①

赵抃并不是简单地附和张方平的意见。他曾有过几次跟王安石共事的机会,特别是在嘉祐六年二人曾一起参与殿试考试,王安石作为详定官擅自改动考生名次的事,一定也给赵抃留下了不好的印象。②

---

① [宋]张方平《乐全集》附录王巩《文定张公乐全先生行状》载:"至政府之次日,宰臣议以王安石补御史中丞。公曰:'御史中丞秉国宪度,安石以经术为名,自处高,难居绳检之地。'赵公抃亦以为然,竟止。"郑涵点校《张方平集》本,郑州:中州古籍出版社,2000年。

② [宋]沈括《梦溪笔谈》卷一《故事》载:"嘉祐中进士奏名讫,未御试,京师妄传王俊民为状元,不知言之所起,人亦莫知俊民为何人。及御试,王荆公时为知制诰,与天章阁待制杨乐道二人为详定官。旧制,御试举人,设初考官先定等第,复弥之,乃送覆考官再定等第,乃付详定官,发初考官所定以对覆考之等,如同则已,不同则详其程文,当从初考或从覆考为定,即不得别立等。是时王荆公以初、覆考所定第一人皆未允当,于行间别取一人为状首。杨乐道守法,以为不可,议论未决。太常少卿朱从道时为封弥官,闻之,谓同舍曰:'二公何用力争,从道十日前会闻王俊民为状元,事必前定,二公恨自苦耳。'既而二人各以己意进禀,而诏从荆公之请,及发封,乃王俊民也。详定官得别立等自此始,遂为定制。"金良年点校本,北京:中华书局,2015年,第7页。

宰臣共同讨论御史中丞的人事任用，也从政治运行实态的一面，透露出本应由皇帝本人掌握的言官人事权，在士大夫政治的背景下，实际上是由宰相以及执政大臣主宰的。这也可以说明，何以言官往往会成为宰相的鹰犬，而不可能作为一个独立的力量存在。就因为言官实际上已成为相权的延伸。

关于"辄密启闻"，即向皇帝私下提议，《太平治迹统类》记载，担任了参知政事的赵抃曾私下向神宗进言说，有的官员因为被攻击诽谤而贬放到外地，最初皇帝听信了这种攻击诽谤，而最终还是弄清了事实；有的官员在皇帝面前花言巧语，最初皇帝受到迷惑，而最终还是辨明了这些花言巧语。希望皇帝能对官员们察其言，观其行，如果有敢于夹带私情来论奏的，以及心怀奸邪来欺骗皇帝的，就把他们贬放到远方去。赵抃的话，既是指导年轻的神宗，也一定是有人或事的具体所指。

对此，神宗专门给赵抃写下手诏，加以褒奖。手诏写道，你在政事之余，还能时常用儒学思想来启发我，如果不是深通管理国家的道理，忠诚的志节凝结于内心，怎么能做到这些？你的这些话意义广泛而深远，正如常言道，药力如果不是达到让人晕眩的猛烈程度，是治不了病的。希望你不要嫌烦，经常详细地进言。

神宗以药作比喻的话，是有典故的，出自儒学经典《尚书》的《说命》："若药弗瞑眩，厥疾弗瘳。"[①] 由此可见，神宗虽然年轻，但自幼所接受的儒学教育已经在他的思想中产生了影响。他记住了跟俗谚"良药苦口利于病"有同样意思的这句

---

① ［清］阮元校刻：《尚书正义》卷一〇《说命》上，北京：中华书局影印本，2009年，第370页。

话，也就容易接受犯颜直谏。这正是宋代士大夫对君主教育的目的。只有遵守为君之道，接受犯颜直谏，才能积极主动地配合，而不是违逆士大夫政治。神宗的手诏让赵抃很受鼓舞，接着又进行了上奏，这次神宗也很高兴地接受了。①

宋真宗时的宰相李沆，每天上奏各地水旱盗贼等苦难之事，当时的参知政事王旦就认为没必要把这些小事报告给皇帝，这会使皇帝心情不愉快，但李沆说应当让皇帝了解四方的艰难。②仁宗时，范仲淹奉命视察江淮灾区，把灾民用来充饥的野草拿回一把，交给皇帝说，请把这个给六宫贵戚看看，来告诫他们不要生出奢侈之心。③这些前辈的做法也成为赵抃的

---

① ［宋］彭百川《太平治迹统类》卷一二《神宗圣政》载："赵抃为右谏议参知政事。抃尝密奏：'臣僚有被谤于外，始疑而中释者；有诡说于前，初惑而卒明者。愿陛下察其言，观其行，敢有挟情论奏，怀奸罔上，屏之远方。'手诏曰：'卿政事之余，能时以经义启沃，苟非博达治理，诚节内固，何以臻此？指意沉远，罔究所谓药非瞑眩，厥疾不瘳，宜不惮烦，悉陈觐缕。'抃复具奏，上嘉纳之。"扬州：江苏广陵古籍刻印社影印本，1990 年。

② 《宋史》卷二八二《李沆传》载："沆为相，王旦参政事，以西北用兵，或至旰食。旦叹曰：'我辈安能坐致太平，得优游无事耶？'沆曰：'少有忧勤，足为警戒。他日四方宁谧，朝廷未必无事。'后契丹和亲，旦问何如，沆曰：'善则善矣，然边患既息，恐人主渐生侈心耳。'旦未以为然。沆又日取四方水旱盗贼奏之，且以为细事不足烦上听。沆曰：'人主少年，当使知四方艰难。不然，血气方刚，不留意声色犬马，则土木、甲兵、祷祠之事作矣。吾老，不及见此，此参政他日之忧也。'沆没后，真宗以契丹既和，西夏纳款，遂封岱、祠汾，大营宫观，搜讲坠典，靡有暇日。旦亲见王钦若、丁谓等所为，欲谏则业已同之，欲去则上遇之厚，乃以沆先识之远，叹曰：'李文靖真圣人也。'当时遂谓之'圣相'。"第 4539 页。

③ 《长编》卷一一二明道二年七月甲申条载："命仲淹安抚江、淮。所至开仓廪，赈乏绝，毁淫祀，奏蠲庐舒折役茶、江东丁口盐钱。饥民有食乌昧草者，撷草进御，请示六宫贵戚，以戒侈心。"第 2623 页。

榜样。在赵抃去世后,神宗曾向一个官员问起地方灾荒的事,那个官员如实报告了灾情惨状,神宗悲伤地说道:"以前,这样的事情只有赵抃跟我讲过。"[①]一般官员为了讨好皇帝或上司,往往都是报喜不报忧。但赵抃却是如实地将情况反馈给皇帝,希望皇帝能够施策减轻民间疾苦。

在废除荐举法之后,御史荐举的制度还保留着。熙宁二年(1069),王安石说,御史荐举的规定太琐碎,所以很难选拔出合适的人才担任。并且说,旧的规定,凡是执政大臣提名的人,都不能担任御史。所以执政大臣就故意选一些平时畏惧的人提名,这样一来,这些人就不能担任言官了。这样的规定很有问题。听到王安石这样说,神宗就命令废除旧法,规定御史全部由长官御史中丞来选拔,并且不限资格。

对此,赵抃提出两条异议。第一,采用官阶较低的京官来担任御史不大合适。第二,只由中丞来选拔,副手的知杂事不参与,也与旧制不合。听了赵抃的意见,神宗反驳说,唐代还以布衣平民马周担任御史呢,用京官有何不可?知杂事是下属,这件事应当委托长官。

尽管赵抃的意见遭到了神宗的反驳,但却获得了来自御史台的支持。侍御史刘述上奏说,旧制,荐举御史人选官阶一定要达到京朝官,资格得可以担任通判。由众学士和本台的中丞、知杂互相举荐,每空出一个缺,提名二人而择用一人。现在完全委托中丞,那么中丞便会全凭自己的好恶荐举,使公道

---

① 《宋史》卷三三一《卢秉传》载:"是岁上计,神宗问曰:'闻滁、和民捕蝗充食,有诸?'对曰:'有之,民饥甚,殍死相枕藉。'帝恻然曰:'前此独赵抃为朕言之耳。'"第10670页。

变成私恩。如果再接受权臣的嘱托，引用亲信，就会导致滥用皇权，非常有害。尽管神宗没有听从赵抃和刘述的意见，但也反映了君臣之间较为正常的政治互动。对于王安石及其支持者神宗的意见，赵抃也敢于毫无顾忌地提出异议。①

五、抑制间接皇权宦官势力

历来有"宋朝家法最善"之说，其中宦官势力没有过度膨胀也是被称许的内容之一。其实，宋朝之所以没有形成如东汉、唐中后期以及明代那样宦官气焰熏天的局面，跟强势的士大夫政治所形成的强力遏制有很大关系。把士大夫政治的遏制具体化，就包含了赵抃这样的士大夫的努力。

宋代的宦官势力尽管没有达到东汉、晚唐和明代的跋扈程度，但势力也很大，历朝皇帝都在军政等许多领域重用宦官。鉴于历史教训，宋代士大夫对宦官势力的增长充满警惕，时常加以抑制。在赵抃的上言中，就有一些这样的内容。比如京城水灾，作为一时的权宜之计，让宦官带领士兵在京城地区

---

① 《宋史》卷一六〇《选举志》六《保任》载："初，神宗罢荐举，惟举御史法不废。熙宁二年，王安石言：'举御史法太密，故难于得人。'帝曰：'岂执政者恶言官得人耶？'于是中书悉具旧法以奏。安石曰：'旧法，凡执政所荐，即不得为御史。执政取其平日所畏者荐之，则其人不复得言事矣，盖法之弊如此。'帝乃令悉除旧法，一委中丞举之，而稍略其资格。赵抃曰：'用京官恐非体，又不委知杂，专任中丞，亦非旧制。'帝曰：'唐以布衣马周为之，用京官何为不可？知杂，属也，委长为是。'侍御史刘述奏曰：'旧制，举御史必官升京朝，资入通判。众学士、本台丞、知杂更互论荐，每一阙上，二人而择用一人。今专委中丞，则爱憎由己，公道废于私恩；或受权臣之托，引所亲厚，擅窃人主威福，此大不便。'弗听。"第3748页。

巡逻。在水灾消退后的至和三年七月，赵抃立即提出了《乞罢内臣权巡检状》，说原有的巡警和地方官员可以负责这项事务，希望恢复旧制，以防宦官扰民。①此外，赵抃还有《乞寝罢内臣修筑汴堤状》。②

仁宗宠妃温成皇后去世后，宦官石全彬参与负责安葬活动。事后，石全彬被授予宫苑使、利州观察使的官职，后来又给予他观察留后的待遇，但他仍不满足，向仁宗请求，希望能担任入内副都知，而仁宗似乎是认可了他的请求。入内副都知是相当于大内总管之一的职位。消息传出，舆论很震惊，因此在至和元年（1054）十一月，赵抃上《乞寝罢石全彬陈乞入内副都知等事状》，要求仁宗不要理会石全彬的请求，按原定任命执行。《四库》本的《清献集》在这通奏状之后，注出的处理结果"罢副都知"，显示仁宗听取了赵抃的意见。③无为而治，基本遵从士大夫们的意见，仁宗的做法也无疑让赵抃受到很大鼓舞。

宦官阎士良被任命为带御器械，但根据前几年刚刚重申的内臣旧制，必须在边防五年，带御器械五年，五十岁以上，没有任何犯罪经历才可以选充押班，仁宗也认可了对这一规定的重申。根据这一规定，阎士良不仅不够格，并且他生性狡黠，与中外大臣交相结托，在河北任职时张皇事势，还曾经因犯罪被流放过。因此，在至和二年（1055）七月，赵抃上《乞罢内臣阎士良带御器械状》，要求中止这项任命。并且说，枢

---

① 《清献集》卷八《乞罢内臣权巡检状》。
② 《清献集》卷七《乞寝罢内臣修筑汴堤状》。
③ 《清献集》卷六《乞寝罢石全彬陈乞入内副都知等事状》。

密院发出这样的任命指挥,与刚刚重申的规定相冲突,很不负责。①其实,任命阎士良未尝不是仁宗的意见,只是经过枢密院的程序而已。既然是枢密院经手,赵抃便可以毫无顾忌地直接批评。《四库》本的《清献集》在这通奏状之后的注文以及《长编》引录赵抃奏疏之后,都记载了处理结果:"诏罢士良带御器械。"②

从《长编》记载此奏为御史范师道、吕景初、马遵、赵抃一同所上来看,之所以有这样的处理结果,是来自士大夫群体的强烈反弹所形成的压力,让仁宗不得不收回成命。赵抃上奏的最后一句,表明了目的:"惩劝陛下左右之人。"就是要威慑宦官。

宦官虽无生育能力,但在宋代,宦官养子很普遍,并立有家业。从赵抃于至和二年八月所上《乞令供奉官周永正认姓追夺官资状》讲述的周永正之例,可见在宦官内部也结成了错综复杂的裙带关系,并且彼此间也有激烈的争斗。周永正成为周美的养子,又成为宦官入内都知任守忠的女婿,自己的妻兄又是入内供奉官任克明。周永正跟任克明有矛盾冲突,在养父周美去世后,仗势与兄弟周永清争夺家产。因此,赵抃上奏要求严肃处理。《四库》本的《清献集》在这通奏状之后,注出的处理结果是:"诏追夺周永正出身历任文字,除名。"③由此可见,在宋代,士大夫政治完全可以对宦官势力形成压制。

宦官势力是皇权的延伸,抑制宦官势力,也就在一定意义

---

① 《清献集》卷七《乞罢内臣阎士良带御器械状》。

② 《长编》卷一八〇至和二年七月,第4363页。

③ 《清献集》卷七《乞令供奉官周永正认姓追夺官资状》。

上限制了皇权。赵抃还有通过抵制任命来限制皇权的行动。

至和二年（1055）八月，朝廷派遣第二年元旦贺契丹国主正旦使者，副使选派的是内殿崇班、阁门祗候李克忠。《长编》记载赵抃提出了反对意见，他认为李克忠的官职差遣都未经过正常程序，而是由皇帝在宫廷直接下达指示任命的，希望改换副使。朝廷和皇帝真的听从了赵抃的意见，改换了另外的官员。[①]赵抃所上奏疏题为《乞寝罢李克忠充国信副使状》，收录在文集中。《长编》所记的处理结果，跟赵抃文集此奏后的注文内容一致："诏李克忠罢入国之命。"[②]这也可以证明，赵抃文集的奏疏后面以注文形式所记的处理结果是可信的。

这个李克忠因为是仁宗保姆的孙子，所以仁宗对他照顾有加。[③]赵抃不会不知道这个底细，他要求换掉李克忠，实际上是驳了仁宗的面子。在就任殿中侍御史不久，赵抃就曾提出过《乞追还内降指挥状》，制止皇帝不走正常程序任命官员的行为。[④]在士大夫政治的背景之下，因为皇帝是"与士大夫治天

---

① 《长编》卷一八〇至和二年八月辛丑条载："翰林学士、吏部郎中、知制诰、史馆修撰欧阳修为契丹国母生辰使，四方馆使、果州团练使向传范副之。右正言、知制诰刘敞为契丹生辰使，文思副使窦舜卿副之。起居舍人、直秘阁、知谏院范镇为契丹国母正旦使，内殿承制、阁门祗候王光祖副之。权度支判官、刑部员外郎李复圭为契丹正旦使，内殿崇班、阁门祗候李克忠副之。时朝廷未知契丹主已卒，故生辰、正旦遣使如例。既而御史赵抃言克忠多由内降得差遣，请改命，乃以染院副使、兼阁门通事舍人柴贻范代之。"第4365页。
② 《清献集》卷七《乞寝罢李克忠充国信副使状》。
③ ［宋］慕容彦逢《摛文堂集》卷五《故秦国夫人林氏孙阁门祗候李克忠可内殿承制制》云："敕某：仕缘恩阀，籍在禁闱。予哀保母之终，且有绪孙之托。"影印文渊阁《四库全书》本，台北：台湾商务印书馆，1986年。
④ 《清献集》卷九《乞追还内降指挥状》。

下",所以士大夫行事上言有着充足的底气。

嘉祐五年（1060）十一月,赵抃上《乞追寝刘保信等恩命状》,请求中止超越常格授予几个宦官遥郡刺史和团练使的任命,认为这是影响很坏的滥施恩泽。在这通奏疏仁宗留中不发而没有下文时,赵抃又上《乞检会前奏追夺刘保信等恩命状》,要求仁宗加以处理,以平息舆论。从奏状开头"臣等"的表述看,这通奏章赵抃又是联合了其他几个台谏官一同奏上的。从奏章中述及"况近日知制诰杨畋等封还刘永年、李珣等转官词头"的事实看,连皇帝的秘书官知制诰也拒绝写委任状,可见反对的声浪很高。①

结语

赵抃在政治舞台上活跃的时期,是在庆历新政之后,经历了范仲淹等一批科举士大夫的英姿勃发、叱咤风云,士大夫政治从青涩走向成熟的时期。士大夫政治的各种内涵在党争等复杂的纠葛中也充分地显现出来。置身其中的士大夫需要处理包括皇权在内的各种关系,既需要秉持儒学教养的理念,坚守士大夫的主流精神,也需要有足够的周旋于政治场的生存智慧。

相较于漫长的地方官经历,赵抃在中央任职的时间并不长,主要是在仁宗后期担任殿中侍御史及在神宗初期担任知谏院和参知政事。短时期的中央任职,担任言职,有发言权;担任参知政事,有机会与皇帝面议政事。因此,考察士大夫政治

---

① 《乞追寝刘保信等恩命状》《乞检会前奏追夺刘保信等恩命状》均收录于赵抃《清献集》卷九。

下的皇权，赵抃在这期间的言与行，便成为一个很好的视角。

以上所列举赵抃的言行，都是职务所及范围内的正常举动。让赵抃在朝尤有光彩的是，他在担任殿中侍御史期间，先后多次上疏弹劾仁宗袒护的宰相陈执中，以及弹劾仁宗朝的进士状元三司使王拱辰、枢密使王德用，又在担任右司谏期间弹劾枢密使宋庠。这些重臣不仅自身有势力，取得如此高位，也与皇权的支持有关。赵抃弹劾重臣，其实也是同皇权的间接对抗。那么，为什么不选择这类事例呢？我觉得，考察士大夫政治下的皇权，较之激烈的政治对抗和混乱的党争，日常平静的政治运作更少杂质，更为全面，更具有典型性。平常状态才是历史呈现的常态。因此，从赵抃言行切入的考察，我择取的都是一些平常言行。

历代沿袭的政治传统，逐渐强化的皇帝权威，使君主独裁在制度上有明确的规定。不过，制度是静态的，犹如无菌状态的手术室，一旦投入实际运行当中，则充满了变量。鉴于这种状态，我在1985年刊发的《论宋代相权》一文中就强调，"要区别开这样两个方面的问题：第一，君主的主观意图与政治舞台上的客观事实；第二，制度的设立与制度的实施。"

此外，社会的历史由人的活动构成，因人而异的性格、境遇和行为方式所带来的偶然性因素，都会对制度的规定和活动的走向乃至结果产生很大的影响。在刘太后长期垂帘下成长起来的仁宗，一生也没有完全走出刘太后的阴影，处事温和。这就在突破制度束缚方面给了士大夫们很大的空间。仁宗的为君方式又遗传给了偶然即位的养子英宗，这从他赞扬赵抃所为是"中和之政"便可概见。天不假年，短短几年在位，未来得及施展的英宗并没有影响到士大夫们的作为，其在位的几年仅仅是仁宗时代的延长。年轻的神宗很想有一番作为，但缺乏政治经验，因而主见不足，摇摆于变法的论争旋涡之中，很大程度上为各派的士大夫所利用。在正常的政治状态下，君臣关系更多的是显现出互相合作的和谐，多是良性互动。在皇权强大的权威之下，士大夫对皇帝的劝诫和左右，通常是顾全皇帝的面子，顺应皇帝的性格和处事方式，来柔软地实施。像寇准那样不懂曲折委婉，硬牵着太宗的衣角让太宗听从的情况很少。①当然，君臣合作并不仅仅体现为皇帝对士大夫们百分之百的言听计从。

不过，皇帝对士大夫的拒绝，则需要具体事情具体分析，不能简单地理解为是皇权的绝对行使。多数情况下，一种结果的形成，绝非单方面的作用，而是诸种合力的结果。表面上皇帝决定的背后，往往隐藏着党派角逐的因素。赵抃在皇帝那里也有行不通之时。对此，亦当如是观。

由于士大夫政治过于强大，君主无力对抗，也不需要对抗，因为君臣之间并无根本的利害冲突。所以宋仁宗基本采取了放任的态度，乐得在宫中做一个高高在上的清闲皇帝。宋人这样说仁宗，"百事不会，只会做官家"，②就是说仁宗很会做皇帝。其实仁宗的"会做"，就是无为而治。全面放手，便让士大夫打造了四十年的辉煌时代。有人曾经夸张地说，宋仁宗在

---

① 《君臣：士大夫政治下的权力场》第三章《左右天子为大忠："使气之寇准"》，第 80—132 页。

② ［宋］施德操：《北窗炙輠录》卷上，虞云国、孙旭整理本，郑州：大象出版社，2019 年，第 12 页。

位的四十年，是中国历史上最好的时代。这样的时代辉煌，无疑也有赵抃的一份贡献。

士大夫政治不仅推进了皇权走向象征化的进程，更唤醒了传统读书人的高度觉醒，激发起传统读书人的独立意识与担当精神。较之政治意义上的皇权升降，后者更有深远的意义。赵抃的言行，正是这种意义的体现。

《宋丞相王荆公安石》，现藏故宫博物院

宋代士大夫的政治关系

引言

在熙丰变法的初期，王安石与赵抃在朝廷同为相当于副宰相的参知政事，对于一些政务，主张颇有不同。因此，赵抃一直被视为变法的反对派。其实，我们应当跳出以是否赞成变法作为划线标准的定势思维，投射在士大夫政治的背景之下，来审视士大夫之间的政治关系。从这一视点进行审视，王安石与赵抃的关系，便成为一个很好的考察样板。

通过考察，可以观察到当时士大夫间的政治关系，即使政见不同，或许也并非后世想象的那样恩仇分明而水火不容，这是因为他们拥有儒学思想所铸就的共同理念，争执尽管也掺杂有个人情感在内，但多是出于正常的对于施政方式的技术层面之争。然而，关于宋代士大夫之间政治关系的这一面相却很少纳入研究者的考察视野。有鉴于此，以王安石与赵抃的关系为例，略加述论。

一、变法之前的交集

王安石与赵抃在仁宗朝后期就已经开始共事了。《宋会要辑稿·选举》一九之一三载："（嘉祐）五年八月六日，命右司谏赵抃，直集贤院王安石、郑獬，集贤校理滕甫考试开封府举人，殿中侍御史陈洙、直秘阁司马光、秘阁校理李大临、集贤校理杨绘考试国子监举人，左正言王陶、秘阁校理裴煜考试锁厅举人。"据此可知，这一年八月赵抃受命担任开封府举人考试的考官，排在赵抃之后的还有直集贤院王安石，同日任命担任国子监举人考试考官的还有司马光。八九年后熙丰变法的风云人物，在这里已经作为临时同事相遇了。

第二年嘉祐六年（1061）的殿试，赵抃又临时跟司马光、王安石短暂地成为同事。赵抃担任殿试名次的编排官，司马光担任进士初考官，王安石担任详定官。①过去制度规定，考生的等第或从初考，或从覆考，详定官不得擅自决定。正是这次殿试，作为详定官的王安石，认为初考、覆考所定等第都不允当，另选一人作为状首，改变了规矩。同时代的沈括将这件事记载了下来："嘉祐中进士奏名讫，未御试，京师妄传王俊民为状元，不知言之所起，人亦莫知俊民为何人。及御试，王荆公时为知制诰，与天章阁待制杨乐道二人为详定官。旧制，御试举人，设初考官先定等第，复弥之，以送覆考官再定等第，乃付详定官，发初考官所定等以对覆考之等，如同则已，不同则详其程文，当从初考或从覆考为定，即不得别立等。是时王荆公以初、覆考所定第一人皆未允当，于行间别取一人为状首。杨乐道守法，以为不可，议论未决。太常少卿朱从道时为封弥官，闻之，谓同舍曰：'二公何用力争，从道十日前已闻王俊民为状元，事必前定，二公恨自苦耳。'既而二人各以己意进禀，而诏从荆公之请，及发封，乃王俊民也。详定官得别立等自此始，遂为定制。"从此"详定官得别立等"就成了定制。②遂愿

---

① ［宋］刘昌诗：《芦浦笔记》卷五《赵清献公充御试官日记》，张荣铮、秦呈瑞点校本，中华书局，1986年。
② ［宋］沈括：《梦溪笔谈》卷一《故事》，金良年点校本，中华书局，2015年，第7页。

的王安石,写诗说道:"汉家故事真当改,新咏知君胜弱翁。"[1]与此适成对照的是,真宗天禧三年殿试,陈尧佐与陈执中作为编排官变动考生等次,则遭受了降一官的处分。[2]后来,作为参知政事的赵抃,与王安石在变法问题上有分歧,不知是不是从此时他便对王安石的擅作主张有了不好的看法。

除了直接共事,王安石与赵抃还有间接的文字缘。嘉祐七年(1062)七月十九日,朝廷下达新的任命,右司谏、知虔州赵抃为礼部员外郎兼侍御史知杂事。[3]时任皇帝秘书之一的知制诰王安石,起草了委任状《右司谏赵抃礼部员外郎兼侍御史知杂事制》。制词以皇帝的口吻说,御史作为皇帝的耳目,如果不是工作了很长时间,并且又很称职,是不会被任命为侍御史知杂事的。由于你曾经担任过言官,表现很好,为舆论所称

---

[1] 〔宋〕王安石:《王安石文集》卷一八《详定试卷二首》之二,刘成国点校本,中华书局,2021年,第294页。

[2] 〔宋〕李焘《续资治通鉴长编》(以下简称《长编》)卷九三天禧三年三月己卯条载:"工部郎中陈尧佐、右正言陈执中,并夺一官。尧佐为起居郎,依前直史馆,监鄂州茶场。执中卫尉寺丞,监岳州酒税。初,上累定考试条制,举人纳试卷,即先付编排官,去其卷首乡贯状,以字号第之,封弥官誊写校勘,始付考官定等讫,复封弥送覆考官再定等,乃送详定官启封,阅其同异,参验着定,始付编排官取乡贯状字号合之,即第其姓名差次,并试卷以闻,遂临轩放榜焉。大抵欲有校、详定官不获见举人姓名、书翰,编排官虽见姓名,而不复升降,用绝情弊。而尧佐、执中为编排官,不详此制,复改易其等级。翌日,内廷覆验,多所同异,遂悉付中书,命直龙图阁冯元、太子右谕德鲁宗道阅视,仍召尧佐、执中洎考校、详定官对辨之,尧佐等具伏。王钦若等言:'尧佐等所犯,诚合严谴。若属吏议,其责甚重,请止据罪降黜。'从之。"上海师范大学古籍整理研究所、华东师范大学古籍整理研究所点校本,中华书局,2004年,第2140页。

[3] 《长编》卷一九七嘉祐七年七月甲子条,第4769页。

誉，因此升迁为郎官，安排在这个位置。①

嘉祐八年三月二十九日，在位四十年的仁宗驾崩。四月一日，英宗即位。王安石的文集中收录有他作为知制诰起草的《三司度支副使赵抃户部员外郎加上轻车都尉》的制词："敕某人等：朕初嗣位，奉行先帝故事，不敢有废也。具官某等，行义称于世，才能见于朝。佐国大计，为功多矣。序迁位等，其往钦哉！可。"②从制词中"朕初嗣位"的表达看，制词的发布时间是在四月。

任免制词尽管是以皇帝的名义和口吻发布的，但反映的往往是执笔词臣的认识与评价。从上述两通王安石起草的制词看，王安石对他没有过多接触的赵抃印象并不坏。

在仕途上，赵抃是王安石的前辈。进入政治核心担任参知政事，赵抃也比王安石早。赵抃在成为参知政事的第二天，就遇到了一件跟王安石有关的事。宰相与执政大臣一起讨论让王安石担任御史台长官御史中丞的人事议案。张方平说，御史中丞全面执掌国家的监察事务，王安石常常以儒学经典的名目处理事务，自视很高，不宜把他放在监察的位置上。在张方平这一番话之后，张方平行状记载说，"赵公抃亦以为然"，意即赵抃也是这样认为的。这等于是表示他跟张方平拥有同样的认识。由于班子中有两个人表示了反对意见，这一议案便成了废

---

① 《王安石文集》卷四九《右司谏赵抃礼部员外郎兼侍御史知杂事制》载："敕某：朕置御史以为耳目，非更事久而能自树职，则不以知杂事也。以尔尝任言责，有猷有为，行义之修，士人所誉，故迁郎位，使在此官。悉其诚心，迪上视听，义之与比，时乃显哉！可。"第815页。

② 《王安石文集》卷五〇《三司度支副使赵抃户部员外郎加上轻车都尉》，第833页。

案，王安石没有当上御史中丞。①赵抃并不是简单地附和张方平的意见。他曾有过几次跟王安石共事的机会，特别是在嘉祐六年二人曾一起参与殿试考试，王安石作为详定官擅自改动考生名次的事，一定也给赵抃留下了很深的印象。

宰臣共同讨论御史中丞的人事任用，也从政治运行实态的一面，透露出本应由皇帝本人掌握的言官人事权，在士大夫政治的背景下，实际上是由宰相以及执政大臣主宰的。这也可以说明，何以言官往往会成为宰相的鹰犬，而不可能作为一个独立的力量存在。就因为言官实际上是相权的延伸。

熙宁二年（1069）二月，王安石出任参知政事。十月，赵抃曾经激烈弹劾的陈升之再度担任宰相，执政集团的构成逐渐复杂起来。②

作为参知政事，赵抃与王安石开始了较长时间的共事。在共事期间，发生了这样一件事。赵抃在当年担任殿中侍御史时，弹劾宰相陈执中，时任谏官的范镇不仅没有像其他台谏那样配合，还上奏疏为陈执中回护，这让赵抃很生气，曾经上疏言辞激烈地抨击范镇。解释无效的范镇也回击过赵抃的抨击。两个人的这段纠葛，朝野皆知。赵抃担任参知政事后，跟范镇也有过节的王安石，多次在神宗面前诋毁范镇，并且说，陛下不相信的话，可以问问赵抃，就知道范镇是什

---

① ［宋］王巩《清虚杂著三编》附录王巩《文定张公乐全先生行状》载："至政府之次日，宰臣议以王安石补御史中丞。公曰：'御史中丞秉国宪度，安石以经术为名，自处高，难居绳检之地。'赵公抃亦以为然，竟止。"张其凡、张睿点校本，中华书局，2017年，第341页。

② 参见［元］脱脱等《宋史》卷二一一《宰辅表》，中华书局编辑部点校本，中华书局，1985年，第5485页。

么样的人了？有一天神宗果真问了赵抃。赵抃回答说，范镇是忠臣。神宗又问，你怎么知道他是忠臣？赵抃举例说道，嘉祐初年，仁宗生病，范镇首先请求立太子来安定社稷，这难道不是忠心耿耿吗？仁宗立的英宗，就是神宗的父亲，所以赵抃的话很能打动神宗。赵抃说这番话时，王安石也在场。过后，王安石问赵抃，你不是跟范镇有过节吗？赵抃回答说，我不敢以个人的私怨来做损害国家利益的事情。这件事来自司马光的记载："至和中，范景仁为谏官，赵阅道为御史，以论陈恭公事有隙。熙宁中，介甫执政，恨景仁，数讦之于上，且曰：'陛下问赵抃，即知其为人。'他日，上以问阅道，对曰：'忠臣。'上曰：'卿何以知其忠？'对曰：'嘉祐初，仁宗违豫，镇首请立皇嗣以安社稷，岂非忠乎？'既退，介甫谓阅道曰：'公不与景仁有隙乎？'阅道曰：'不敢以私害公。'"[①] 被司马光记录下来的赵抃"夫子自道"，很能反映出赵抃宽广的胸怀。

  同一件事，叶梦得的记载更为具体："赵清献为御史，力攻陈恭公，范蜀公知谏院，独救之。清献遂并劾蜀公党宰相，怀其私恩；蜀公复论御史以阴事诬人，是妄加人以死罪，请下诏斩之，以示天下。熙宁初，蜀公以时论不合求致仕，或欲遂谪之，清献不从。或曰：'彼不尝欲斩公者耶？'清献曰：'吾方论国事，何暇恤私怨。'方蜀公辩恭公时，世固不以为过，至清献之言，闻者尤叹服云。"当赵抃为范镇回护时，有人问，当时范镇不是主张将你斩首吗？赵抃回答说，我上疏议论的是

---

① ［宋］司马光：《涑水记闻》卷一四，邓广铭、张希清点校本，中华书局，1989年，第286页。

国家大事，哪有工夫考虑个人恩怨。再说范镇的争辩，当时人们也并不认为有什么错。这一记载不仅体现了赵抃的胸怀，还反映了他事后的反省精神。因此，赵抃的回答，让听的人很叹服。①

赵抃与范镇即使有过激烈的冲突，但由于只是政见分歧，并没有让两人一直势同水火，老死不相往来。在范镇晚年退休后，再度知杭州的赵抃曾写有《寄致政范镇郎中》：

分携常忆禁门东，四见光阴换岁筲。
白玉堂吉辞旧相，青城山里访仙翁。
当时大本从忠谏，此日长年益道风。
应惜西湖犹未到，近来同赏有三公。②

诗中不仅回忆了当年他与范镇同在朝廷将近四年的往事，还指出"当时大本从忠谏"，意即二人的纠纷都是出于公心。这句诗也同样反映了赵抃对当年冲突的反思。在跟年长的当年同僚参知政事赵概在杭州欢聚时，范镇没有同在，赵抃也流露出十分遗憾的情感。

赵抃与范镇的关系，其实也是宋代士大夫之间正常关系的典型写照。

---

① ［宋］叶梦得:《石林燕语》卷七，侯忠义点校本，中华书局，1984年，第103页。
② ［宋］赵抃:《清献集》卷四《寄致政范镇郎中》，影印文渊阁《四库全书》本，台湾商务印书馆，1986年。

二、变法中的纷争

成为参知政事后，作为首相的曾公亮送给赵抃一幅维摩居士像。为此，赵抃赋诗答谢云：

> 问答众口徒纷纷，争入菩萨不二门。
> 金毛狮子不敢吼，不嘿不见维摩尊。
> 维摩之尊无异相，潞州传出毗耶像。
> 相公村与知非子，挂向壁间看榜样。[①]

曾公亮封鲁国公是在熙宁二年十月，由诗题称"曾鲁公"可知，此诗之作，正在变法之时。诗中虽然吟咏的是佛教故事，但所言"众口徒纷纷"则是对现实的折射，所指正是王安石变法所掀起的轩然大波。

熙宁以来，两浙由于食盐官卖价高，因而贩卖私盐的很多，甚至出现武装私贩，税收损失很大。于是，在熙宁二年，有人建议把两浙的食盐买卖承包给个人。就此事，神宗询问王安石。王安石在回答时，提到了赵抃的建议。赵抃说，他的家乡衢州一州食盐买卖承包后，税收额可以跟整个两浙路匹敌。对此，王安石反驳说，赵抃只看到衢州和湖州可以承包，没有考虑到这两个州的食盐买卖收入是加上了临近的其他州的结果，所以显得税收增加了。如果是苏州和常州的话，就无法跟衢州、湖州相比。现在应当对食盐生产加强监管，并严禁私

---

① 《清献集》卷一《谢曾鲁公惠维摩居士真》。

贩，按时运输，盐法就自然行得通了，没必要改变制度。① 一贯主张变法的王安石为何在盐法上反对赵抃的变法建议呢？其实，这跟王安石一贯主张国家统制的思想是一致的，所以他反对赵抃盐业开放自由买卖的改革方案。

其实，赵抃的提案并不仅仅是参考了他的家乡衢州的状况，还与他在担任右司谏时提议处理陕西食盐问题时的一贯思考有关。嘉祐五年十月，右司谏赵抃上《乞检会张席奏状相度解盐札子》。② 此外，还与赵抃担任地方官时的亲身实践有关。在后来嘉祐七年赵抃知虔州时，"改修盐法，疏凿瀼石，民赖其利"。③

除了盐法，在其他变法实施方面，赵抃与王安石的分歧，也不是出于意气之争，而是出自他长期以来一贯的思考。比如，早在嘉祐年间，朝廷向河北、陕西等路派遣均税官员，造成了百姓的恐慌，他们用各种方式试图隐藏资产。对此，赵抃上《乞抽回河北陕西等路均税官状》说，今年水灾，百姓生活困难，况且土地贫瘠与肥沃不同，农民勤劳与懒惰也不同，不应当均一对待，让民情不安。④ 赵抃后来对王安石的一些变法

---

① 《宋史》卷一八二《食货志》下四《盐》中载："熙宁以来，杭、秀、温、台、明五州共领监六、场十有四，然盐价苦高，私贩者众，转为盗贼，课额大失。二年，有万奇者献言扑两浙盐而与民，乃遣奇从发运使薛向询度利害。神宗以问王安石，对曰：'赵抃言衢州扑盐，所收课敌两浙路，抃但见衢、湖可扑，不知衢盐侵饶、信，湖盐侵广德、升州，故课可增，如苏、常则难比衢、湖。今宜制置煎盐亭户及差盐地人户督捕私贩，般运以时，严察拌和，则盐法自举，毋事改制。'"第4436页。

② 《清献集》卷九《乞检会张席奏状相度解盐札子》。

③ ［宋］苏轼：《苏轼文集》卷一七《赵清献公神道碑》，孔凡礼点校本，中华书局，1986年，第519页。

④ 《清献集》卷九《乞抽回河北陕西等路均税官状》。

内容持有异议，从这一奏章似乎可以看出他的认识渊源。

在熙宁二年，王安石打算修改贡举法，废止诗赋、明经诸科，以经义、论、策来进行进士考试。对此，苏轼上《议学校贡举状》，认为不宜轻易改变贡举法。神宗读了苏轼的奏疏后说，我本来对改革贡举法就有疑虑，看了苏轼的奏疏，就明白了。后来，神宗在询问中书大臣们的意见时，赵抃也赞同苏轼的意见。然而，王安石以士人年轻时不应当闭门学作诗赋的理由，强行通过了贡举法的改革。由此可见，赵抃虽然坚持己见，甚至神宗也持反对意见，但在一定时期内，依然无法阻止强势的王安石。①

同样，此时的王安石对赵抃的印象也不好，因此评价不高。在变法期间，神宗打算重新起用欧阳修担任执政大臣，问王安石，欧阳修跟邵亢比，哪个好一些。王安石回答说，邵亢好。神宗又问，跟赵抃比呢？王安石回答说，欧阳修好。其实，王安石对曾经提携过他的欧阳修评价很低。王安石具体讲道，欧阳修的文章在当今的确很好，但他不懂得儒学经典，不识义理，否定《周礼》，诋毁《周易·系辞》，很多士人都被他

---

① [元]马端临《文献通考》卷三一《选举考》四《举士》："上读轼疏曰：'吾固疑此，今得轼议，释然矣。'他日以问王安石，安石曰：'不然。今人材乏少，且其学术不一，一人一义，十人十义，朝廷欲有所为，异论纷然，莫肯承听，此盖朝廷不能一道德故也。故一道德则修学校，欲修学校则贡举法不可不变。'赵抃是轼言。安石曰：'若谓此科尝多得人，自缘仕进别无他路，其间不容无贤；若谓科法已善，则未也。今以少壮时正当讲求天下正理，乃闭门学作诗赋，及其入官，世事皆所不习，此乃科法败坏人才，致不如古。'于是卒如安石议。"上海师范大学古籍研究所、华东师范大学古籍研究所点校本，中华书局，2011年，第907页。

影响坏了。对欧阳修的评价如此，又说赵抃比欧阳修还差，可见王安石由于成见，对赵抃的评价很低。①

这种成见也与共事中形成的抵牾有关。比如，王安石在讨论新法时与同僚发生了激烈的争论，他生气地说了一句，这都是因为你们不读书的缘故。这时候，赵抃在旁边冷冷地来了一句，你这么说就不对了，远古的时候，有什么书可读？噎得王安石一句话也说不出来。②南宋的罗大经认为，赵抃的这句话并不能让王安石心服。③因此王安石不再说话，可能是不想跟赵抃争辩。史籍还记载赵抃与王安石议论常常意见不协调。

---

① 《长编》卷二一一熙宁三年五月庚戌条载："先是，上复欲用修执政，问王安石以修何如邵亢，安石曰：'修非亢比也。'又问何如赵抃，安石以为胜抃……它日上论文章，以为华辞无用，不如吏材有益。安石曰：'华辞诚无用，有吏材则能治人，人受其利。若从事于放辞而不知道，适足以乱俗害理。如欧阳修文章于今诚为卓越，然不知经，不识义理，非《周礼》，毁《系辞》，中间学士为其所误几至大坏。'"第5135页。

② ［宋］邵博《邵氏闻见后录》卷二〇载："王荆公初参政事，下视庙堂如无人。一日，争新法，怒目诸公曰：'君辈坐不读书耳。'赵清献同参政事，独折之曰：'君言失矣。如皋、夔、稷、契之时，有何书可读？'荆公默然。"李剑雄、刘德权点校本，中华书局，1983年，第154页。徐自明《宋宰辅编年录》卷七《(熙宁三年)四月己卯赵抃罢参知政事》条在记载此事之后云："抃与安石议论多不协。安石更张政事，抃屡言不便。"王瑞来校补本，中华书局，1986年，第416页。

③ ［宋］罗大经《鹤林玉露》甲编卷五《读书》云："当时赵清献公之折荆公曰：'皋、夔、稷、契，有何书可读？'此亦忿激求胜之辞，未足以服荆公。夫自文籍既生以来，便有书。皋、夔之前，三坟亦书也；伏羲所画之卦，亦书也；太公所称黄帝、颛帝之丹书，亦书也；孟子所称放勋曰，亦书也；岂得谓无书哉？特皋、夔、稷、契之所以读书者，当必与荆公不同耳。当时答荆公之辞，只当曰：'公若锢于有我之私，不能虚心观理，稽众从人，是乃不能读书也。'"王瑞来点校本，中华书局，1983年，第89页。

王安石对赵抃的成见，也有来自神宗的因素。年轻的神宗不善于处理人事关系。把赵抃等人对王安石的意见，私下里告诉过王安石。这就无疑让王安石心存芥蒂。[①]因此，只要有机会打击赵抃，王安石也不放过。比如韩琦上疏反对青苗法。神宗说，这一定是强至代笔写的，强至跟曾公亮有姻戚关系。这时候，王安石在一旁说了一句，强至也是赵抃的亲家。[②]言外之意，这些人由于这样的个人关系，所以都一起反对新法。

　　不过，议论具体政事，赵抃发表意见时，多是点到为止，很少与其他人针锋相对地交锋。比如，朝廷商议治理黄河的支流二股河时，神宗说韩琦对修二股河持有异议。赵抃接着神宗的话说，大家都以过去修六塔河失败作为教训。王安石则指责说，持有异议的人都是由于没有考察事实，并表示可以治理。[③]从赵抃的发言看，他并没有直接对修二股河表示意见，只是点到历史教训，来间接地表示赞同韩琦的异议。赵抃以这种柔和的处事方式，避免与同僚发生激烈冲突。

---

① [宋]陈均《皇朝编年纲目备要》卷一八熙宁二年载："王安石参知政事，上召对，曰：'富弼、曾公亮与卿协力，弼闻卿肯任事，亦大喜，然须勿为嫌疑。朕初亦欲从容除拜，觉近日人情，于卿极有欲造事倾摇者，故急欲卿就职。朕常以吕诲为忠直，近亦毁卿。赵抃、唐介皆以言捍塞卿进用。'"许沛藻、金圆、顾吉辰、孙菊园点校本，中华书局，2006年，第415页。

② [宋]杨仲良《皇宋通鉴长编纪事本末》卷六八："上阅琦奏引《周礼》'丧纪无过三月'等语，安石驳'此乃赊买官物，非称贷也'。上曰：'此必强至所为，至与曾公亮姻连。'安石曰：'至亦赵抃亲家也。'至，钱塘人，时为大名府路机宜，故上疑其为之。"李之亮点校本，黑龙江人民出版社，2006年，第1206页。

③ 《宋史》卷九一《河渠志》一《黄河》上于熙宁二年四月载："帝因谓二府：'韩琦颇疑修二股。'赵抃曰：'人多以六塔为戒。'王安石曰：'异议者，皆不考事实故也。'帝又问：'程昉、宋昌言同修二股如何？'安石以为可治。"第2276页。

对于王安石推行青苗法也是如此。熙宁三年（1070）二月，河北转运使刘庠擅自停止发放青苗钱。君臣在讨论这件事时，王安石主张严厉处罚，赵抃则以亲身经历说，我过去在河北时，也做过类似的事情，朝廷并没有过问。赵抃担任河北都转运使，是在嘉祐八年，英宗刚刚即位之时。赵抃讲的这一事实，等于是讲了一件祖宗法。因此，虽然没有直接表示明确立场，但赵抃貌似客观的叙述十分有力。最后的结果是，朝廷没有对刘庠进行处罚。①

熙宁三年三月，在谈到青苗法时，神宗问道，为什么大家对青苗法议论纷纷？赵抃回答道，如果不合人情，即使是大臣主持的事情，也难以避免人们议论纷纷，就像在英宗朝人们议论濮王的事情那样。②赵抃就是这样，当着神宗、王安石的面，

---

① 《宋会要辑稿·食货》四之二二：" （熙宁三年二月）二十七日，条例司言：'河北转运司奏：坊郭多有浮浪无业之人，深虑假托名目请出青苗钱，却致失陷。已牒州事未得给散，别听朝旨。本司看元降敕意，指定支与乡村人户，如有羡余，方及坊郭有抵当户。乞遍下诸路遵守。'从之，仍诏河北，其转运司刘庠擅住不给散，更不问罪。时刘庠奏至，王安石曰：'近东京王广渊一面施行铁冶事，事皆便利，朝廷从之。然以不候朝旨，不免被劾，而陛下特旨放罪。今河北既擅行止俵，又事不可从，何可但乎？'陈升之曰：'如此，则愈于新法非便。'安石曰：'不如此，乃于新法非便。王广渊等力行新法，故事虽可从而被劾；刘庠等力沮新法，故事虽不可从而不问。如此，则人必为大臣风旨，以为于此有所好恶，安能无向背之心？盖朝廷法令，务在均一，不可有所偏党。'上令依广渊例放罪，而升之等固争，以为不当如此。上固令降指挥。赵抃曰：'臣在河北，亦尝如此奏事，朝廷亦不之问。'……乃因令放罪，而有是诏。"刘琳、刁忠民、舒大刚、尹波等点校本，上海古籍出版社，2014年，第6048页。

② 《皇宋通鉴长编纪事本末》卷五五："熙宁三年三月，因言青苗法。上曰：'人言何至如此？'赵抃曰：'苟人情不允，即大臣主之，亦不免人言，如濮王事也。'"第982页。

旁敲侧击，点到为止。

不过赵抃的这种处事方式，也遭到了批评。当时的监察御史张戬就弹劾赵抃等人"依违不能救正"，意即态度不明朗，和稀泥。有一次，上书几十次反对新法的张戬，直接跑到中书政事堂跟王安石争吵。看到张戬这个样子，王安石用扇子遮住脸直笑。张戬说，我的狂直的确值得你笑，但天下人笑你的更多。赵抃见状，从旁劝解，张戬顶了赵抃一句说，你也不是没有罪。这让本来就对王安石变法持有异议的赵抃感到很羞愧，便称病不再上朝。①

除了张戬，后来成为宰相的范仲淹之子范纯仁，也在上疏中批评包含赵抃在内的执政大臣，不能力争阻止王安石变法。其中涉及赵抃的批评是："赵抃心知其非，而词辩不及安石，凡事不能力救，徒闻退有后言。"意思是说，赵抃在心里明明知道王安石那样做是错的，但又争辩不过王安石，对变法的各种事情不能阻止，只是在事后私下议论。②

---

① 《宋史》卷四二七《张戬传》载："熙宁初，为监察御史里行。累章论王安石乱法，乞罢条例司及追还常平使者。劾曾公亮、陈升之、赵抃依违不能救正，韩绛左右徇从，与为死党，李定以邪诌窃台谏。且安石擅国，辅以绛之诡随，台臣又用定辈，继续而来，芽蘖渐盛。吕惠卿刻薄辩给，假经术以文奸言，岂宜劝讲君侧。书数十上，又诣中书争之，安石举扇掩面而笑，戬曰：'戬之狂直宜为公笑，然天下之笑公者不少矣。'赵抃从旁解之，戬曰：'公亦不得为无罪。'抃有愧色。遂称病待罪。"第12725—12726页。

② ［宋］范纯仁《范忠宣公奏议》卷上在上奏于熙宁二年八月的《论刘琦等不当责降》中说："曾公亮年高不退，廉节已亏，且欲安石见容，惟务雷同苟且，旧则好拘文法，今则一切依随。赵抃心知其非，而词辩不及安石，凡事不能力救，徒闻退有后言。此皆陛下大臣所为，安得政令无失？"影印文渊阁《四库全书》本，台湾商务印书馆，1986年。

赵抃的处事方式，也在一定程度上影响了历史走向。当青苗法实行后，前宰相韩琦上奏批评。看到神宗产生动摇，王安石便称病不出来办公，要求皇帝罢免他的参知政事，翰林学士司马光在以皇帝名义写给王安石的批复文书中，有"士夫沸腾，黎民骚动"一语，更让王安石极为愤怒，写奏章上诉。神宗连忙请人让王安石出来办公。本来，在神宗产生动摇之际，曾下令给执政大臣，废除青苗法。当时，宰相曾公亮和参知政事陈升之就想立刻奉诏执行，但赵抃则认为青苗法是王安石主张的，还是应当等王安石出来工作，由他自己亲手废除比较妥当。所以这件事就一直搁置了好几天。执政大臣迟迟不废除青苗法，神宗更加疑惑。王安石出来办公后，顽固坚持自己的意见，任何人都无法说服他了。[1]

　　以上是李焘在《长编》中的记载，关于这件事，还有另一个比较原始的版本。朱弁《曲洧旧闻》的说法是，收到韩琦批评新法的奏疏，神宗产生动摇，但并未明确指示废除新法。王安石称病求罢，宰相曾公亮拿着韩琦的奏疏问其他执政大臣怎么办，赵抃说，还是等王安石回来再说吧。曾公亮默不作声，

---

[1] ［宋］徐自明《宋宰辅编年录》卷七于熙宁二年引《长编》云："先是，青苗法行，民病之。虽一时台谏之臣并侍从臣争言不可，而安石愈益主之力。韩琦时镇北京，于是自外奏封事，言青苗实为天下害。奏至，上始疑焉。安石心知上意疑，乃移病固请分司。翰林学士司马光草批答，乃以大义责安石，有'士夫沸腾，黎民骚动'之语。安石大愤，立奏书诉于上。于是，上复为手诏谕安石，又令吕惠卿谕旨。遂谢，复视事。安石之在告也，上谕执政罢青苗法，曾公亮、陈升之欲即奉诏，赵抃独欲俟安石出，令自罢之。连日不决，上更以为疑。安石出视事，持之益坚，人言不能入矣。"王瑞来校补本，中华书局，1986年，第391页。

却连夜让他的儿子曾孝宽到王安石家催促说，你赶紧出来上朝办公，如果不出来，事情朝哪个方向发展就不好说了。即使你不被罢免，变法也难有作为了。听到这样的话，王安石第二天立刻就上朝了。朱弁说，如果没有曾公亮的相助，王安石肯定会被罢免。后来主张变法的王安石羽翼已成，神宗即使后悔，新法也无法改变了。在曾公亮退休后，曾孝宽就得到了重用。①《曲洧旧闻》记载此事具有逻辑真实的一面是，王安石跟赵抃一样，都是曾公亮提携起来的，有门生座主之谊。所以连夜相告这个戏剧性的细节也不是没有可能出现。

朱弁还记载苏轼兄弟谈论起赵抃，苏辙说，看赵抃跟王安石处处显示出不同，他是一定不会帮王安石说话的。而《邵氏闻见后录》在记载这件事之后说，因为没有废除新法，罢免王安石，人们都很为赵抃当时的做法遗憾。② 其实，力求做事周到的

---

① ［宋］朱弁《曲洧旧闻》卷八载："熙宁初，议新法，中外惶骇。韩魏公有文字到朝廷，裕陵之意稍疑。介甫怒，在告不出。曾鲁公以魏公文字问执政诸公曰：'此事如何？'清献赵公曰：'莫须待介甫参告否？'鲁公默然，是夜遣其子孝宽报介甫，且速出参政，若不出，则事未可知。是参政虽在朝，终做一事不得也。介甫明日入对，辩论不已，魏公之奏不行。其后鲁公致政，孝宽遂骤用。前辈知熙、丰事本末者，尝为予言，当此时人心倚魏公为重，而介甫亦以此去就，微鲁公之助，则必去无疑。既久，则羽翼已成，裕陵虽亦悔，而新法恪不能改，以用新法进而为之游说者众也。东坡曾与子由论清献，子由曰：'清献异同之迹，必不肯与介甫为地。孝宽之进，他人之子弟不与，可以明其不助。'东坡曰：'当时阿谁教汝鬼擘口？'子由无语。"孔凡礼点校本，中华书局，2002年，第202—203页。

② 《邵氏闻见后录》卷二一载："韩魏公自外上章，历数王荆公新法害天下之状，神宗感悟，谕执政亟罢之。荆公方在告，乞分司。赵清献公参政事，曰：'欲俟王安石出，令自罢之。'荆公既出，疏驳魏公之章，持其法益坚，卒至败乱天下。识者于清献公有遗恨焉。"第166页。

赵抃，对他因一时犹豫而丧失扭转历史机会的这件事，内心也非常遗憾。[1] 这一细节显示，历史是由无数的偶然而构成的必然。

王安石为了推行新法，在当时另行成立制置条例司，等于是在中书门下决策机构之外另立一个决策机构。所以，制置条例司向全国各地派遣四十余位使者推行新法时，赵抃和其他执政大臣几次要求停止这种做法，希望还像过去那样，责成各路监司来管理相关事务，而王安石根本不听众意，强行此举。

对此，熙宁三年三月，赵抃上《乞罢制置条例司及诸路提举官札子》，对王安石变法的一些做法直接做出正面抨击。他具体列出事实，制置条例司派出的七八个人纷纷辞职，近臣侍从台谏官都上言制置条例司不当设置，还有几个官员直接到中书跟王安石辩论。司马光还被罢免了枢密副使，有几个近臣也要求离开朝廷到地方任职。赵抃针对这种状况说，现在不罢追求财利，失天下民心，是去重而取轻；不罢提举官，放弃禁近耳目之臣，是失大而得小。希望皇帝惜体之大，罢其轻者小者，变祸为福。[2]

做了最后一击，赵抃也毅然要求辞去参知政事，到外地任官。为新法之事，赵抃与王安石屡屡相争，锐意一新政治的神宗无疑是站在王安石一边。屡争不胜，心忧变法带来的弊害，这种状况让赵抃很郁闷，整天唉声叹气。当时中书的宰相执政大臣，曾公亮年纪很大，富弼有脚病不便上朝，唐介因争新法毒疮发作而死，只有王安石生气勃勃的。所以，当时的人用

---

[1] 《长编》卷二一〇熙宁三年四月己卯条载："王安石更张政事，抃屡言其不便。及安石家居求去，上谕执政罢青苗法，抃独欲俟安石参假，由是新法不罢。抃大悔。"第 5101 页。

[2] 《清献集》卷一〇《乞罢制置条例司及诸路提举官札子》。

"生、老、病、死、苦"来形容中书的宰相执政大臣，即王安石生、曾公亮老、富弼病、唐介死、赵抃苦。①并且，在中书赵抃力争不胜，新法得以推行，外界不明内情，又有人批评赵抃反对的态度不明朗，立场不坚定。②

在这种状况下，赵抃决意辞去参知政事，离开中书这个是非之地。他连上四通辞职表奏，都没有得到神宗的同意。宋朝的惯例，大臣提出辞职要求外放或退休，几乎没有仅上表一次就同意的，皇帝总要拒绝几次。这样做，一是表示挽留，二是试探辞职者的真实意图。当赵抃第五次上表请求辞职时，神宗意识到赵抃去意已坚，便批准了他的请求。熙宁三年四月十九日，任命赵抃为资政殿学士、知杭州。③

其实，王安石与赵抃在共事中并不全是冲突，也有互相协力之时。比如，赵抃当年举荐自代的苏寀，在熙宁二年时将从

---

① ［宋］魏泰《东轩笔录》卷九载："熙宁初，富郑公弼、曾鲁公公亮为相，唐质肃公介、赵少师抃、王荆公安石为参知政事。是时，荆公方得君，锐意新美天下之政，自宰执同列无一人议论稍合，而台谏章疏攻击者无虚日，吕诲、范纯仁、钱顗、程颢之伦尤极诋訾，天下之人皆目为生事。是时，郑公以病足，鲁公以年老，皆引例去；唐质肃屡争于上前，不能胜，未几，疽发于背而死；赵少师力不胜，但终日叹息，遇一事更改，即声苦者数十。故当时谓中书有生老病死苦，言介甫生、明仲老、彦国病、子方死、阅道苦也。"李裕民点校本，中华书局，1983年，第102页。

② ［宋］邵伯温《邵氏闻见录》卷一三载："时范忠宣公为侍御史，皆劾之，言荆公章云：'志在近功，忘其旧学。'言富公章云：'谋身过于谋国。'言曾公、赵公章云：'依违不断可否。'"李剑雄、刘德权点校本，中华书局，1983年，第141页。

③ 《赵清献公神道碑》云："言入，即求去，四上章，不许。熙宁三年四月，复五上章，除资政殿学士、知杭州。"《苏轼文集》卷一七，第520页。《长编》卷二一〇熙宁三年四月己卯条载："右谏议大夫、参知政事赵抃为资政殿学士、知杭州。"第5101页。

三司度支副使调任知梓州。宰相曾公亮和赵抃打算将其官阶从兵部郎中超迁四阶为谏议大夫，神宗不同意，只允许升迁一阶到太常少卿。曾公亮和赵抃强烈坚持。最后是王安石调和了君臣双方的意见，他提议在升一阶之外，再授予清要之职名修撰，打破了僵局。①

后来，赵抃以资政殿大学士出知成都府期间，正是王安石推行变法的时期。在中书担任参知政事时的赵抃，对新法的实施跟王安石颇有抵牾。但在担任成都知府时，赵抃也并不是逢新法必反，而是根据实际施行，其中也有变通的做法。常平使者在四川推行募役法，打算以州为单位，州内各县丰歉互补。新繁县主簿程之邵反对说，募役法本来是来自西周均力的做法，一个地方的力量应当只供一个地方的劳役，怎么能用这个地方的力量来补助那个地方呢？结果，成都府路按照程之邵的意见做，做得很好。神宗为此要把程之邵召到朝廷，赵抃则把他留了下来。②这也反映了赵抃不是意气用事，因人废政，对新法一

---

① 《宋会要辑稿·食货》五六之一四载："（熙宁二年）八月十八日，三司度支副使、兵部郎中苏寀为太常少卿、集贤殿修撰、知梓州。曾公亮初欲除寀谏议大夫，上弗许，公亮曰：'若除待制即更优。'上曰：'只与转一官。'公亮及赵抃固争，上曰：'吴充除三司使，已不转官。'公亮及抃又固争，以为三司副使剧任，如此即无以劝人。上曰：'劝者，将劝其任职，寀果任职否？'公亮又曰：'省副但可择人，不可减其恩例。'王安石请以寀为修撰，上许之。三司副使罢不除待制，自此始。"

② 《宋史》卷三五三《程之邵传》载："程之邵字懿叔，眉州眉山人。曾祖仁霸，治狱有阴德。之邵以父荫为新繁主簿。熙宁更募役法，常平使者欲概州县民力，以羡乏相补。之邵曰：'此法乃成周均力遗意，当各以一邑之力供一邑之役，岂宜以此邑助他邑哉？'使者愧服，辟之邵为属，听其所为……'役法初行，成都路为最详，之邵力也。'诏召见，成都守赵抃奏留之。"第 11150 页。

味抵制，而是因地制宜，变通地实施。对于成功地变通实施新法，赵抃也予以肯定，他在《送别张宪唐民》诗中写道：

> 三年持节按刑章，岂弟其谁不叹降。
> 才者设施功第一，使乎光彩竟无双。
> 宣风蜀右成新法，易拜秦东得旧邦。
> 欲识远人留恋意，陇泉幽咽下巴江。①

"设施功第一"和"蜀右成新法"，都是对成功实施新法的赞赏。

在赵抃退休之际，苏轼写有《贺赵大资少保致仕启》。其中，对于在王安石变法中赵抃的敏感立场，苏轼评价赵抃是心系百姓，与时俱进，不可则止。②

三、风云过后的平静

是与非，黑白判然的评价，无论是放在王安石身上，还是

---

① 《清献集》卷四《送别张宪唐民》。
② 《苏轼文集》卷四七《贺赵大资少保致仕启》云："伏审抗章得谢，奉册言还。缙绅耸观，闾里相庆。窃谓富贵不为至乐，功名非有甚难。乐莫乐于还故乡，难莫难于全大节。历数当今之卿相，或寓他邦；究观自古之忠贤，少有完传。锦衣而夜行者多矣，狐裘而羔袖者有之。至若百行浑圆，五福纯备。当世所羡，非公而谁。恭惟致政大资少保，道心精微，德望宏远。无施不可，尤高台谏之风；所临有声，最宜吴蜀之政。才不究于大用，命乃系于生民。与时偕行，不可则止。见故人而一笑，绰有余欢；念平生之百为，绝无可恨。方将深入不二，独游何何。默追縶可之风，坐致乔松之寿。轼荷知有素，贪禄忘归。慕鸾鹄之高翔，眷樊笼而永叹。倾颂之素，敷写莫穷。"第1346—1347页。

放在赵抃身上,都不合适。局部与全体,短时期与长时段,视点有异,获得的影像也是远近高低各不同。不过,士大夫政治下的政争,在王安石变法初期,还都属于不夹杂过多个人恩怨的正常政争,多数是站在国家或民众的立场上,对政策决策与实施的方针、方式以及实施效果评价展开的认识之争。像王安石与司马光,王安石与赵抃,都是这样。比如,王安石公认的政敌司马光就对神宗这样评价王安石:"人们都说王安石奸邪,这样的诋毁太过分了。他只是不通达事理,加上又固执而已。"① 后来的元祐党争,则是掺杂了过多的个人恩怨的冤冤相报。赵抃幸而早已去世,没有看到和身历后来残酷的党争。

王安石与赵抃的恩怨,主要由政见分歧而来,但公与私纠缠在一起,事实上很难分得清。赵抃几年后再度知成都府时,还以蜀地的情况为例,上言反对保甲法,为王安石所驳斥。②

赵抃与王安石虽然几度共事,时间或长或短,但两个人的个人交往并不多。在同时代的文人之间颇多诗篇酬唱的当时,王安石和赵抃这两位擅长赋诗的士大夫,居然没有一首唱和诗篇留下来。

关于王安石与赵抃,宋人还记载了这样一件轶事。跟王安石关系很好的孙觉,在元丰年间,趁着服丧结束后的余暇,前

---

① 《皇朝编年纲目备要》卷一八熙宁二年载:"上又曰:'王安石何如?'光曰:'人言安石奸邪,则毁之太过,但不晓事又执拗耳。'"第424页。
② 《长编》卷二三八熙宁五年九月甲戌条载:"赵抃言:'累入蜀,深知蜀人情状,闻欲作保甲、教兵,必惊扰失人心。'上曰:'初无教兵指挥。'王安石曰:'无此,然教兵亦何妨?诸葛亮以蜀人脆而坚用之,亮尤为得蜀人心,何尝惊扰?'上曰:'诸葛亮舍蜀人即无人可用。'安石曰:'汉高祖伐楚,用巴渝板楯蛮;武王伐商,用庸、蜀、彭、濮人,岂有蜀人不可教以干戈之理!'"第5804页。

去看望已经退居蒋山的王安石。寂寞之中的王安石看到老友到来，非常高兴，他在一个房间摆上两张床，每天二人对榻夜语直到很晚。有一天，王安石对孙觉说，我想乘船游浙江，你能跟我一起去吗？赵抃刚好也在那边，可以顺路访问。孙觉回答说，您果真要去的话，我一定奉陪。当晚，同睡一室的孙觉，听到王安石在床上发出叹息的声音。第二天早晨，王安石对孙觉说，我老了，还是动不如静，怎么能去浙江呢？再说了，也没必要去见赵抃那个老畜生。听了这番话，孙觉大吃一惊，没过多久他就辞别了王安石。[1]

这段轶事，看上去似乎是王安石对赵抃恨之入骨，其实折射出王安石对赵抃的一种矛盾心理。想去浙江拜访，可见王安石还是把赵抃挂牵在心，但想想以前共事时的龃龉不快，又不由得怒从中来，所以破口大骂。王安石前后矛盾的表现，反映的正是他剪不断理还乱的复杂心境，对已经过去的变法事业，王安石一直没有放下。

尽管如此，两个人还是维持了过得去的表面关系。在元丰二年赵抃致仕之时，王安石还专门给赵抃写去一通公式化的书启《贺致政赵少保启》。苏轼是赵抃荐举过的，赵抃对他有知遇之恩，写信致贺不足为奇。被认为是赵抃政敌的王安石，居

---

[1] ［宋］吴开《漫堂随笔》载："予仲弟明仲言，得之孙端子实云：孙觉莘老与王介甫善，熙宁以言事得罪。元丰中，莘老免丧，往蒋山谒介甫。介甫道旧故甚欢，对设榻台上，夜艾枕上笑语。一日曰：'吾欲挐舟游浙河，公能同我乎？赵阅道在越，因可访之。'莘老曰：'公果往，某敢不陪行！'是夕，介甫睡觉，但闻叹惜声，及旦，谓莘老曰：'吾老矣，动不如静，安能游浙？又思之赵抃老畜生亦何用见！'莘老大骇，少日遂告别。阅道熙宁人，亦特异。"赵龙整理《全宋笔记》本，大象出版社，2019年，第263页。

然也有致贺的书信。不过，王安石的贺启不像苏氏兄弟写的那样具体，只是笼统地赞扬。不过，其中有两句值得注意，这就是"伯夷之直惟清，仲山之明且哲"。是说赵抃像伯夷一样正直清高，又像辅佐周宣王中兴的仲山甫一样明察秋毫。[①] 后一句是运用了《诗经·大雅·烝民》"邦国若否，仲山甫明之。既明且哲，以保其身"的典故。《诗经》这句讲的是仲山甫对国内政事的好坏，都心如明镜，既明事理又聪慧，还善于应付保全自身。尽管可以理解为王安石有暗讽赵抃明哲保身的意思，但总的说还是符合实际的。况且明哲保身也并不完全是一个贬义词，与王安石同时的曾巩也写下过完全相同的这句话："仲山之明且哲，宜保令名。"[②] 苏轼也在《赵清献公像赞》的开篇说"志在伯夷，其清维圣"，与王安石的表达相近。[③] 总之，贺启反映了王安石对赵抃的总体认识，也是恰如其分的评价。其实，王安石致贺启这一行为本身，就表明了一种胸怀与善意。

王安石还有一件跟赵抃有关的轶事。苏轼曾写过一篇题为《表忠观碑》的文章，这篇文章的结构很奇特，通篇一字不漏地完整抄录了赵抃的奏疏，只是在最后加上了一段四字为句

---

① ［宋］吕祖谦《宋文鉴》卷一二一王安石《贺致政赵少保启》云："窃审抗言辞宠，得谢归荣。䆁西省谏诤之官，序东宫师保之位。殿廷鸣玉，尚仍前日之班；里舍挥金，甫遂高年之乐。伏惟庆慰。资政少保，昭懋贤业，寅亮圣时，伯夷之直惟清，仲山之明且哲。所居之名赫赫，岂独后思；尔瞻之节岩岩，方当上辅。遂从雅志，实激贪风。未即披陈，徒深钦仰。"齐治平点校本，中华书局，1992年，第1692页。

② ［宋］曾巩：《曾巩集》卷三六《到亳州与南京张宣徽启》，陈杏珍、晁继周点校本，中华书局，1984年，第514页。

③ 康熙《衢州府志》卷一苏轼《赵清献公像赞》。

的铭文。① 在苏轼的全部作品中，这篇《表忠观碑》可以称为

---

① ［宋］吕祖谦《宋文鉴》卷七七苏轼《表忠观碑文》："熙宁十年十月戊子，资政殿大学士、右谏议大夫、知杭州军州事臣抃言：'故吴越国王钱氏坟庙，及其父祖妃夫人子孙之坟，在钱塘者二十有六，在临安者十有一，皆芜废不治，父老过之，有流涕者。谨按，故武肃王镠，始以乡兵破走黄巢，名闻江淮；复以八都兵讨刘汉宏，并越州，以奉董昌，而自居于杭。及昌以越叛，则诛昌而并越，尽有浙东西之地，传其子文穆王元瓘；至其孙忠显王仁佐，遂破李景兵，取福州；而仁佐之弟忠懿王俶，又大出兵攻景，以迎周世宗之师，其后卒以国入觐。三世四王，与五代相终始。天下大乱，豪杰蜂起。方是时，以数州之地盗名字者，不可胜数，既覆其族，延及于无辜之民，罔有孑遗。而吴越地方千里，带甲十万，铸山煮海，象犀珠玉之富，甲于天下，然终不失臣节，贡献相望于道，是以其民至于老死不识兵革，四时嬉游，歌鼓之声相闻，至于今不废，其有德于斯民甚厚。皇宋受命，四方僭乱，以次削平，而蜀、江南负其崄远，兵至城下，力屈势穷，然后束手。而河东刘氏，百战守死以抗王师，积骸为城，酾血为池，竭天下之力，仅乃克之。独吴越不待告命，封府库，籍郡县，请吏于朝，视去其国如去传舍，其有功于朝廷甚大。昔窦融以河西归汉，光武诏右扶风修理其父祖坟茔，祠以太牢。今钱氏功德，殆过于融，而未及百年，坟庙不治，行道伤嗟，甚非所以劝奖忠臣、慰答民心之义也。臣愿以龙山废佛祠曰妙因院者为观，使钱氏之孙为道士曰自然者居之，凡坟庙之在钱塘者，以付自然；其在临安者，以付其县之净土寺僧曰道微，岁各度其徒一人，使世掌之。籍其地之所入，以时修其祠宇，封殖其草木。有不治者，县令丞察之，甚者易其人。庶几永终不坠，以称朝廷待钱氏之意。臣抃昧死以闻。'制曰：'可！其妙因院改赐名曰表忠观。'铭曰：天目之山，苕水出焉，龙飞凤舞，萃于临安。笃生异人，绝类离群，奋挺大呼，从者如云。仰天誓江，月星晦蒙，强弩射潮，江海为东。杀宏诛昌，奄有吴越，金券玉册，虎符龙节。大城其居，包落山川，左江右湖，控引岛蛮。岁时归休，以燕父老，晔如神人，玉带球马。四十一年，寅畏小心，厥篚相望，大贝南金。五朝昏乱，罔堪托国，三王相承，以待有德。既获所归，弗谋弗咨，先王之志，我维行之。天胙忠孝，世有爵邑，允文允武，子孙千亿。帝谓守臣，治其祠坟，毋俾樵牧，愧其后昆。龙山之阳，岿焉新宫，匪私于钱，唯以劝忠。非忠无君，非孝无亲，凡百有位，视此刻文！"第1106—1107页。

奇文。因此，便引出一段佳话。据说，有人把苏轼的《表忠观碑》拿给已经退休的王安石看，王安石玩味再三，问在座的客人，古代有这样的写法吗？有人回答，古代没有，是篇奇文。也有人反驳说，只是抄录奏状，有什么可奇的？这时，王安石说道，你们有所不知，这是司马迁《三王世家》的体势啊。①这一轶事倘若属实，无论是对苏轼还是对赵抃，王安石的话无疑是一种肯定性的评论。

结语

观察这一时期的历史，我一直有这样的感觉。王安石变法期间的当事诸人，无论是对变法赞成还是反对，很少掺杂个人恩怨在内，都是正常的政见之争，这跟元祐党争之后的政治对立完全不同。王安石致贺启的行为适为一证。

不管跟王安石关系如何，也不管站在什么立场，宋人对赵抃担任参知政事期间的表现，给予了很高的评价。南宋刘克庄在写给真德秀的信中就基于现实感慨，说现在朝廷没有像唐介、赵抃跟王安石那样的关系了，都是阿谀奉承，上下结党。

---

① ［宋］董弅《闲燕常谈》载："王荆公在蒋山。一日，有传东坡所作《表忠观碑》至。介甫反复读数过，以示坐客，且云：'古有此体否？'叶致远曰：'古无之，要是奇作。'蔡元庆曰：'直是录奏状耳，何名奇作？'介甫笑曰：'诸公未之知尔，此司马迁《三王世家》体。'"唐玲整理《全宋笔记》本，大象出版社，2019年，第290页。

在刘克庄看来，赵抃跟王安石的关系，是很正常的关系。[①] 赵抃写给曾经的政敌范镇的诗中，有一句是"当时大本从忠谏"。这句诗也正可以用来形容王安石与赵抃以及其他士大夫之间正常的政治关系。

透过王安石与赵抃在熙丰变法前后的交集，我们可以观察到，除了使人失智的酷烈党争，以及个别心术不正之人，在宋代的多数时期，多数士大夫之间所保持的都是正常而平和的政治关系。这一考察带给我们的启示是，研究历史上的人际关系，切忌站在今天的立场上想当然，也不当囿于各个时代之人的一般性的观感，而应当深入到考察对象所处的历史场域之中，从大处着眼，考察特定背景下人的教养理念以及具体事件中的人事纠葛。如此考察，才更有可能走近历史真实。

[①] ［宋］刘克庄《后村先生大全集》卷一二八《乙酉答真侍郎书》云："上下钳结，谀悦取容。庙堂之上，不闻有如召公之于周公、唐子方赵阅道之于王介甫者；禁闼之内，不闻有如严延年之于博陆侯、王乐道之于韩魏公者。此等风俗虽难骤革，亦不愿诸贤熏陶渐渍之也。"辛更儒《刘克庄集笺校》本，中华书局，2011年，第5213页。

南宋播州安抚使杨粲墓门上穿着宋式铠甲的武士雕刻。现藏贵州省博物馆

文武之争
——岳飞悲剧的另一层因素

引言　关于岳飞之死

通常，对于岳飞之死，人们首先关注的是，究竟宋高宗为元凶还是秦桧为元凶。而杀害岳飞的动机，则一般认为是主战妨碍了和议，岳飞因遭横祸。这些探讨和认识，无疑都从不同层面和程度接近了历史真相。

对于岳飞研究，我近年来的思考，则跳出了和战是非的认识框架。

南宋伴随着政权重建逐渐走上正轨，需要把在勤王基础上形成的多路私家军队变成天子亲兵。从这一层面考量，在军队国家化的进程中，削兵权是必然之势。把韩世忠、岳飞等人招入朝廷，除授为枢密副使，这是怀柔的一手。处死岳飞则是强硬的一手。

杯酒释兵权与铁血削兵权，是一枚硬币的两面。由于采取强硬措施，必然会遭遇反弹。投鼠需要忌器，柿子要捡软的捏。岳飞军队的战斗力虽强，但人数不多。因此在诸大将当中，岳飞最弱，也最无势力背景。这就很不幸地使岳飞成为开刀的首选。岳飞之死，具有这样的必然性。

我的这一分析，相信可以成为研究岳飞悲剧形成因素的一个新视角。不过，最近读到一些史料，让我想到了另外一个因素。

一、一则史料指示的思路

我们先看史料。李心传《建炎以来系年要录》卷一一八绍兴八年三月条载:"尚书兵部员外郎张戒守监察御史,用中丞常同荐也。"李心传于此下有一条考证,述及了张戒被荐的原因。

> 戒之待次严陵也,同与戒遇,问之曰:"诸将权太重,张丞相既失,今当何以处之?"戒曰:"兹甚不难,但当擢偏裨耳。吴玠既失,而曲端受死;杨沂中建节,而张俊势分,自然之理也。"同大喜曰:"此论可行。"既而同被召,首荐戒焉。

李心传讲述的逸事中,说到常同和张戒探讨军队将领权重这一难题应如何解决。由于张戒跟常同的见解相同,而且又显示出很有谋略的一面,因此,入朝担任言官之首御史中丞的常同,很快就把在严陵待阙的张戒拉入朝中,在他的部门担任了监察御史。

张戒进入朝廷担任要职,便有机会面圣,把他的见解直接阐述给最高统治者宋高宗。《建炎以来系年要录》卷一一九于绍兴八年四月戊子条记载:"监察御史张戒入对。因言诸将权太重。"在张戒进言之后,君臣间还有如下对话:

> 上曰:"若言跋扈则无迹。兵虽多,然聚则强,分则弱,虽欲分,未可也。"
> 戒曰:"去岁罢刘光世,致淮西之变。今虽有善为计者,陛下必不信,然要须有术。"
> 上曰:"朕今有术,惟抚循偏裨耳。"

戒曰："陛下得之矣。得偏裨心，则大将之势分。"

上曰："一二年间自可了。"

戒曰："陛下既留意，臣言赘矣。"

这组君臣对话，有不少可圈可点之处。首先我们可以看出，削兵权的进言显示了张戒的一贯认识，并且也表明前面所引述李心传附注的记载可信无误。他跟高宗所讲的削兵权的主张和方式，与他"严陵待阙"之际跟常同讲的完全没有二致。更可以玩味的是高宗的态度。"若言跋扈则无迹。兵虽多，然聚则强，分则弱，虽欲分，未可也"，这句话反映了高宗对削兵权的两难犹豫。无跋扈之迹，是无把柄。有心削兵权，但又担心导致兵势减弱。让高宗苦恼的是，如何既削兵权，又不会自毁长城。对此，张戒以"淮西之变"的近例提醒高宗须讲究方法。

二、高宗的定算与行动

其实，究竟怎么处置，高宗心里早已有了定算，他很自信地对张戒说，"朕今有术"。接着便把他的"术"和盘托出："惟抚循偏裨耳。""抚循偏裨"，就是优待和收买大将手下的将领，提升他们的权力，以分权达到削权的目的。我们可以看出，高宗的"术"与张戒以前跟常同讲的方式完全相同。所以张戒不仅一口赞同，还指出了这样做的效果："得偏裨心，则大将之势分。""陛下既留意，臣言赘矣"这句话是说，既然皇帝您已有主意，留心此事，那就无须我多说了。可见张戒很高兴，很赞同高宗的想法。

从高宗与张戒的对话可见，高宗对削兵权不仅有术，更有时间表。"一二年间自可了"，就明确地道出了高宗对削兵权的时间设想。高宗与张戒对话的时点是绍兴八年（1138）春，此时对金作战的一些大捷还未出现。可见高宗对削兵权实在是处心积虑已久。此后的两三年间，绍兴和议、岳飞被处死相继发生。由此也可以看出，事态完全是按照高宗的时间表展开的。

高宗作为一个王朝的最高统治者，无论是从个人的皇位稳定，还是从王朝的长治久安考虑，都需要一种政治的平衡。何况南宋建立不久便发生的"苗刘之变"，让高宗险些失去皇位。骄兵悍将对高宗的刺激相当深，因此，高宗很早就生出削兵权之念毫不为奇。《中兴两朝圣政》卷一二记载宋高宗这样称赞赵普："唐末五季藩镇之乱，普能消于谈笑间。如国初十节度使，非普亦孰能制？辅佐太祖，可谓社稷功臣矣。"宋高宗称赞赵普在北宋初年的主要贡献，其实其内心观照的正是南宋当时武将跋扈的现实。"杯酒释兵权"作为一项"祖宗法"，高宗也要效仿了。至于用酒还是用刀，那只是根据政治情势而采取的不同策略，重要的在于削兵权。

其实，让张戒赞同的"抚循偏裨"的策略，高宗也是汲取了来自士大夫的智慧。作为知州守卫德安整整七年的陈规，《宋史》卷三七七本传记载他见到高宗时，首先进言说："镇抚使当罢，诸将跋扈，请用偏裨以分其势。"对于陈规的建议，"上皆纳之"，就是说高宗欣然接受。元人陈桱在《通鉴续编》卷一五明确记载："召入对，首乞罢镇抚使。帝纳之，自是不复除镇抚使。"南宋建立之初，为了鼓励抗金，作为权宜之计，授予了一些地方的文武守臣可以世袭的镇抚使。这类似于唐代藩镇，等于是在拥宋抗金的前提下，默认地方军阀存在。文臣陈规也在授予之列，但主要以武臣为主。七年守城，见惯了武人跋扈的陈规，从保证王朝长治久安的士大夫政治建设的大局出发，不惜牺牲自己的利益，向高宗提出了这项建议。于是，"抚循偏裨"便成为高宗的抑武之术。陈规建言与高宗接纳的时间节点是在绍兴三年。是时为南宋王朝建立的第七个年头，刚刚结束颠沛流离的亡命局面，由无序到有序，政权运作渐次走向正轨，尽管弱势，也有了一定的底气同劲敌金朝谈判议和。此时的士大夫和高宗已经有了抑武的念头与方策。

不仅有念头和方策，在这一年，高宗还有具体行动。《宋史》卷二七《高宗纪》于绍兴三年九月乙亥条载："以刘光世为江东、淮西宣抚使，置司池州；韩世忠为镇江建康府、淮南东路宣抚使，置司镇江府；王瓒为荆南府、岳鄂潭鼎澧黄州、汉阳军制置使，置司鄂州；岳飞为江南西路、舒蕲州制置使，置司江州。"对于表面上看只是军队驻防的记载，《通鉴续编》卷一五在转述之后分析道："时诸将拥重兵而无分地，刘光世在镇江，月费至二千万缗。每闻易镇，则设辞不奉诏，有急复迁延以避之，朝廷无如之何，故命四人易镇。"根据这一分析可知，朝廷对一直不听调遣命令的四大将及其部队，做了驻防调整。拥有了一定控制力的高宗，小试牛刀，来了个大军区对调。这既是抑武计划的步骤，也是一种试探。而据《宋史》卷二八《高宗纪》的记载，到绍兴五年四月，镇抚使也一步一步地被废除了。

三、士大夫政治下的文武与和战

　　回到前面的话题。其实，让我更感兴趣的是张戒的认识。在尚未与高宗沟通之前，他就与高宗有完全相同的认识。不仅是张戒，另一个文臣常同也持有相同的认识。不仅两个人有和谐的对话，常同还把张戒引为同志，拉入朝廷。这两个人的认识实际上反映的是当时文臣的普遍认同。为什么他们的认识如此一致，都主张削兵权呢？如果说"苗刘之变"是对高宗的强刺激，那么，在张戒与高宗对话的前一年绍兴七年刚刚发生的"淮西之变"中，文官兵部尚书吕祉被杀，则是对文臣造成的近距离强刺激。

　　伴随着科举规模的扩大，北宋形成了前所未有的强势的士大夫政治。"满朝朱紫贵，尽是读书人。"不满足于"春风得意马蹄疾"，没有了"坐而论道"，也可以跟皇帝叫板，"为与士大夫治天下"。"为天地立心，为生民立命，为往圣继绝学，为万世开太平。"以天下为己任的士大夫群体，主宰了上百年的政治。靖康之变，不仅打碎了一个处于鼎盛的王朝，也改变了历史进程。

　　南宋初建，艰难中兴，必须依赖军事实力，只能坐视武人跋扈。当政权建设逐渐走上正轨，走狗良弓，都需要让让位了。士大夫们不能容忍唐末五代的骄兵悍将再度回到历史舞台，政治的主宰还应当由科举精英来担任。在这样的意识主导之下，必然会出现新的文武之争。从这个角度审视张戒、常同这些士大夫为何要主张削兵权，就不难理解了。

　　那么，在岳飞之死中，秦桧扮演了什么角色呢？秦桧是宰相，但他不是武臣，其身份还是士大夫。宰相可以说是士大夫政治的最高代表。除了执意对金乞和的施策使然，秦桧也头痛武将的跋扈。当时的武将也确实强势。那段"莫须有"的对话，不光反映的是秦桧的模棱两可或蛮横无理，还反映了韩世忠的强势，他敢于闯到政事堂公开质问秦桧。因此说，在秦桧的内心，也一定有着与张戒、常同等士大夫们一样的意识。甚至以秦桧所处的地位而言，他要专权，要树立权威，这种意识可能更为强烈。

最近，李裕民先生仔细研读史料，认为《宋史·岳飞传》所载韩秦"莫须有"的对话当系"子虚乌有"，属于后来的编造。(《新视野下的"莫须有"故事》，《西北工业大学学报（社会科学版）》2018年第3期) 李先生的具体考证指出，高宗与秦桧合谋害死岳飞，韩世忠在当时高压的形势下赞同这一举措。而孝宗受禅即位后，出于重振抗金士气的目的，要为岳飞平反，又要为太上皇高宗开脱罪责，韩世忠之子则要重塑其父的光辉形象，于是在岳飞被害三十多年后，孝宗命赵雄另行撰写的碑文，便出现了"莫须有"的故事。李先生的考辨，沿着历时性的特定时代背景，考量历史结果形成的综合因素，亦即我经常强调的合力作用，相当令人信服。不过，即使"莫须有"的故事并不存在，韩世忠没有表现出跋扈的强势，也不会改变我从文武之争这一视点考察所得出的结论。

历来，只有征战才能给武将广阔的驰骋空间，而和平时期的到来，自然会减弱武将工具性的存在意义。因此"狡兔死，走狗烹"现象的出现，也是势所必然。铁血杀戮与杯酒释权所显示的不过是方式的不同。南宋朝廷在江南站稳脚跟，并且逐渐强盛，在这种形势之下，武将必然要让位。此时，不待杀岳飞这样残酷的悲剧上演，一些政治嗅觉敏感的武将一定也会收敛气焰。其实，早在岳飞被害的大半年前，任命韩世忠、张俊为枢密使，岳飞为枢密副使，这种明升暗降，已经显现出削兵权的"文"的一手。不过，南宋此时的形势跟北宋初期皇权强盛的政治形势不同，高宗的权威已经受到过"苗刘之变"的挑战，当时还曾被迫退位。因此，为了彻底立威，一定要动用"武"的一手，必须开杀戒。见机知微，看清了这种形势的韩世忠采取很乖巧的配合姿态，并非没有可能。士大夫们所显示的立场，无疑也成为南宋朝廷决策收兵权的一种催化剂。

和与战，都是政治。不过，武人站在自身的立场，一般主战。如《宋史》卷四一二《孟珙传》记载宋理宗问和议之事，孟珙就如是回答说："臣介胄之士，当言战，不当言和。"而文人的考量则比较复杂，既有对外的战略认识，又有对内的政治权衡。并且，不战而屈人之兵是文人的优势。一定的实力基础造就了和平的环境，士大夫重新成为政治的主宰，因而主和便成为当时的政治主旋律。在这样的形势之下，不识时务的主战派便成为以各种方式清除的对象。主战的岳飞，不仅被主和的秦桧视为必欲除之的眼中钉，甚至也让一向以主战著称的张浚误解有吞并其他军队扩充实力的野心。无论主战还是主和，秦桧和张浚的身份都是文人士大夫。岳飞悲剧的内在因素，从这一视角亦可窥见一斑。

远离战争、减弱武人存在意义的"绍兴和议"，也成为削兵权的外在因素。同时，千万庶民渴望和平、结束战乱的呼声，又成为这一政策取向的民心支撑。于是，高宗的念念心结，士大夫的复势愿望，加之北宋以来形成的士大夫政治传统，诸多的政治合力，便形成了历史结果，遂使岳飞的悲剧不可避免地上演了。岳飞被害，当时在政治上没有产生太大的波动，在民情上也没有出现很大的反弹，其实也很说明问题。对岳飞遭遇的悲情诉说，始于多年后宋孝宗即位初一度主战之时。

刘子健先生在《两宋史研究汇编》（台北联经出版事业公司，1987年，第200页）也指出岳飞被害是"君主专政、官僚辅佐、共享权力的制度下必然的结果"。刘子健先生尽管没有使用合力以及士大夫政治的用语，但所指出的综合因素正是这种历史结果形成的合力，而权力共享，无疑也是我所讲述的士大夫政治的显著特征。

结语　文武之争的负面遗产

纵观南宋的历史行程，尽管以后一直存在来自北方的军事压力，但和平时期居多，这就为士大夫政治再度成为主宰提供了现实保障。和平时期只需要维持军备，武人注定不会成为政治舞台的主角。

形成长时期历史延续的士大夫政治，让士大夫重文轻武的意识根深蒂固。即使是在特别需要武将来守卫江山的时期，士大夫内心也不会消除对武人的蔑视。《通鉴续编》卷二四记载辞任的贾似道再度任相，宋度宗授予其节度使的名衔，却惹得贾似道火冒三丈，说"节度使乃粗人之极致尔"。建节是武将求之难得的荣誉，在士大夫眼里居然一钱不值。贾似道的这句话正是士大夫对武人偏见的自然流露。

在跟高宗议论削兵权之后两个月,据《建炎以来系年要录》卷一二〇记载,张戒又有关于和战的进言,其中讲道:"必兵强而后战可胜,战胜而后中原可复。"由此可见,主张削兵权,仅仅是为了压抑适足形成威胁因素的武将高官,并不是要自毁长城。面临来自北方的军事压力,武备还是需要增强。就是说,需要军事,但前提是必须置于士大夫政治的掌控之下。

兵权成功削除,正如高宗之愿。借用虞云国先生的话说,他终于让赵家的军队姓了赵。[①] 新一轮文武之争,士大夫大获全胜,亦如士大夫之愿。岳飞个人悲剧落幕,形成的大氛围却让人人皆大欢喜。岳飞的府邸成为太学新址,士大夫政治的全面恢复,南宋的以文抑武,这也是一个象征性的标记。在时代的大潮中,个人的悲剧像是瞬间消失的飞沫。飞沫消失,空余凭吊,历史依然前行。

不过,矫枉往往过正,一个倾向导致另一个倾向,此后的南宋权相辈出,则显示了士大夫政治的极致发展,走向了变质。这种变质的士大夫政治对政权带来了很大的损害,导致南宋的军队国家化也没有能够彻底完成。这一隐患,到了后来,无论是对金还是对蒙,便清楚地显现出来。南宋作战的诸多失利,可以说都与军队私家化的状态难脱干系。

政治的稳定状态一定是表现为各种力量的平衡。以杀岳飞为标志,在文武之争上,士大夫占了上风,其实也对政治造成了伤害。《通鉴续编》卷二二记录了南宋末年士大夫余玠对宋

---

① 虞云国:《南渡君臣:宋高宗及其时代》,上海:上海人民出版社,2019年,第155页。

理宗讲的一番话："方今指即戎之士为粗人，斥为哙伍，愿陛下视文武之士为一，勿令偏有所重。偏则必至于激，文武交激，非国之福。""文武交激，非国之福"，余玠这句话未尝不是对包括岳飞悲剧在内的政治教训的总结。回望历史，除了不可抗的外因，朝廷在政策与策略上对文武关系协调失当这一内因，也加速了南宋灭亡的进程。这可以视文武之争为宋代历史走向带来的负面遗产。

《博古图》,南宋,刘松年绘。描绘的是郁郁葱葱的松林之中,几个文人正在鉴赏古玩

子充必大
——一个承平时代的士大夫传记的政治解读

南宋孝宗朝（1162—1189）时，尽管在孝宗即位前后宋金仍有战事发生，但此后双方一直处于相对和平的状态。南宋立国江南后，在这一时期迎来了政治和社会都比较安定的局面，经济恢复与文化发展都很显著。周必大就主要活动于这一时期，并且走到了政界的最高层，担任了人臣之极的宰相，展开了承平时期的作为。

《宋史》卷三九一《周必大传》的基本史料源自周必大家族提供的行状以及神道碑之类的传记资料，除了出于资料排比以及抄录刊刻发生的讹误外，① 《周必大传》是记载周必大生平事迹，特别是政治作为的最为集中且比较简洁的文字，同时也是考察周必大的基本文献。迄今为止，学界对周必大已有一定的研究积累，② 但对《宋史》本传的基础研究仍尚属缺失。有鉴于此，本文以《宋史》本传为主要线索，结合具体的时代背景考察"太平宰相"周必大的生平，对周必大的政治作为略加梳理，目的是把周必大作为一个剖面，为解码南宋中期的历史提

---

① 关于《宋史·周必大传》的辨误，参见王瑞来《〈宋史·周必大传〉疏证》，高翔主编：《中国历史研究院集刊》总第1辑（创刊号），社会科学文献出版社2020年版，第33—102页。

② 迄今为止出版的有关周必大研究的主要专著有：邹锦良《周必大生平与思想研究》，江西人民出版社2013年版；李仁生、丁功谊：《周必大年谱》，江西人民出版社2014年版；许浩然：《周必大的历史世界：南宋高、孝、光、宁四朝士人关系之研究》，凤凰出版社2016年版。主要论文有：邹锦良《心理认同与士人结群：南宋庐陵士人的日常交游——以周必大为中心考察》，《北方论丛》2012年第4期，第75—79页；何忠礼：《南宋孝宗朝的政治生态与周必大的政治活动》，《井冈山大学学报》2015年第2期，第129—136页；许浩然：《庆元党禁时期周必大与理学关系考辨》，王水照、朱刚主编：（转下页注）

供一个切入的途径，以期引起研究者对常见基本文献的重视。

一、"少英特"，"第进士"

嘉泰四年（1204）八月，周必大写下平生最后一篇文章《庐陵县学三忠堂记》，[①]未过两个月的十月初一，便溘然长逝。所以《宋史·周必大传》提到这篇文章时说，"盖绝笔也"。"三忠"指朝廷赐谥"文忠"的欧阳修、"忠襄"的杨邦乂和"忠简"的胡铨。[②] 开禧三年（1207），朝廷赐予周必大与欧阳修同样的谥号"文忠"。从此，庐陵乡贤又多了一"忠"。赐谥"文忠"，是在传统社会对文臣极高的盖棺论定，两个字高度概括了得谥者的文学和政治成就。不仅欧阳修名副其实，周必大也实膺其谥。

北宋末年出生于官宦之家的周必大，襁褓之中便遭遇靖康之难，四岁时，父祖同时死于战乱。他的童年时代在家乡庐陵度过，十三岁时母亲去世，后跟随担任地方官的伯父生活。绍兴二十年（1150），二十五岁的周必大在庐陵解试合格，次年

（接上页注②）《新宋学》第 4 辑，上海人民出版社 2015 年版，第 338—348 页；王瑞来：《"诗可弄万象"——以诗歌为中心的周必大文学成就论》，王水照、朱刚主编：《新宋学》第 9 辑，复旦大学出版社 2020 年版，第 135—146 页；王瑞来：《"德业文章为一代之望"——周必大文集叙录》，《人文》编辑部编：《人文》第 3 卷，中国社会科学出版社 2020 年版，第 1—16 页；王瑞来：《"圣经元自许传疑"——周必大儒学思想例论》，《杭州师范大学学报》2021 年第 3 期。

① ［宋］周必大：《平园续稿》卷二〇《庐陵县学三忠堂记》，［宋］周必大撰，王瑞来校证：《周必大集校证》卷六〇，上海古籍出版社 2020 年版，第 894 页。

② 《宋史》为"三忠"均立传，《欧阳修传》载卷三一九，《杨邦乂传》载卷四四七，《胡铨传》载卷三七四。

进士及第，步入仕途。①对周必大早年经历，《宋史》本传简单地评价归纳为"少英特"和"第进士"。

进士及第入官后的周必大，跟其他进士一样，在必经的初级官僚选人阶段蹉跎了十年。这期间他在地方做过徽州户曹、权零都县尉，②在都城临安做过监行在太平和剂局门。其间，周必大还因邻居失火被诬而丢官，③又应制科博学宏词科合格而东

---

① 以上所述周必大早年事迹，均见于其子周纶所撰年谱，参见《周必大集校证》附录卷六，第3173—3176页。

② 周必大权零都县尉之事，《宋史》本传、《周必大行状》及神道碑均不载，在《周益国文忠公集》卷二一《省斋文稿》中载有周必大写于绍兴二十二年（1152）的《权零都尉回交代严县尉第启》。《周必大集校证》，第299页。周纶撰周必大年谱时亦载有《宋史》本传阙书履历："绍兴二十二年壬申，是秋，齐述叛，公徙居于吉。冬，权州零都县尉。"《周必大集校证》附录卷六，第3176页。

③ 应博学宏词科之前，周必大初次遭遇仕途的重大挫折，本传略而未书。周必大《词科旧稿自序》详载此事："绍兴丙子四月，予任行在和剂局门官，适乳媪姚氏病甚，问占黑象，其繇云：'药不瘳疴，财伤官磨。困于六月，盍祈安和？'此人数为予画卦影，多验。五月旦，姚媪果没，深以六月为忧。迨晦日，同僚举酒相庆，而是夕焚庐之祸作。初所居在漾沙坑，与运属王某共席屋数椽，动息相闻。王夜醉奏圜，其婢插纸灯于壁，火燃而走，延烧首及予家。老幼已熟寝，比惊悟，小儿方在襁褓，仅能挈之以逃，生计一空。其实被焚才数十室，而周枢密茂振麟之为著作佐郎，亦与焉。其从叔方崇执法殿中，而冯舜韶为监察御史，宰相欲媚方崇，张大其事，以为茂振地，自三省、枢密院至三衙皆致银绢；未阅月迁著作郎，随擢起居舍人。时临安帅韩尚书仲通知火自王氏，以其为冯舜韶妻弟，不敢问，执予小童，抑使伏辜。于是三省勘会，周某系见任官，不能谨防火烛，致延烧民居，理宜惩戒，有旨放罢。朝士多劝予讼冤，力既不敌，又卦影明言'财伤官磨'，岂复尤人？"《周必大集校证》，第1289页。李壁所撰《周必大行状》详载此事："登绍兴二十一年进士第，授徽州司户参军，改差监行在和剂局门。与运属王其姓者共席屋数椽，王不戒于火，延烧首及公家。官知火自王氏，以其连姻台察不敢问，执公苍头，抑使伏辜，公坐是免去。朝士多劝公直之，公不校也。"《周必大集校证》附录卷二，第3233页。

山再起，[1]担任了建康府学教授。后来召试馆职，周必大成为秘书省正字，终于脱离选人行列，进入中层官僚序列，从此走向更高的层次，展开了承平时期的一番作为。

二、掌制生涯："意卿止能文，不谓刚正如此"

召试馆职，高宗看到周必大的策问，十分欣赏地说："掌制手也。"[2]意思是说，这才是起草诏令制诰的行家里手。后来即位的孝宗，初次见到周必大就说，我以前读过你的文章，把你的近作拿来给我看看。[3]《宋史》本传还记载孝宗"喜其精洽"，到了"欲与之日夕论文"的程度。[4]两代皇帝的欣赏，加上其本人的才华，让周必大在召试馆职后的很长时期内从事这种文字工作。断断续续，从中书舍人一直做到翰林学士承旨，这是词臣的最高位。《宋史》本传记载道："必大在翰苑几六年，制命温雅，周尽事情，为一时词臣之冠。"[5]其实，周必大担任学士之职不止六年。李心传就写道："渡江后，周益公再入凡九年，胡端明二入跨六年，久次者止此二公而已。"[6]周必大自己

---

[1] 《宋会要辑稿·选举》一二之一四载："（绍兴）二十七年二月九日，礼部贡院言，试博学宏词科，左迪功郎周必大……考入下等，减二年磨勘。"参见刘琳等校点《宋会要辑稿》，上海古籍出版社2014年版，第5501页。
[2] 《宋史》卷三九一《周必大传》，中华书局1977年版，第11965页。
[3] 《宋史》卷三九一《周必大传》载："孝宗践祚，除起居郎。直前奏事，上曰：'朕旧见卿文，其以近作进。'"第11965页。
[4] 《宋史》卷三九一《周必大传》，第11966页。
[5] 《宋史》卷三九一《周必大传》，第11968页。
[6] ［宋］李心传撰，徐规点校：《建炎以来朝野杂记》甲集卷九《国朝学士久任再入三入者》，中华书局2000年版，第179页。

也如是说:"内制之官有四:曰权直院,曰直院,曰翰林学士,曰承旨。或正或兼,前后十年而遍为之。"[①]就是说,周必大担任过词臣所能担任的所有职务。

在士大夫政治之下,掌制的文人是士大夫中的翘楚,不仅在文坛居于领袖地位,而且从翰林学士进一步升迁就会进入政治中枢,成为执政乃至宰相。对于这一事实,四库馆臣认识得很清楚:"宋代掌制,最号重职,往往由此致位二府。"[②]以前笔者曾考察过北宋真宗一朝的翰林学士,足以证实四库馆臣的说法。[③]周必大在仕途上走的就是这样一条标准的路径。

无论是中书舍人,还是翰林学士,在士大夫政治传统之下,宋代的皇帝秘书并不只是被动地接受皇帝指派起草诏制,对一些认为不妥的人事任免,有担当的起草者还会提出自己的意见。当意见不被采纳时,甚至会拒绝起草。在周必大的秘书生涯中,至少经历了两次大的文书风波。最初的一次就是作为权中书舍人、给事中的周必大缴驳孝宗潜邸旧僚龙大渊和曾觌知阁门事的任命。这让刚刚即位的孝宗自尊心很受打击,认为是有人背后煽动的结果。他十分气恼地说,这在高宗时代不过是件小事,怎么会有人敢抗拒呢?对此周必大反问,陛下的意思是说,我们不以对待太上皇的态度来对待陛下了?于是便提出辞职。

---

① [宋]周必大:《玉堂类稿序》,《周必大集校证》,第 1465 页。
② [清]永瑢等撰:《四库全书总目提要》卷七九《玉堂杂记》,中华书局 1965 年版,第 683 页。
③ 参见王瑞来《代王言者——以宋真宗朝翰林学士为中心的考察》,本书编委会编:《漆侠先生纪念文集》,河北大学出版社 2002 年版,第 172—189 页。

这种直接跟皇帝对抗的行为，需要有牺牲自己政治生命的勇气。不过，具有高度政治责任感的宋代士大夫大多不乏这种勇气，而这种抗争行为，就像北宋的范仲淹当年的抗争一样，反倒会赢得舆论的同情，并带来政治声誉。就连孝宗也安慰周必大说："朕知卿举职，但欲破朋党、明纪纲耳。"[1]意思就是说，我知道你是尽职，但我这样做是要立规矩。尽管如此，对提出辞职的周必大，孝宗还是顺势将其调离朝廷，给了个主管台州崇道观的闲职。

其实在此事之前，周必大还做了一件令孝宗吃惊的事情。《宋史》本传载："权给事中，缴驳不辟权幸。翟婉容位官吏转行碍止法，争之力。"周必大的这一举动让孝宗感到很意外，他对周必大讲："意卿止能文，不谓刚正如此。"[2]孝宗没想到擅长文字的周必大居然这样刚直。周必大貌似得罪了皇帝，其实反而给皇帝留下了好印象。做了七八年闲职，周必大还是被召回朝廷，又兼任权中书舍人，做了皇帝的秘书。不过，他很快就遭遇了第二次文书风波。由于反对任命张说、王之奇为签书枢密院事，周必大再度被贬放到外地，担任提举江州太平兴国宫的祠禄官这一闲职。

宋朝这种祠禄官制度，其实往往是皇帝或主导朝廷的政治势力放逐异议者的权宜之法，也是对异议者表示抗议辞职后的处置方式。宋代党争频发，祠禄官的设置则是士大夫政治对政治异议者实施保护的一种制度设计。祠禄官只是被安排远离政治中心，但俸禄不减，官职照升。

---

[1] 《宋史》卷三九一《周必大传》，第11966页。
[2] 《宋史》卷三九一《周必大传》，第11966页。

抗命请祠，这种政治抗议对于官员个人来说，不啻以自己的政治生命做赌注。北宋的宰相吕蒙正曾跟太宗说过让旁边的大臣心惊肉跳的话："臣不欲用媚道妄随人主意，以害国事。"① 由此可见宋代士大夫的风骨。周必大也继承了这种传统，不过，作为顶级文人的周必大把这个意思说得更为文雅："以道事君，盖耻同于妃媚；有献告后，每务竭于忠精。"②

　　在宋代士大夫政治的背景下，士论这种政治舆论具有任何政治势力都不敢无视的力量，对政治异见也起到一定的保护作用。北宋的范仲淹因政争三次被贬官，却被士论称为"三光"，是说一次比一次光彩。③ 周必大也同样，"必大三请祠，以此名益重"。④ 因反对任命张说、王之奇为签书枢密院事的高层人事任命而被再度贬放的周必大，跟站在同一立场抵制任命的侍御史李衡、右正言王希吕、给事中莫济一起，为当时的士论所称许，临安有人还专门写了一首《四贤诗》加以赞扬。⑤ 这令人

---

① 《宋史》卷二六五《吕蒙正传》，第 9147 页。
② ［宋］周必大：《周益国文忠公集》卷八八《贺兵部杨尚书椿启》，《周必大集校证》，第 1266 页。
③ ［宋］文莹《续湘山野录》记载："范文正公以言事凡三黜。初为校理，忤章献太后旨，贬倅河中。僚友饯于都门曰：'此行极光。'后为司谏，因郭后废，率谏官、御史伏阁争之，不胜，贬睦州。僚友又饯于亭曰：'此行愈光。'后为天章阁、知开封府，撰《百官图》进呈，丞相怒，奏曰：'宰相者，所以器百官。今仲淹尽自抡擢，安用彼相？臣等乞罢。'仁宗怒，落职贬饶州。时亲宾故人又饯于郊曰：'此行尤光。'范笑谓送者曰：'仲淹前后三光矣。'"中华书局 1984 年版，第 77—78 页。
④ 《宋史》卷三九一《周必大传》，第 11968 页。
⑤ 《宋史》卷三九〇《李衡传》载："时给事中莫济不书敕，翰林周必大不草制，右正言王希吕亦与衡相继论奏，同时去国，士为《四贤诗》以纪之。"第 11948 页。

联想到北宋蔡襄为声援范仲淹而相继被贬谪的欧阳修、余靖、尹洙写下的那首《四贤一不肖》诗。①北宋的政治传统在南宋得到了充分的延续。周必大死后，当时人写的祭文就评价说："玉堂之庐，草制代言。缴奏词头，直声凛然。"②

周必大在外做闲职的第二年就被孝宗召回朝廷，五年后，这个"掌制手"又以礼部尚书的身份兼任翰林学士，不久更是升任翰林学士之首的翰林学士承旨。做到这一步，进入执政中枢只是时间问题了。

对担任词臣的周必大，孝宗除了有"刚正"的评价，还说过"卿不迎合，无附丽，朕所倚重"。③"不迎合"是指不曲意迎合皇帝，"无附丽"是指不与权势人物结党。正是这两点令周必大赢得了孝宗的尊重与信任。

不仅在人事任命上周必大"不迎合"，对于皇帝个人的不当行为，周必大也会不加避讳地谏诤。《宋史》本传载："上日御球场，必大曰：'固知陛下不忘阅武，然太祖二百年天下，属在圣躬，愿自爱。'上改容曰：'卿言甚忠，得非虞衔橛之变乎？正以仇耻未雪，不欲自逸尔。'"④这是对皇帝踢球娱乐可能会出现的安全问题提出的劝诫。周必大是因有前车之鉴才对孝宗提出劝诫的。几年前的乾道五年（1169），孝宗就曾因练习

---

① 《宋史》卷三二〇《蔡襄传》载："范仲淹以言事去国，余靖论救之，尹洙请与同贬，欧阳修移书责司谏高若讷，由是三人者皆坐谴。襄作《四贤一不肖》诗，都人士争相传写，鬻书者市之，得厚利。"第10397页。
② ［宋］周必大：《周益国文忠公集》附录卷一，《周必大集校证》，第3117页。
③ 《宋史》卷三九一《周必大传》，第11968页。
④ 《宋史》卷三九一《周必大传》，第11968页。

射箭,弓弦绷断而眼睛受伤,很长时间都无法上朝。[1]不过,周必大还是先把孝宗夸奖了一下才提出劝告的,毕竟还要照顾到皇帝的自尊心。

从宋太祖开始,宋朝的很多皇帝都喜欢踢球这项运动。在金星近前星这种所谓不吉利的星象出现时,周必大跟孝宗说希望他能劝阻太子跟武士一起踢球。孝宗让周必大去讲,周必大拒绝说,太子是你的孩子,你让他去做的事,我怎么能让他违抗命令?陛下不让他做就是了。[2]从《宋史》本传的这一记载,也可以看出周必大处事的分寸感。

在担任词臣期间,周必大兼任经筵侍讲,承担起君主教育的任务。程颐讲过,"天下治乱系宰相,君德成就责经筵"。[3]在士大夫政治的背景之下,士大夫从先秦文献中汲取思想资源,从前朝或当代政治中总结经验教训,以各种方式引导君主自律,防止皇帝从士大夫政治的轨道上脱逸。早在北宋真宗朝就全面实施了针对君主教育的经筵讲读。[4]在孝宗接受经筵讲读时,周必大就告诉孝宗:"经筵非为分章析句,欲从容访问,裨圣德,究治体。"[5]意思是说,我们给陛下上的不是学术课,而是道德课

---

[1] 《宋史》卷三四《孝宗纪》乾道五年载:"五月己巳,帝以射弩弦断伤目,不视朝。"第646页。

[2] 《宋史》卷三九一《周必大传》载:"'金星近前星,武士击球,太子亦与,臣甚危之。'上俾语太子,必大曰:'太子人子也,陛下命以驱驰,臣安敢劝以违命,陛下勿命之可也。'"第11968页。

[3] [宋]李焘:《续资治通鉴长编》卷三七三元祐元年三月辛巳条,中华书局2004年版,第9031页。

[4] 参见王瑞来《"君德成就责经筵"——〈玉牒初草〉所见君臣互动考察》,《社会科学战线》2020年第6期,第103—116页。

[5] 《宋史》卷三九一《周必大传》,第11965页。

和政治课。因此,经筵也自然成为君臣谈论时政的场所。《宋史》本传载:"侍经筵,尝论边事,上以蜀为忧。"[①]对此,周必大就回应说:"蜀民久困,愿诏抚谕,事定宜宽其赋。"[②]

有一次,孝宗在选德殿召见周必大等人,出示手诏,"举唐太宗、魏徵问对,以在位久,功未有成,治效优劣,苦不自觉,命必大等极陈当否"。周必大为此上书,有针对性地指出时弊所在:"陛下练兵以图恢复而将数易,是用将之道未至;择人以守郡国而守数易,是责实之方未尽。诸州长吏,倏来忽去,婺州四年易守者五,平江四年易守者四,甚至秀州一年而四易守,吏奸何由可察,民瘼何由可苏!"《宋史》本传记载了周必大上书后孝宗的态度与处理结果:"上善其言,为革二弊。"[③]作为社会精英的士大夫,得益于科举实现地位上升者为多,许多人来自社会下层,又接受传统的重民思想,因此,大多能体恤民间疾苦,并不高高在上。北宋的范仲淹是这样,南宋的周必大也是如此。《宋史》本传记载,周必大在成为翰林学士之后,"久雨,奏请减后宫给使,宽浙郡积逋,命省部议优恤"。又载:"江、湖旱,请捐南库钱二十万代民输,上嘉之。"[④]

"宰相须用读书人",[⑤]在士大夫政治之下,重文之风尽管自北宋到南宋已有上百年的历史,但士大夫们依然一直在强化这种风气,从而维护士大夫政治的根基。在周必大担任秘书少

---

① 《宋史》卷三九一《周必大传》,第 11965—11966 页。
② 《宋史》卷三九一《周必大传》,第 11966 页。
③ 《宋史》卷三九一《周必大传》,第 11967 页。
④ 《宋史》卷三九一《周必大传》,第 11968、11967 页。
⑤ 《续资治通鉴长编》卷七乾德四年五月乙亥条,第 171 页。

监、兼直学士院，兼领史职时，孝宗修改任命制词，引汉宣帝事。周必大趁机上奏说："陛下取汉宣帝之言，亲制赞书，明示好恶。臣观西汉所谓社稷臣，乃鄙朴之周勃，少文之汲黯，不学之霍光。至于公孙弘、蔡义、韦贤，号曰儒者，而持禄保位，故宣帝谓俗儒不达时宜。使宣帝知真儒，何至杂伯哉？愿平心察之，不可有轻儒名。"① 皇帝不轻儒，士大夫便能在政治上处于主宰地位。

汲引同道，培养人才，让主宰政治的士大夫群体永远保持血液新鲜，也是有远见的宋代士大夫的关注所在。在兼任太子詹事时，周必大回顾历史，上奏说："太宗储才为真宗、仁宗之用，仁宗储才为治平、元祐之用。自章、蔡沮士气，卒致裔夷之祸。秦桧忌刻，逐人才，流弊至今。愿陛下储才于闲暇之日。"周必大汲引人才的一个具体例子，就是向孝宗极力推荐了后来成为东南三贤之一的吕祖谦。当孝宗问起吕祖谦是否能文时，周必大回答说："祖谦涵养久，知典故，不但文字之工。"②

"必大在翰苑几六年，制命温雅，周尽事情，为一时词臣之冠"，这是《宋史》本传对周必大担任词臣的总结性评价。"制命温雅"要靠文字修养，"周尽事情"则要靠政治上通达的嗅觉与敏锐的观察。《宋史》本传记载了两件周必大担任词臣时涉及宋金关系的事情。一是"金索讲和时旧礼，必大条奏，请正敌国之名，金为之屈"。二是书写通使国书。"赵雄使金，赍国书，议受书礼。必大立具草，略谓：'尊卑分定，或较等威；叔侄亲情，岂嫌坐起！'上褒之曰：'未尝谕国书之意，而

---

① 《宋史》卷三九一《周必大传》，第 11966 页。
② 《宋史》卷三九一《周必大传》，第 11968 页。

卿能道朕心中事，此大才也。'"① 还没等告知国书要写的内容，周必大就把孝宗想要表达的意思说得清清楚楚，这的确需要敏锐的观察和见识。

三、和而不同："三省本未可辍卿"

在成为学士之首翰林学士承旨的第二年，周必大便升任相当于副宰相的参知政事。从此在政治中枢，周必大从参知政事，到知枢密院事、枢密使，又到右丞相、左丞相，整整十年，贯穿了孝宗在位的后期，一直到光宗即位。

在权相林立的南宋，周必大的政治作为似乎显得不那么突出耀眼，很像是一个中规中矩的"循吏"。的确，与变化剧烈的时代不同，承平之时缺乏大起大落的波澜，政治家的形象也很难鲜明特立。不过，周必大身处的时代，在绍兴和议之后，尽管短期经历了完颜亮南侵和隆兴北伐，但多数时期宋金关系稳定，是南宋建立后迎来的第一个和平安定的发展时期。而周必大的作为，在笔者看来很像北宋澶渊之盟以后的宰相王旦。王旦被称为"平世之良相"，②而周必大也被宋人称作"太平宰相"，③其中就显示出许多共性。

进入中央政治核心，因国内国外事务纷繁，周必大日理万机，而且执政集团内外的人事关系由于牵涉各种利益，也显得

---

① 《宋史》卷三九一《周必大传》，第 11968、11966、11967 页。
② 《续资治通鉴长编》卷九〇天禧元年九月己酉条，第 2080 页。
③ ［宋］罗大经撰，王瑞来点校:《鹤林玉露》甲编卷五《巵载》，中华书局 1983 年版，第 91 页。

格外复杂。被孝宗誉为"刚正"的周必大刚而有柔，总是能够妥善地处理好各种关系。孔子所说的"和而不同"，一直被认为是处理政治关系的理想境界，但由于人性固有的弱点，实际上很难做到。周必大对一些人或事，也有自己的不满。不过，无须公开争辩之事，他只是在私下的文字中发泄一下而已，很少有锋芒毕露的直接交恶。比如他对左相王淮以及后来做到宰相的留正都私下流露过不满，但他从未让这种不满呈现在表面。

关于"和而不同"的问题，《宋史》本传就载有孝宗与刚成为参知政事的周必大的讨论：

> 上曰："执政于宰相，固当和而不同。前此宰相议事，执政更无语，何也？"必大曰："大臣自应互相可否。自秦桧当国，执政不敢措一辞，后遂以为当然。陛下虚心无我，大臣乃欲自是乎？惟小事不敢有隐，则大事何由蔽欺。"[1]

对此，"上深然之"。[2] 周必大如是说，同时也向这方面努力。《宋史》本传记载一件事："久旱，手诏求言。宰相谓此诏一下，州郡皆乞赈济，何以应之，约必大同奏。必大曰：'上欲通下情，而吾侪阻隔之，何以塞公论？'"[3] 宰相担心一旦下诏求言，各地都会提出赈灾救济的要求，中央无法应对，就想约周必大一同上奏，阻止孝宗下诏。对此周必大则表示了不同意见，他说皇帝希望下情上传，而我们却加以阻止，怎么来应付可能招

---

[1] 《宋史》卷三九一《周必大传》，第11969页。
[2] 《宋史》卷三九一《周必大传》，第11969页。
[3] 《宋史》卷三九一《周必大传》，第11969页。

致的舆论抨击呢？

不仅和而不同，周必大在处理政事时还甘于揽责任怨。《宋史》本传载："有介椒房之援求为郎者，上俾谕给舍缴驳，必大曰：'台谏、给舍与三省相维持，岂可谕意？不从失体，从则坏法。命下之日，臣等自当执奏。'上喜曰：'肯如此任怨耶？'必大曰：'当予而不予则有怨，不当予而不予，何怨之有！'上曰：'此任责，非任怨也。'"① 这段记载讲到，有个通过皇后的关系求官的人，孝宗很反感，可能是顾虑到皇后的关系，不好直接拒绝，就想传话给中书舍人和给事中，让他们用缴驳的方式提出反对意见。周必大对此表示了反对，他认为言官和行政的三省是互相制约关系，具有相对的独立性，不宜传话。如果传话不被听从则很没面子，听从了又破坏了法制。他说等到任命下达的时候，我们直接反对就行了。这样做等于是替孝宗解围，孝宗高兴地说，你难道就不怕被埋怨吗？周必大回答说，该给的不给会被埋怨，不该给的而不给，有什么可埋怨的。

孝宗很依赖周必大，在任命周必大为知枢密院之后，对他说："每见宰相不能处之事，卿以数语决之，三省本未可辍卿也"，② 就是说在执政核心中周必大是不可或缺的。继而周必大又担任了枢密使。在主管军政事务期间，文人周必大也有不俗的表现，他妥当地调拨军队驻防，创设了诸军点试法的训练方法。周必大去世后，朝廷讨论周必大的谥号时，考功郎官许奕在《复谥议》中提到周必大不多的几件具体事迹，就有这件事：

---

① 《宋史》卷三九一《周必大传》，第11969页。
② 《宋史》卷三九一《周必大传》，第11969页。

"创行诸军点试之法,其在外则复解发之制而亲阅之,天下于是知朝廷不一日忘武意。"① 此外,采用透明度高的军队将领任命方式,以及在与夏国结盟抗金问题上持重稳健的处理,都在《宋史》本传中留下了记录。特别是与夏国结盟抗金这件事,让孝宗感慨地对周必大说,"卿真有先见之明"。②

孝宗对周必大的欣赏,能通过一件轶事很形象地反映出来。还是在周必大担任翰林学士的时候,孝宗望着他远去的清癯背影,对身旁的内臣慨叹:"好一个太平宰相,可惜恐怕不会长寿。"③

淳熙十四年(1187),深受信任的周必大被任命为右丞相。从隆兴和议之后,宋金无战事,面对长期的和平状态,周必大告诫孝宗说:"今内外晏然,殆将二纪,此正可惧之时,当思经远之计,不可纷更欲速。"稳健经远,不欲轻率变更,正是周必大的行事风格,这跟北宋的王旦也很相似。"秀州乞减大军总制钱二万,吏请勘当,必大曰:'此岂勘当时耶?'立蠲之。"④《宋史》本传的这一记载,也反映了周必大的稳健。这种稳定军心的处理方式,与南宋晚期贾似道实行苛刻的打算法形成鲜明对比。

---

① [宋]周必大:《周益国文忠公集》附录卷三,《周必大集校证》,第 3117 页。
② 《宋史》卷三九一《周必大传》,第 11970 页。
③ 《鹤林玉露》甲编卷五《扈载》:"近时周益公长身瘦面,状若野鹤,在翰苑多年。寿皇一日燕居,叹曰:'好一个宰相,但恐福薄耳。'盖疑其相也。一老珰在傍徐奏曰:'官家所叹岂非周必大乎?'上曰:'尔何知?'曰:'臣见所画司马光像,亦如必大清癯。'上为之一笑。未几,遂登庸,为太平宰相,与闻揖逊之盛。出镇长沙,退休享清闲之福十有余年。"第 91 页。
④ 《宋史》卷三九一《周必大传》,第 11970 页。

担任右丞相的周必大再次强调了政治上"和而不同"的重要性。《宋史》本传载:"封事多言大臣同异,必大曰:'各尽所见,归于一是,岂可尚同?陛下复祖宗旧制,命三省复奏而后行,正欲上下相维,非止奉行文书也。'"① 上下相维,互相制约,是传统中国行政制度的一个特征。

周必大担任右丞相期间,经历的一件大事是太上皇宋高宗的驾崩。对于高宗驾崩,有人提议依照显仁皇太后去世的先例,遣三使前往金国通报,周必大反对说:"今昔事殊,不当畏敌曲徇。"② 在南宋国势渐强的背景下,周必大主张对金转向比较强硬的立场。不久,在金国贺正的使者到来时,有人主张孝宗穿淡黄袍接见,周必大坚持让孝宗以丧服缟素就帷幄引见。在和平的年代,对于高度汉化的金国,这也是一种没有硝烟的文化战争。

高宗去世后,多年的掣肘尽管消失了,但孝宗的恢复之志也被时光消磨殆尽,加以还要根据隆兴和议的要求向新即位的金国幼主称叔,这些都让孝宗萌生退意。在退位之前,周必大被升任为左丞相,达到了从政的顶峰,人臣之极。然而,顶点也是终点,在主持新君光宗即位不久,周必大便因政敌攻击而被罢免。当然,一朝天子一朝臣,这也是宋朝沿袭的一种政治传统。不过,罢免总是需要理由的,政敌的攻击便成为罢免的理由。在光宗在位期间,周必大除了短期实际出任过判潭州的地方官之外,其余的几次任命都被他推辞,一直担任醴泉观使这样的祠禄官闲职。其间还因举荐的官员贪污受贿

---

① 《宋史》卷三九一《周必大传》,第 11970 页。
② 《宋史》卷三九一《周必大传》,第 11970 页。

而被牵连，从国公降为郡公。当然，稍被薄惩之后，旋即恢复了原有地位。

宁宗即位后，周必大还应诏求直言而上书，"奏四事：曰圣孝，曰敬天，曰崇俭，曰久任"，[①]随后便请求退休致仕。庆元元年（1195），周必大正式退出官场。不过，政治并没有放过周必大，他依然成为政争所利用的棋子，被卷入政争的旋涡。"布衣吕祖泰上书请诛韩侂胄，逐陈自强，以必大代之。"周必大因此遭到了权臣韩侂胄所指使的御史的弹劾，"嘉泰元年，御史施康年劾必大首唱伪徒，私植党与，诏降为少保"。[②]

尽管周必大作为政治家并不以理学见长，但由此开启的庆元党禁，依然把周必大视为罪魁之一。《宋史》本传载："自庆元以后，侂胄之党立伪学之名，以禁锢君子，而必大与赵汝愚、留正实指为罪首。"[③]周必大没有等到党禁完全解禁的那一天，于嘉泰四年逝去。不过，年轻的宁宗还是给了周必大极高的死后哀荣，不仅赠太师，还赐谥文忠。后来宁宗还遵照祖宗法，为其题篆墓碑曰"忠文耆德之碑"。

结语

以上，主要依据《宋史·周必大传》，缕述了周必大的政治生涯。其实，被赐谥"文忠"的周必大还有作为文人的一

[①] 《宋史》卷三九一《周必大传》，第11971页。
[②] 《宋史》卷三九一《周必大传》，第11971页。按，据《宋史》卷三八《宁宗纪》所记，本传"伪徒"当为"伪学"之误。
[③] 《宋史》卷三九一《周必大传》，第11971页。

面。他一生笔耕甚勤，留下了多种著作，《宋史》本传说："著书八十一种，有《平园集》二百卷。"[1] 据笔者考证，周必大的著作可能并没有达到八十一种之多，但最后由其子周纶整理编纂后流传至今的文集，则的确有二百卷之钜。周必大的著作，在其生前便有刊行流传。后人整理的文集收录了周必大的主要著作，但由于当时的现实考量以及编辑者未曾寓目等原因，还有所遗漏，在现存南宋以来的文献中还间有发现集外佚文。[2]

有关周必大生平，存世的史料为数不少。作为原始史料，比较集中的有周必大之子周纶所撰《宋故左丞相少傅赠太师益国周公墓志》[3]和《周益国文忠公年谱》[4]、楼钥先后所撰两通神道碑《宋故少傅观文殿大学士致仕益国公食邑一万五千六百户食实封五千八百户赠太师谥文忠周公神道碑》《宋故少傅观文殿大学士致仕益国公赠太师谥文忠周公神道碑》，[5]以及李壁所

---

[1] 《宋史》卷三九一《周必大传》，第11972页。
[2] 《周必大集校证》辑有《佚文》一卷。
[3] [宋]周纶：《宋故左丞相少傅赠太师益国周公墓志》，高立人主编：《庐陵古碑录》，江西人民出版社2007年版，第9—10页。
[4] 周纶撰《周益国文忠公年谱》原载于[清]欧阳棨刊本《周益国文忠公集》卷首，《周必大集校证》收录于附录卷六。
[5] 楼钥撰《宋故少傅观文殿大学士致仕益国公食邑一万五千六百户食实封五千八百户赠太师谥文忠周公神道碑》，载于[清]欧阳棨刊本《周益国文忠公集》附录卷四，又见《攻媿集》卷九三，题为《少傅观文殿大学士致仕益国公赠太师谥文忠周公神道碑》。楼钥撰《宋故少傅观文殿大学士致仕益国公赠太师谥文忠周公神道碑》，载于[清]欧阳棨刊本《周益国文忠公集》附录卷五，又见《攻媿集》卷九四，题为《忠文耆德之碑》。两通神道碑碑文《周必大集校证》收录于附录卷五。

撰《周必大行状》[①]等。这些原始史料成为宋朝国史，亦即后来《宋史·周必大传》的直接来源。不过，上述主要来源于周必大家人的史料尽管在叙述官职行历的基本事实方面比较准确，但也存在着碑刻史料共通的问题，即在评价方面的虚美隐恶。进入国史的家状碑刻，虽然多被因袭，但亦有当时史臣的鉴别取舍。关于这一点，我们将周必大的家状碑刻文字与《宋史》本传加以比较，其间的详略有无，正可在一定程度上折射出史臣的立场。例如《宋史》本传中周必大反对过的张说反而推荐周必大的记载，就不见于任何碑志。[②]综合而言，包括《宋史·周必大传》的正史列传，在某种程度上说比出自私家的碑传更为可信。这一认识也成为我解读《宋史·周必大传》的因素之一。

当然，受史源所限，宋朝国史列传也不可能全面具象传主，还原一个历史人物的基本真实，除了行状、碑志以及正史列传，还须竭泽而渔，挖掘全部相关史料，特别是有文集存世的历史人物。其文集中的"夫子自道"，就极有可能透露出隐情秘事。如周必大在文集中对同时担任左丞相的王淮就颇有微词，而这些却在任何传记资料中都没有反映。

在承平时代，周必大从科举登第一步步走向了政治金字塔的顶端。纵观他一生的作为，可谓是中规中矩的"循吏"，缺少大起大落的波澜。其实，历史的长河并不总是波澜壮阔，平静流淌才是常态。在士大夫政治的大环境之下，承平时期的士

---

① 李壁撰《周必大行状》，载于［清］欧阳棨刊本《周益国文忠公集》附录卷二，《周必大集校证》收录于附录卷二。

② 《宋史》卷三九一《周必大传》，第11968页。

大夫之于政治，正是这样的状态。因此，我们将周必大的政治作为与他生活的时代结合起来观察，则可以发现其所具有的典型性。周必大字子充，充而必大，周必大充实的一生，实现了他对名字的期待。

写意黄公望

——由宋入元,一个人折射的大时代

《富春山居图·无用师卷》(局部),元,黄公望绘,现藏台北故宫博物院

引言

首先解题。题为《写意黄公望》，并非讨论黄公望的山水写意画，而是让黄公望入画，走进他一生钟情的飘逸山水，走进他流连不舍的富春山居，为画家本人作一幅大写意。不过，这幅写意并非使用画笔，也不需纸帛，而是用文字来勾勒。为何不直称生平考述，或绘事评述，而叫作写意呢？

这是缘于，黄公望尽管晚年名声已显，备受后世推崇，俨成文人画新开山，连古稀天子都为之倾倒，但历来仅仅借画成名者，其生平事迹多语焉不详，远不如以位显赫、以文名世者被载录得详细。重其画，忽其人，根底还在传统观念的排斥，薄技小艺，难以入流。正史不载，要入只能入录鬼之簿。因此，后世名声如雷贯耳的黄公望，生平事迹朦胧如雾中山水。

黄公望在《写山水诀》[①]中写道："远水无痕，远人无目。"黄公望的生平，便如一流远水，难着细痕。黄公望，你在云雾远山中，我们遥遥眺望，看不清你的眉目。所以，无法绘一幅纤悉必具的工笔画，只能勾勒山水朦胧人朦胧的大写意。

"风景旧曾谙"[②]：黄公望的时代底色

长寿的黄公望，几乎与元朝相始终。这个特殊的时代，便是这幅写意画的底色，便是黄公望徜徉寄情的山水。真正的传

---

① 《写山水诀》，人民美术出版社，1962年。
② 白居易：《忆江南》，《全唐诗》卷八九〇，中华书局，1960年。

统写意画，尽管有浅绛、有青绿、有金碧，但并非十分注重色彩，而在达意。我借写意之名，却要浓墨重彩，来书写铺垫黄公望置身的时代底色。

13世纪中叶，一支剽悍的铁骑，在漠北高原勃然而兴，不数十年，横扫欧亚，中国大陆成为大元帝国的中心区域。此前，有过五胡十六国，有过南北朝对峙，有过辽宋西夏并存，有过宋金分立，但无论治域广狭，中原政权的旗帜依然飘扬。沦陷区的人们遥望着这面旗帜，心存希望，还能"遗民忍死望恢复"[1]。全土沦陷，旗帜不存，这一铁的事实，冲击着无数人的心与身，有过激烈反抗，有过默默抵触，但毕竟生活还要继续，绝大多数人接受了这一无情的事实。

时光的流水会冲淡感伤，会抚平创痛，还会淡忘苦楚。黄公望生当宋末，十岁那年，大宋的旗帜伴随着陆秀夫负帝蹈海，已经彻底淹没于崖山的狂涛之中。再过十年，黄公望成年之时，多数人已经看惯了宽脸高颧的蒙古人，不陌生金发碧眼的色目人，熟悉了达鲁花赤这样别嘴的官称。生活归于平静，社会归于平静。

黄公望生长的江南，至少从魏晋南北朝时期开始，经济富饶与文化兴盛已有上千年的历史。以孙吴的江南开发为端绪，西晋永嘉南渡，大规模移民，东晋的百年经营，南朝的持续繁荣，使江南俨然成为取代中原的正统所在。五胡十六国中，奉东晋正朔的为数不少。而北朝对南朝的仰慕效法，竟达到"衣冠人物，尽在中原"[2]的程度。

---

[1] 陆游：《关山月》，《陆游集》第一册，中华书局，1976年，第210页。

[2] 司马光：《资治通鉴》卷一五三，中华书局，1975年。

江南近四百年的发展，使得隋唐再度统一全国后，即便是政治中心重归中原，经济重心也已在江南确固不移。中国逐渐走向二元化，因此才会有大运河的修筑。

从隋唐到北宋，王朝统一的长期统治，使聚光灯一直打在政治中心，经济重心江南虽被极度依赖，重要性却被淡化，被遮蔽。江南，独自悄然繁华。直到女真人的压迫使宋朝立国江南，才将南朝与南宋的连续性重新揭示。其实，地域变化的缓慢，一直让这种连续性潜伏在人们的视线之下。

> 东南形胜，三吴都会，钱塘自古繁华。烟柳画桥，风帘翠幕，参差十万人家。云树绕堤沙。怒涛卷霜雪，天堑无涯。市列珠玑，户盈罗绮、竞豪奢。重湖叠巘清嘉。有三秋桂子，十里荷花。羌管弄晴，菱歌泛夜，嬉嬉钓叟莲娃。千骑拥高牙。乘醉听箫鼓，吟赏烟霞。异日图将好景，归去凤池夸。[①]

北宋柳永的词让完颜亮对富饶美丽的江南垂涎不已，雄心勃勃地写道："万里车书尽混同，江南岂有别疆封。提兵百万西湖上，立马吴山第一峰。"[②] 不过，完颜亮没有足够的实力与幸运，"提兵百万西湖上"的，是成吉思汗的子孙。

蒙古铁蹄的江南征服，除了对常州等少数激烈抵抗的城市实行野蛮屠城之外，对江南基本上是不流血的征服。蒙古军队

---

① 柳永：《望海潮》，《全宋词》卷一六三，中华书局，1999年。
② 事见罗大经《鹤林玉露》丙编卷一《十里荷花》（中华书局，1983年），诗见岳珂《桯史》卷八（中华书局，1981年）。

进行残暴屠杀可以说是一种恐怖战术，让人闻风丧胆，放弃抵抗。美国学者贾志扬便指出："对抵抗者施行屠城，是蒙古征服中国和世界其他地方的标志性行为。"[1]

然而，对不进行抵抗的地域，蒙古军队实行的则是怀柔政策。《宋季三朝政要》[2]卷四于咸淳十年载："伯颜大兵至复州，诱守臣翟贵曰：'汝曹知几而降，有官者仍居其官，吏民按堵如故，衣冠仍旧，市肆不易，秋毫无犯，关会铜钱依例行用。'"就是说，如果识时务投降承认蒙元统治，则一切照旧，做官的依然做官，经商的依然经商。乡绅的社会地位不变，南宋的货币正常流通，蒙古军队保证秋毫无犯。同书卷六之末也说道："大元兵锋所至，降者不杀。"

的确，蒙古征服者基本上恪守了对降服者不杀之诺言。元人刘敏中《平宋录》[3]卷上记载了翟贵举城降服后蒙古军的处置之法，这是《宋季三朝政要》的编者有意略去的部分："其翟安抚贵即日出降。诸将言于丞相曰：'自古降礼当要降表，须知计点粮军数，差官镇守。'丞相不听，传谕诸将，无令一军入城，违者斩之。于是无秋毫之扰。"

幸运是江南。不流血征服的客观意义极为重要，这使得千年繁华的江南社会结构与生产力没有受到较大的重创，更使得其经济重心的作用不仅在有元一代，在明代、在清代乃至今

---

[1] 贾志扬：《天潢贵胄：宋代宗室史》，赵冬梅译，江苏人民出版社，2005年，第246页。
[2] 佚名：《宋季三朝政要》，王瑞来笺证本，中华书局，2010年。
[3] 刘敏中：《平宋录》，影印文渊阁《四库全书》本，台北：台湾商务印书馆，1986年。

日，一直发挥着，不可或缺。南宋以降，说到中国，甚至主要是指江南。至少，是江南支撑着中国。

生于斯，长于斯，黄公望就游走于山清水秀的江南。

江山易帜，大漠风沙席卷江南。在大宋王朝，黄公望仅仅度过了童年时代的十年。或许有人认为，孩提的十年，不会给黄公望留下什么记忆。通常的承平时代也许不会，但黄公望经历的是一个特殊的时代。且不说大背景的改变，就是他本人也遭遇了我在后面提到的生父死亡、母亲改嫁这样重大的生活事变。磨难催人早熟。自幼聪颖的黄公望，作为养子，在进入家道殷实的黄家之后，勤奋学习。南宋江南浓厚的文化氛围也于无形之中熏陶塑造着黄公望。尽管此后的生活一直是在元代，但犹如一种遗传，黄公望的基本文化底蕴已在幼年时南宋最后几年形成。

硝烟散去，血色暗淡，生活又恢复了正常。务农的盼丰收，经商的盼盈利，读书的想做官。江山鼎革，王朝更替，关心的主要是帝王将相、王公贵戚。普通百姓对政治的关心程度，比知识人描述的要低得多。上层的政治变动对百姓的生活影响甚微，纳税缴粮任何时候也躲不掉。

以往人们看历史，过于看重王朝兴亡，朝代更替。其实，这只是整体历史中的一个个自然段，并不反映历史演进的逻辑关系。欧美学者研究中国史，用他们的习惯，超越王朝畛域，一般将中国历史分为帝国初期、帝国中期、帝国后期。

这样的历史分期给我们的启发是，中华帝国始终是一个，改朝换代，执政者的出身、民族都不会对帝国的运营产生本质性的影响。前朝的法律如果没有明令废除，到了新朝也一样生效。比如伴随着焚书坑儒，于公元前213年颁布的秦朝挟书律，直至公元前191年方被废除。[①]是时，汉王朝已经建立了十余年。挟书律废，人们方敢将隐藏的诗书百家语公开拿出来晒太阳。北宋到第三代皇帝真宗朝，已经过去几十年了，五代十国时期的逃赋还在追征。[②]汉承秦制，唐承隋制，《宋刑统》依照唐律模样画葫芦。三公九卿制，超越王朝实行了上千年。三省六部制，又是唐宋元明清，实行了上千年。

由此可见，无论是普通老百姓的体认，还是决策者的意识，都丝毫没有怀疑政体的连续性。金木水火土，五行相生相克，宣示的不过是王朝正统。在这样世代沿袭的传统之下，改朝换代，犹如改头换面，旧瓶装新酒，换汤不换药，导致的是普通民众政治意识的淡漠，同时也对体制的恒久不变深信不疑。

黄公望，就是这样一个帝国治下的子民，其意识也与常人一样。

"生死两茫茫"[③]：生父死亡，母亲再嫁

与黄公望相识的钟嗣成，在《录鬼簿》[④]中，对黄公望的早年有寥寥数笔的记载："黄子久，名公望，乃陆神童之次弟也，系姑苏琴川子游巷居。髫龄时，螟蛉温州黄氏为嗣，因而

---

① 事分别见于《史记》卷六《秦始皇本纪》与《汉书》卷二《惠帝纪》。
② 李焘：《续资治通鉴长编》卷四二至道三年九月丙寅条，中华书局，2004年。
③ 苏轼：《江城子》，《东坡词》，影印文渊阁《四库全书》本。
④ 钟嗣成：《录鬼簿》，上海古籍出版社，1978年。

姓焉。"曾接受过黄公望所作《南村竹堂图》的陶宗仪,也在《南村辍耕录》中记载:"黄子久散人公望,自号大痴,又号一峰,本姓陆,世居平江之常熟,继永嘉黄氏。"① 由此可知,公望本姓陆,童年时过继给黄氏,方名黄公望。

为何要过继给黄氏?似乎还没人追究原因。清乾隆年间再订之清修《江南通志》②于卷一六八载:"元黄公望,字子久,号大痴道人,本常熟陆氏,少丧父,母依永嘉黄氏,遂因其姓。"《江南通志》初成于康熙二十二年,再成于雍正九年,三成于乾隆元年。方志不同于其他史籍,由于递修的特点,史源久远,晚出亦多可信。据此可知,公望非正常过继,而是父亲去世后,母亲贫无所依,携其嫁入黄家。这跟北宋范仲淹的情形相似。范仲淹二岁而孤,其母携其改嫁,范仲淹遂冒朱姓,连进士及第使用的都是朱说之名。③

过继后黄公望名字的由来,《录鬼簿》所述为众所周知:"其父年九旬时方立嗣,见子久乃云:'黄公望子久矣。'"公望继父即使并非九十高龄,当亦年纪不小。无子之黄氏,与其说再娶,不如说是收子,冲着聪敏的黄公望而来,其母倒成了陪伴。黄公望母亲再嫁的事实,也让"烈女不嫁二夫"道学观念在宋末的普及程度大打折扣。

黄公望生父因何而亡,似乎也可推测一二。推测,须放眼时代的大背景。

在黄公望六岁的南宋德祐元年(1275),据《宋季三朝政

---

① 陶宗仪:《南村辍耕录》卷八,齐鲁书社,2007年。
② 乾隆《江南通志》,影印文渊阁《四库全书》本。
③ 脱脱:《宋史》卷三一四《范仲淹传》。

要》卷五记载，由于宋军的顽强抵抗，陷落后的常州遭到元军屠城，史籍所述状况十分惨烈："大元用我叛将王良臣，以兵攻常州。知府姚訔、统制刘师勇、王安节守城，不克。十月，常州告急，文天祥遣将尹玉、朱华、张全、麻士龙赴援，战于五木，败绩。张全不发一矢，尹玉、麻士龙死之。尹玉，江西将也。与良臣战，杀数千人，复收残兵五百，与北兵相持又一夕，手杀七八十人，遂死。麾下无一肯降。朝廷赠濠州团练使，庙食赣州，官其二子。常州不下，士良（即王良臣）役城外居民运土筑堡，土至，并人填陷其中。又杀常州之民数百人，煎膏取油，作炮掷于牌权上，以火箭射之，其火自发。十一月，常州粮尽，刘师勇以八骑突围，出奔平江。遂破常州，屠其城。知州姚訔死之，生获将军王安节，不屈而死。"

屠城事件与"髫龄时，螟蛉温州黄氏为嗣"的时期比较接近，而常州与常熟在南宋同属两浙西路，相距不远。黄公望生父死于常州屠城之际，也不是完全没有这种可能性。不管怎么说，生计无着的母亲带着黄公望改嫁的原因是丧夫。

"唯有读书高"[①]：谁习神童业

黄公望早年生平事迹中，《录鬼簿》所云黄公望原本"乃陆神童之次弟"，亦不知何据。

明人朱谋垔《画史会要》载："黄公望，字子久，其父九十始得之，曰黄公望子久矣，因而名字焉。号一峰，又号大痴道人，平江常熟人。幼聪敏，应神童科。经史二氏九流之学

---

① 汪洙：《神童诗》，齐鲁书社，1998年。

无不通晓，开三教堂于苏之文德桥，后隐于富春。"①

明人所述，当有所本。检元人夏文彦《图绘宝鉴》载："黄公望，字子久，号一峰，又号大痴道人，平江常熟人。幼习神童科，通三教，旁晓诸艺，善画山水。"②

同为元人所记，不当信彼非此。至少可备一说的是，习神童科者乃黄公望。

髫龄之幼的黄公望习神童科，当是随改嫁之母进入黄家之后。黄家当属殷实之家，所以黄公望能够接受良好的教育，以致后来"经史二氏九流之学无不通晓"。

智力超常、出类拔萃的孩童，代不乏人。因此，早在唐朝便有童子科之设。《新唐书》记载了唐朝对童子科的规定："十岁以下能通一经及《孝经》《论语》，卷诵文十，通者予官；通七，予出身。"③

历史进入宋代，科举规模的扩大，造成了士大夫主导政治舞台的士大夫政治。在这种氛围之下，神童科也为之大振。据何忠礼《南宋科举制度史》④的统计，从北宋太宗朝到仁宗朝，童子科取士便达二十七人。著名文人杨亿、晏殊均出此选。神童出身者，年龄最小的只有三岁。大中祥符八年（1015），在范仲淹进士及第的同一年，三岁的蔡伯俙，在召试时，因吟诵御制歌，让真宗皇帝龙颜大悦，不光授官，且挥毫赐诗："七闽

---

① 朱谋垔：《画史会要》卷三，影印文渊阁《四库全书》本。
② 夏文彦：《图绘宝鉴》卷五，影印文渊阁《四库全书》本。
③ 欧阳修、宋祁：《新唐书》卷四四《选举志》。
④ 何忠礼：《南宋科举制度史》，人民出版社，2009年。

山水多才俊，三岁奇童出盛时。"①

当时的舆论导向也大力提倡。北宋年间编纂的《神童诗》开头的第一首便如此吟咏道："天子重英豪，文章教尔曹。万般皆下品，唯有读书高。"

到了南宋，应童子科者大增。制度规定也臻于完善。南宋中期以后的宁宗朝，下诏规定童子科每年录取三人，"为定制焉"。②

科举造成的社会流动，让千百万平民也看到了地位提升的希望。犹如今日督子用功，早期开发天资聪颖的孩子，应神童科，实在是节省成本的有利之为。这一定也是黄公望继父的一个梦。

不过，黄公之梦也不顺畅。其实，早在黄公望出生四年前的南宋度宗咸淳二年（1266），便已下诏废止了童子科。③但这并没有让几年后得到养子的黄公梦碎。因为自从童子科发端之后，几百年间，常有兴废，然亦屡废屡兴。黄公坚信必会再兴，而民间针对童子科的职业性的应试指导，也未因这道诏令而停止，甚至都未因江山鼎革而中辍。

因此，黄公望在宋末的最后几年乃至入元之后，一直锲而不舍，"习神童科"。

"林风惊断西窗梦"④：科举停废之后

隋朝肇始的科举制度，对中古以后的中国社会产生了不可

---

① 王明清：《挥麈录》后录卷五，上海书店出版社，2001年。
② 马端临：《文献通考》卷三五《选举考》八《童科》。
③ 《宋史》卷四六《度宗纪》。
④ 寇准：《秋》，《寇忠愍公诗集》卷中，《四部丛刊初编》本。

估量的重要影响。经唐历宋，科举大盛，成为社会流动的重要渠道，给了千千万万读书人一个温馨的梦。伴随着寻梦，社会文化也得到了极大的普及和提升。

蒙古人入主华夏，在社会经济结构没有受到重创的江南，抛开民族情绪，人们的一般认识也不过是改朝换代。政治体制虽有变异，而更多的是遗传。甚至地方官，除了多几个新面孔之外，还多是老模样，似曾相识。这让多数人深信，一切没有大变化，科举也会重开。毕竟，任何王朝各级政府都需要管理人员。几百年来，官僚多由科场出。这便是入元后惊魂甫定的黄公望继续习神童业的动机，也是"望子久矣"的黄公显扬家声的期待。

不过，高龄喜得继嗣的黄公也许怀着期待便已离世，如果继续存留世间，后来的事实一定会让他失望至极。这个蒙古人的王朝迟迟不开科举，并且丝毫没有重开的迹象。延宕几十年，让千百万士子科举梦碎。后来勉强重开，终元之世，取士不过千把人，不及宋朝有时一科的取士数量，象征意义大于实际效果。

在制度上，这是元朝的变异。那么，元朝的官员从何而来呢？元朝以吏为官。《四库全书总目提要》就说："元初罢科举而用掾吏，故官制之下，即次以吏员。"[①]停废科举，这是变异。以吏为官，则又是在深层意义上的遗传。

国土被削去三分之一的南宋，士大夫政治的基本格局虽然没有变，但员多阙少，通往仕途之路拥挤不堪，没有那么多的

---

① 《四库全书总目提要》卷八四史部四〇《官民准用》。

位子让依然源源不断产生的科举合格者很快地如愿以偿。

其实，读书人走科举做官的路一直很艰难。艰难在于竞争激烈，科举合格者的比例仅为千分之一。而南宋更惨的是，千辛万苦熬到金榜题名，多数人还是混不上一官半职，还要经历漫长的等待。

南宋经济远较北宋发达，而且中央集权弱化，地方势力强大。在这样的背景下，科举本身的竞争激烈，加之及第后的谋职不易，就把不少士人推向了地方社会。然而，滞留于地方的士人并不可能都就地成为乡绅，更多的没有太大势力的士人则利用自己的知识优势，在没有可能当官的情况下当了吏，即成了所谓的胥吏。官为朝授，吏为官招，性质不同。在宋代出现的以吏为职业的"吏户"，就反映了这种变化。并且，在宋朝一直就有由吏入官的制度与实践。

与北宋相比，士人的流动有一个上下的变化。即北宋的士人通过科举等方式走出地方，向上向中央流动。而南宋仕途的现实，则使士人向下向地方流动。

上述这些，便是元代停废科举，以吏为官的深层遗传因素。不能完全以蒙古人统治的特殊性来解释元朝停废科举的原因。

元朝优礼士人，拥有保护这些社会精英的意图。不过，目的并不是通过他们来恢复往日的士大夫政治，而是根据胥吏行政管理普遍形成的现实，将这些文化人作为胥吏的预备队而加以保护的。早在南宋平定不久的忽必烈时期，元朝政府就下过命令，从南方士人中选拔官员。而窝阔台在设立儒户之前，也以"儒通吏事"与"吏通经术"为条件，命令各地政府选拔官员。[1]在停废科举的时期,许多士人的确也加入了胥吏的队伍之中。

元人揭傒斯在《富州重修学记》中写道:"时科举废十有五年矣,士失其业。"[2]《元史·选举志》也对元代科举废止后士人的流向做了概括性的描述:"贡举法废,士无入仕之阶,或习刀笔以为吏胥,或执仆役以事官僚,或作技巧贩鬻以为工匠商贾。"[3]元代士人弃儒从吏,我在《科举停废的历史》[4]一文中,列述了部分事实,现择数例移录如下,以见当时之潮流。

元人徐明善在《冷东斋义役规约》中就说:"科举废矣,珥笔可也。学校具文矣,衙前可也。"[5]就是说,没有了科举,也就无须习文了,学校名存实亡,就可以去做衙前之类的胥吏了。元人程文海在《闽县学记》中也指出了当时士人的状况:"科举废,后生无所事聪明,日以放恣,诗书而刀笔,衣冠而皂隶。小有材者溺愈深,居近利者坏愈速。"[6]

与黄公望有过交往的危素写于至元四年(1338)的《送陈子嘉序》记载:"大梁陈君子嘉,工举子业,使群进于有司,可得高第。既而科举废,学官荐为六安府史。陈君曰:'古之圣且贤者,盖有为委吏者焉,有为乘田者焉,有为抱关伶官者焉。府史,与上官谋议政事者,随其所得为而致其力学者之事也。'

---

[1] 宋濂等:《元史》卷八三《选举志》三。
[2] 《文安集》卷一〇,影印文渊阁《四库全书》本。
[3] 《元史》卷八一《选举志》一。
[4] 文载《科举制的终结与科举学的兴起》,华中师范大学出版社,2006年。
[5] 《芳谷集》卷下,影印文渊阁《四库全书》本。
[6] 《雪楼集》卷一一,影印文渊阁《四库全书》本。

乃来江宁省其亲而后去。"①

元人唐元撰写的《唐处士墓志铭》记载："公年益茂，忍贫苦学，授徒村塾，生计萧然。或曰：'吏术，时尚也。君舍方册而从刀笔可乎？'自是，始探讨科条，举口成诵。县有大狱疑讞，资君勘治。然持心宽厚，不忍深刻，志竟不干禄公家，故贫。"②从这一记载看，唐处士这个士人，在科举废止的时代，大约是金榜题名之梦未泯，最初仍有一种坚持，"忍贫苦学"，并以教授村塾的学童为生。最后终因生计难济，也顺乎当时的潮流，做了刀笔吏。不过，"不干禄公家"，那份书生的清高，让他依然贫困。

从上述史料可以观察到，士人"舍方册而从刀笔"，以"吏术"为业，已成为众所趋之的"时尚"。

当然，也有坚持业儒的士人。《元史·儒学传》记载的陈栎，"生三岁，祖母吴氏口授《孝经》《论语》，辄成诵。五岁入小学，即涉猎经史。七岁通进士业。十五，乡人皆师之。宋亡，科举废，栎慨然发愤，致力于圣人之学"。③

在这样一个士人流向多元化的时代，黄公望走向了何处？

"效官刀笔间"④：胥吏生涯

黄公望的幼年经历与前述的陈栎很相似，自幼习神童业，

---

① 《说学斋稿》卷二，影印文渊阁《四库全书》本。
② 《筠轩集》卷一二，影印文渊阁《四库全书》本。
③ 《元史》卷一八九《儒学传》。
④ 朱熹：《晦庵集》卷一《述怀》，影印文渊阁《四库全书》本。

"经史二氏九流之学无不通晓"。不过,在继父去世后,黄公望一是可能没有不事生计专心儒学的财力,二是以吏为官成为新形势下光宗耀祖的唯一路径,所以,黄公望也未能免俗,而是顺应潮流,"舍方册而从刀笔",加入了胥吏大军。

《录鬼簿》记载黄公望"先充浙西宪吏,以事论经理田粮获直"。明嘉靖《浙江通志》中的黄公望小传则传达了更为明确的信息:"元至元中,浙西廉访使徐琰辟为书吏,未几弃去。"有元之世,两次使用"至元"年号。根据黄公望生年,此处的"至元"当为迄止于他二十六岁的前至元,而不可能是六七十岁时的后至元。根据今人胡艺《徐琰、张闾与黄公望》[①]一文的考证,徐琰便是入传《元史》卷五八的徐炎,也是清人所修《元诗选》收录的徐琬。综合诸书所记,胡艺认为黄公望为徐琰所辟担任书吏是在至元二十八、二十九年前后。是时,黄公望刚刚二十三四岁。

从如此年轻的年龄看,为徐琰所辟担任书吏,似乎是黄公望初次出道为吏。其具体职位是《录鬼簿》记载的"经理钱粮"的"宪吏"。

我还注意到《录鬼簿》中对黄公望的一句赞美诗句:"浙西宪吏性廉直,经理钱粮获罪归。"这句揭示的第一层面的事实是,黄公望因经理自己职责范围内的工作而获罪,或是得罪了地方权势,或是得罪了顶头上司。明王鏊《姑苏志》即云,黄公望"补浙西宪掾,以忤权豪弃去"。[②] 其结果是,黄公望初次为吏被迫中断,过早结束。

---

① 文载《黄公望研究文集》,江苏美术出版社,1987年。
② 《姑苏志》卷五六,影印文渊阁《四库全书》本。

揭示的第二层面的事实则是，黄公望性廉且直的人格光辉。廉者，清廉，廉洁，不受贿赂，不受诱惑，不取不义之财。直者，一根筋，秉持理念，宁折不弯。这样的性格与人格，在任何时代都不适于在官场生存。黄公望后来自号"大痴"，也有自嘲自己缺少官场应有圆滑的意味。郑元祐的诗以黄公望的口吻写道："众人皆黠我独痴，头蓬面皱丝鬓垂。"[①]这便是黄公望形象与性格的如实写照。因此说，在需要狡黠心机的官场，耿直的黄公望获罪而归，势所必然。

今天研究胥吏，大多描述的是胥吏欺下瞒上、鱼肉百姓的负面形象。这样的记载，充满了士大夫的偏见。其实，行政管理胥吏化，从一定程度上说是政治的进步。古代的胥吏，可以说就是一批技术官僚。由熟悉行政业务的胥吏出身的"技术"官僚来管理行政，大概比科举出身的"道德"官僚要有效率。

或许是初次的官场失利还没到让黄公望彻底失望的地步，或许是生活所迫而不得已，总之，黄公望在痛定之后，还是选择了从事胥吏的行当。《录鬼簿》继"先充浙西宪吏"之后，又写道："后在京，为权豪所中。"在京，指在元大都。具体做什么呢？元人王逢在《题黄大痴山水》诗前小序中有所透露："大痴名公望，字子久，杭人，尝掾中台察院，会张闾平章被诬，累之，得不死，遂入道云。"[②]中台察院即大都御史台。

在中央的御史台为吏，看似风光，其实很清苦。元人丁复《桧亭集》卷五有首《送翟彦敬升中台察院书吏》诗就写道："名彦登乌府，清门可雀罗。"相信黄公望是为生计所累，才在

---

① 《侨吴集》卷二《黄子久山水》，影印文渊阁《四库全书》本。
② 《梧溪集》卷四，影印文渊阁《四库全书》本。

过了不惑之年又北上赴任的。元人郑元祐还有首《黄公望山水》诗似乎也披露了一些事实:"勇饥驱东阁,肯为儿女资。不惮北游行万里,归来画山复画水。"①

根据前述元人王逢《题黄大痴山水》诗序的线索,黄公望受张闾所累而入狱。据胡艺《徐琰、张闾与黄公望》一文推测,黄公望当是张闾在至大四年(1311)任江浙行省平章时辟为书吏的,次年,张闾回京师任中书省平章政事,黄公望可能也随之入京。张闾因在江浙推行经理田粮,"以括田逼死九人"被逮捕接受审讯,黄公望亦受累入狱。胡艺的说法是,"黄公望作为张闾下属的掾吏,此时必然随之南下,为之经理田粮"。

检《元史》卷二五《仁宗纪》,"以括田逼死九人"者乃为张驴。此张驴是否就是彼张闾,还很难说。元人虞集撰写的《御史中丞杨襄愍公神道碑》载:"中书平章政事张闾以妻病,谒告归江南,据河渡地,夺民力,公以失大臣体劾之,张闾罢。"②明人胡粹中《元史续编》③卷八亦于延祐二年下记载"张闾罢为江浙平章"。

或许"以括田逼死九人"之张驴,真为张闾,但黄公望却不大可能因此事直接受累。因为黄公望为中台察院吏人,张闾为中书省平章政事,后来又为江浙平章,即使黄公望最初真的是张闾采用的,后来不在同一部门,特别是御史台属于相对独立的部门,黄公望更不会被张闾所驱使,从大都前往江浙。最大的可能性是,不管张闾因何事被罢免,受有知遇之恩的黄公

---

① 《侨吴集》卷三《黄公望山水》。
② 《道园学古录》卷一六,影印文渊阁《四库全书》本。
③ 《元史续编》,影印文渊阁《四库全书》本。

望，在御史台利用职务之便，采取某种方式，为张闾辩诬回护，因此而入狱。

《录鬼簿》说黄公望在浙西宪吏任上"经理钱粮获罪归"，还在另一处直接记为"经理田粮"。经理田粮当是张闾提议实行的，是在黄公望再次为吏之时，《录鬼簿》所记似乎有误。不过，《录鬼簿》说黄公望两次为吏当属事实。

"超然于物表"[①]：绝意荣势

在没有科举的时代，士人的入仕路径，只剩下为吏一途。"学而优则仕"的古老传统，金榜题名、命运改观的既有现实，让多数士人试图通过为吏来实现梦想。相对于南宋以来的科举路艰，他们可能会觉得直接为吏更为便捷。友人杨维桢在《西湖竹枝集》中便说黄公望"少有大志，试吏弗遂"。在这个以吏为官的时代，"试吏弗遂"而绝意仕途的士人大有人在。元人杨翮《佩玉斋类稿》[②]卷五《送陈润民教谕序》就记载了一个叫陈泽民的士人说："泽民稍出试吏，弗合于时，即弃归，自是绝意荣势。"

延祐二年（1315），这年黄公望已经四十七岁。此次被捕入狱，对黄公望的打击比上次罢归更大，他对官场彻底心灰意冷，如《题黄大痴山水》诗序所云"得不死，遂入道云"。

儒与道，入世与出世，看似截然相反，背道而驰，其实是中国传统士人思想中不可分割的一体，对立而统一。得意之

---

① 卞永誉：《书画汇考》卷一七录黄公望《跋李倜临右军帖》。
② 《佩玉斋类稿》，影印文渊阁《四库全书》本。

时入世，失意之时出世，精神总有寄托的场所。正因为有这样巧妙的精神调剂理论的存在，传统文人因精神崩溃而自杀者绝少。归隐林泉，是传统士人难以割舍的神往。

这种思想无疑也存在于黄公望的头脑中。他在《跋李倜临右军帖》中写道："立身宦途，而志趣常超然于物表，此吾所以起敬者也。"这既是赞美官居二品的李倜，无疑也是自白。不过，仕途蹇涩，却让黄公望无缘"立身宦途，而志趣常超然于物表"，留给他的，只有林泉一途。

在身陷囹圄之时，黄公望就给他的朋友杨载写过一首诗。这首诗虽已无法看到，但杨载的《次韵黄子久狱中见赠》诗，可以折射出黄公望意欲出世的念头："解组归来学种园，栖迟聊复守衡门。徒怜郿坞开金穴，欲效寒溪注石尊。世故无涯方扰扰，人生如梦竟昏昏。何时再会吴江上，共泛扁舟醉瓦盆。"[①]

上述这首诗，多为研究者所瞩目。披检文献，发现杨载还有一首诗触及黄公望出狱后的生活状态与心态。诗载《杨仲弘诗集》卷四，题为《再用韵赠黄子久》，诗如下：

> 自惟明似镜，何用曲如钩。未获唐臣荐，徒遭汉吏收。悠然安性命，复此纵歌讴。石父能无辱，虞卿即有愁。归田终寂寂，行世且浮浮。不假侪群彦，真堪客五侯。高人求替洽，末俗避喧啾。藜杖常他适，绳枢每自缪。与人殊用舍，在己寡怨尤。济济违班列，怅怅远匹俦。能诗齐杜甫，分道逼庄周。达饮千钟酒，高登百尺楼。艰危仍蜀道，留滞复荆州。鹤度烟霄阔，龙吟雾雨稠。东行观海岛，西

---

① 《杨仲弘诗集》卷六，《四部丛刊初编》本。

逝涉江流。自拟需于血，何期涣有丘。古书尝历览，大药岂难求。抚事吟梁父，驰田赋远游。堂名希莫莫，亭扁效休休。槛日迎东济，窗风背北飕。鸣琴消永昼，吹律效清秋。雅俗居然别，仙凡迥不俦。多闻逾束晳，善对迈杨修。进有匡时略，宁无切己忧。尘埃深灭迹，霜雪暗盈头。始见神龟梦，终营狡兔谋。雪埋东郭履，月满太湖舟。急景谁推毂，流年孰唱筹。凌波乘赤鲤，望气候青牛。好结飞霞佩，胡为淹此留？

这一长韵中"自惟明似镜，何用曲如钩"两句，讲述了黄公望宁折不弯的刚直性格。"明似镜"既隐喻明镜高悬的监察机构中台察院，又意指担任属官的黄公望襟怀坦白。"未获唐臣荐，徒遭汉吏收"则似指不仅未得到张闾更多的关照，反倒还受到了连累，因其而入狱。"悠然安性命，复此纵歌讴。石父能无辱，虞卿即有愁。归田终寂寂，行世且浮浮"，这几句则讲述黄公望安全出狱，在担忧受辱之后归隐田园。此后的诗句则描述了黄公望出狱后的自由生活，他适远游，鸣琴吹律，吟赋诗文，达饮纵歌。从"能诗齐杜甫"，我们可以了解到黄公望除了绘画成就之外，同辈人对他的诗作也评价极高。而"分道逼庄周"，则反映其依皈全真教的事实。从"达饮千钟酒，高登百尺楼"，我们可知黄公望浮白善饮，更有太白风骨。

清人所编《元诗选》[①]，收录有黄公望几十首诗。另一部清人所编《宋元诗会》，则评价黄公望"诗效晚唐"。[②] 观黄公望

---

① 顾嗣立：《元诗选》，影印文渊阁《四库全书》本。
② 陈焯：《宋元诗会》卷九五，影印文渊阁《四库全书》本。

诗，多吟咏山水之作。如果说黄公望的山水画是画中之诗，那么他的诗便是诗中之画，两者相映成趣，相得益彰。正如元人贡性之《题黄子久画》所云："此老风流世所知，诗中有画画中诗。"①

不过，黄公望之诗少涉民生，不见现实，唯有山水。涉及历史上政治人物的，也仅仅《西湖竹枝词》中"岳王坟上有猿吟"②一句，并且几乎不带感情色彩。或许有人会认为这是黄公望处于元朝统治下"避席畏闻文字狱"③的有意回避。其实并非如此。从关汉卿等杂剧作家借古讽今自由地嬉笑怒骂来看，元代的政治环境相当宽松。激烈的民族对立，严酷的政治高压，多是明代以后文人政治想象的产物。黄公望的诗文不涉政治，那是因为他本身就不具有强烈的政治意识。

前引郑元祐《黄公望山水》诗所云"不惮北游行万里，归来画山复画水"，或许讲的就是黄公望出狱回到江南故乡。从此，黄公望真正寄情山水，开始了作画生涯。或许该感谢黄公望的仕途蹇涩，让官场少了个官僚，画坛多了位巨匠。

"归来画山复画水"：晚年学画辨

在论述黄公望绘画生涯时，论者多云黄公望五十学画，大器晚成。这种说法，自元已有。有元人唐棣写于至正十年

---

① 《南湖集》卷下，影印文渊阁《四库全书》本。
② 《宋元诗会》卷九五《和铁崖竹枝词》。
③ 龚自珍：《咏史》。

（1350）的题跋就说："一峰道人晚年学画，山水便自精到。"①今人龚产兴《大器晚成》一文，更是明确指出："赵比黄大十五岁。从黄子久的作品看，确实受到赵孟頫的影响。由此推算黄子久学画的时间大概在五十岁左右。"②

然而，明人汪砢玉《珊瑚网》③卷四四则载："子久设色山水，绝似高房山。山中屋宇相向，流泉山凹，有兰若作霞气，款云'大痴辛丑秋七月写为子茂清玩'。"黄公望生于宋末己巳（1269），卒于元末甲午（1354），平生只历一辛丑，那便是大德五年辛丑（1301），是年黄公望三十三岁。

据清人陆时化《吴越所见书画录》，第二年，三十四岁的黄公望还作有《深山曲坞卷》。④

又据清人吴其贞《书画记》，黄公望三十六岁那年作有《游骑图》。对此画，吴其贞评论道："画法苍老，唯失于韵。"⑤缺乏韵味，可见此时的黄公望在作画上尚未臻于成熟。

而据明人张泰阶《宝绘录》，四十一岁时，黄公望临有李思训《员峤秋云图》。⑥

上述史料，足可证明黄公望学画之时并非已届晚年。

---

① 赵琦美《铁网珊瑚》卷一四收录，影印文渊阁《四库全书》本。
② 文载《黄公望研究文集》，江苏美术出版社，1987年。
③ 《珊瑚网》，影印文渊阁《四库全书》本。
④ 此据今人陈履生撰《黄公望绘画年表》，《黄公望研究文集》，江苏美术出版社，1987年。
⑤ 此据今人陈履生撰《黄公望绘画年表》，《黄公望研究文集》，江苏美术出版社，1987年。
⑥ 此据今人陈履生撰《黄公望绘画年表》，《黄公望研究文集》，江苏美术出版社，1987年。

从前面的考述看，黄公望两次从事吏职，第一次是在二十到三十岁之间，第二次则是接近五十岁。三十到四十岁左右，是黄公望履历中的一个空白。或许在第一次"经理钱粮获罪归"之后，黄公望便开始了学画，出于哀怨自己因"廉直"而仕途受挫，是时开始自号大痴，亦属合情合理。晚年方名声大振的黄公望，长寿得享天年，老而弥坚，作画不辍，画风成熟且不断创新，因而给人们造成了晚年学画的错觉。

除了作画，终结为吏生涯后的黄公望，从事过多种职业。明人所编《姑苏志》卷五六载："黄冠野服，往来三吴，开三教堂于苏之文德桥。三教中人，多执弟子礼。"这是黄公望从事宗教活动的记录。

加入道教中一支全真教的黄公望，与教友来往较频。著名的《富春山居图》就是为教友无用师而作。黄公望于画上自识"至正七年，仆归富春山居，无用师偕往，暇日于南楼援笔写成此卷"。现在已经十分清楚，无用师并非通常所认为的和尚，而是道士。元陈高《不系舟渔集》[①]卷一四《散木轩铭》文中除了有"上清道士郑无用"之语，还有"有郑樗氏，老子之徒"的话。可知，郑樗字无用，号与室名皆为散木。名与字皆典出庄子《逍遥游》。元人邵复孺《蚁术诗选》[②]卷一也有《全真师郑无用北游》一诗。

《录鬼簿》说黄公望"以卜术闲居"，打卦算命大概也是黄公望的谋生手段之一。清《嘉庆重修一统志》[③]卷五九黄公望小

---

① 《不系舟渔集》，影印文渊阁《四库全书》本。
② 《蚁术诗选》，《四部丛刊三编》本。
③ 《嘉庆重修一统志》，《四部丛刊三编》本。

传,说松江"其地有精《九章算术》者,盖得其传也"。打卦算命,需要精通算学。

《录鬼簿》还记载黄公望"善丹青,长词短曲,落笔即成,人皆师事之"。最后"人皆师事之"一句,表明黄公望曾讲学授徒。有学者认为,黄公望的《写山水诀》,就是教授绘画的提纲。

尽管黄公望从事过各种职业,早年长时期从事的,还是吏职。元人萨都拉在《雁门集》[①]卷四《为姑苏陈子平题山居图黄公望作》中写的"尘途宦游廿年余",指的当是黄公望。《南村辍耕录》卷二八《戏题小像》载:"张句曲戏题《黄大痴小像》云:'全真家数,禅和口鼓。贫子骨头,吏员脏腑。'"看来,长期为吏的经历,在黄公望身上打下了深深的烙印。

结语

论述中国历史的演进,最为有名的是日本内藤湖南首倡的唐宋变革论,我觉得那是向前追溯得出的认识。我则向后看,从宋代与元明清乃至近现代的联系看,因此我主张宋元变革论。我说的宋主要不是指北宋,北宋依旧跟前代隋唐联系紧密。靖康之变,才是中国历史大变局的滥觞。因此,准确地说,我的宋元变革论,是南宋至元变革论。

南宋又回到了南朝,政治、经济中心再度合一,经济重心的作用发挥得尤为显著。而"员多阙少"的政治现实,又将多数士人推向了地方,展现出多元化的势态。元朝取代南宋,科

---

① 《雁门集》,影印文渊阁《四库全书》本。

举的停废,以吏为官,则加速了南宋以来的社会变化。社会变化的基础是经济结构。蒙古的江南不流血征服,保全了经济结构的完整。像一杯混沌的鸡尾酒,经过南宋至元转型的动荡,降至明清,中国社会又变得层次分明,无论是乡绅阶层还是地域社会,都大致定型,走向近代。

中原士人尽管在军事角力中失去了政治江山,却从不曾失去文化江山。并且,由于多元因素的进入,这个江山更为多彩多姿,风光秀丽。从思想文化的层面看,在南宋崛起的理学,走入元代,终于一统天下。到南宋为止,儒释道还存在着非此即彼的排斥、游移、观望,但进入元代的自由空间,三者在中国文化的大河中逐渐汇流。黄公望开三教堂,便是合流的显现。

元朝大部分时期科举停废,全面造成士人流向的多元化。出而为吏虽为主流,但并非全部。关于这一点,我在《科举停废的历史》一文中已有考察。其实,观察士人的流向,黄公望本人就是一个绝好的缩影。与元代相始终的黄公望,顺应时代潮流,长期为吏,此后又入教、教书、算卦,从事多种职业。黄公望不仅仅是个画家,他还是典型的传统文人。也可以说是生不逢时,遭逢了科举停废的时代,不然,他可能也会金榜题名,春风得意马蹄疾,成为又一个苏轼、陆游。不过,黄公望又可以说是生逢其时,遭逢了政治高压与思想钳制不多的时代。没有酷烈的党争,没有黑暗的文字狱。宽松自由,让黄公望的身与心肆意翱翔。与西方文艺复兴同时期,在中国的艺术天空中,也同样展翅翱翔着一只骄人的鲲鹏。

以上利用零散史料,对黄公望的生平进行了简单考证。这种考证,实在就像是一幅"远人无目"的写意画,完全是在时代背景底色下的勾勒点染。滴水映日，写意传神，透过黄公望个案，我们看到的不仅仅是一个人的喜怒哀乐，而是一个时代的云涌风动，是裹挟着无数浪花的大河奔流。

是为写意黄公望。

后 记

屈指算来，从1979年发表第一篇论文起步，迄今从事学术研究已达四十余年，除了文献学研究，历史研究论著集中于两大主题，一是士大夫政治与皇权研究，二是宋元变革论研究。这部以书的形式呈现的文集，尽管收录的谈不上是代表性文章，但皆集中在一定的主题之下，即以士大夫政治与皇权研究为主，内容涵盖两宋。诚如书名《宋代的皇帝、文臣和武将》所示，皇帝写了宋朝开国的太祖、太宗，对堪称千古之谜的"烛影斧声"事件也有专题考察；文臣写了士大夫的楷模范仲淹、"铁面御史"赵抃、"太平宰相"周必大；武将写了在幕后促成"澶渊之盟"的宋朝降将王继忠和抗金名将岳飞；末了的一篇则写了以《富春山居图》闻名的由宋入元的文人画家黄公望，论旨已进入宋元变革论的视域。以时序排列的文章，皆为人物论。十多年前出版的《宰相故事：士大夫政治下的权力场》，重点考察的是真宗朝的君臣关系，本书则是考察的延长，是对真宗朝以后历史时空的拓展研究。

"风追司马"，继承来自《史记》列传的传统，将重大主题通过人物论来具体阐发，由知人进而论世，是我的一个研究习惯。我觉得这样做的好处，一是能够以小见大，以微观折射宏观；二是人物活动充满不确定性，带给历史的是不规则的偶然性，历史研究则需要从大量偶然性事相中寻觅逻辑的必然性，这是富有魅力的挑战；三是人物的活动具有故事性，对考察的叙述可以比较生动。我一向强调，历史论著的写作，也须像翻译那样，做到信、达、雅，除了要忠于史实和准确达意之外，更要表达优雅生动。文章是写给人看的，一定要考虑到受众的理解。无论是专业论著，还是普及读物，可读性当是第一要义。本书文章的收录，既有内容上的考量，也有可读性的追求。

说到文章的选录，一定要讲一下这本书的编辑缘起。今年春天，1980年代的老朋友，现今主持华夏出版社工作的潘平兄跟我联系，说他们打算出我一本书。没过多久，曾有过一面之雅的华夏出版社人文历史编辑出版中心主任杜晓宇先生便跟我联系，并找来我的一些文章目录，谈了他的设想。根据他的设想，我又提供了几篇已刊和未刊的文章，最终反复协商，便确定为现在的内容与框架。

选目编定之后，几位编辑认真地审阅了书稿。从史料核对到文字润色，做了大量细致的工作，使书稿避免了不少错误。能够有这样负责的编辑把关，是我的幸运。收录的十二篇论文，写作时间跨度将近四十年。由于刊布的时期与杂志的要求不同，文章体例各异，注释的详略也不一。最后商定，只在同一篇文章之内尽量做到体例统一。

一部书犹如一座建筑。对于这本书，我这个工匠只是提供了砖瓦，建筑的构思和精装修都是华夏出版社的编辑们辛勤所为。在此必须深致谢忱。其中的谬误，提供素材的作者必须担责，期待批评。

王瑞来

癸卯仲夏记于日本千叶寓所